高等院校高职高专系列教材
GAODENG YUANXIAO GAOZHI GAOZHUAN XILIE JIAOCAI

财务管理

CAIWU GUANLI

主　编　涂利平
副主编　聂书云　盛　强

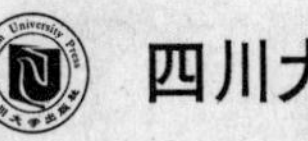
四川大学出版社

责任编辑:周路路
责任校对:朱兰双　周　颖
封面设计:吴　强
责任印制:曹　琳

图书在版编目(CIP)数据

财务管理 / 涂利平主编. —成都:四川大学出版社，2006.8 (2009.1重印)
ISBN 978-7-5614-3526-7

Ⅰ.财… Ⅱ.涂… Ⅲ.财务管理-高等学校-教材 Ⅳ.F275

中国版本图书馆CIP数据核字 (2006) 第106179号

书名　财务管理

主　　编　涂利平
出　　版　四川大学出版社
地　　址　成都市一环路南一段24号(610065)
发　　行　四川大学出版社
书　　号　ISBN 978-7-5614-3526-7
印　　刷　郫县犀浦印刷厂
成品尺寸　185 mm×260 mm
印　　张　16.5
字　　数　355千字
版　　次　2006年9月第1版
印　　次　2011年12月第3次印刷
印　　数　5 001~7 000册
定　　价　24.00元

◆读者邮购本书,请与本社发行科联系。电 话:85408408/85401670/85408023　邮政编码:610065
◆本社图书如有印装质量问题,请寄回出版社调换。
◆网址:www.scupress.com.cn

目 录

目 录

前 言

目　录

前言

《财务管理》是财务、会计专业的一门专业课，也是其他经济管理类专业的一门专业基础课。为适应21世纪市场经济发展对财务管理的需要，我们根据国家颁布的会计准则和各种财务制度，结合高职高专学生的培养目标和教学特点，吸收国内外现代财务管理的优秀成果和多年的教学经验编写了这本教材。本教材的特点是：第一，内容新颖，贴近现实。本教材完全根据国家近几年颁布的财务通则和财务会计制度进行编写，且参加编写的教师多年来都从事高职高专教学，具有丰富的教学经验。第二，通俗易懂，操作性强。根据会计学科的特点，本教材坚持理论够用为度，强调实际操作，并且注重理论叙述的通俗性和技能操作的易懂性。第三，内容全面。本教材以工业企业为例，全面介绍了整个资金运作过程的管理，包括筹资的管理、投资的管理、资金分配的管理等。内容包括总论，财务管理的价值观念，筹资管理，营运资金管理，项目投资管理，证券投资管理，收入和利润管理，财务预算与控制，财务分析。第四，本书配有财务管理同步练习册，便于学生深度掌握每章中的相关知识。

本教材既可作为专科学校和高职院校会计专业和其他经济管理类专业的学生学习用教材，也可作经济类本科学生学习参考和管理培训用教材。

《财务管理》教材第一章由成都电子机械高等专科学校涂利平老师编写，第二章由泸州职业技术学院李晓林老师编写，第三章由四川财经职业技术学院张晋红老师编写，第四章由成都农业科技职业学院李华老师编写，第五章由四川航空职业技术学院何晓玲老师编写，第六章由四川职业技术学院聂书云老师编写，第七章由纺织专科学校华惠老师编写，第八章由南充职业技术学院盛强老师编写，第九章由眉山职业技术学院李勇胜老师编写。全书由涂利平老师总纂修改，由成都电子机械高等专科学校王黎老师审稿，最后定稿。

由于我们水平有限，时间仓促，加之财务管理内容变化较快，难免有不足的地方，敬请读者批评指正。

作者

2006 年 7 月

1

第一章

总　论

ZONG LUN

财务管理的概念和对象

财务管理的目标

财务管理的环境

财务管理的组织工作

目的要求：

本章主要介绍财务管理的对象和特点，财务管理的目标与组织工作，以及财务管理的环境。通过本章的学习，要求学生了解财务管理的组织工作，掌握财务管理的目标和环境，深刻理解并熟悉财务管理的对象和特点。

第一节　财务管理的概念和对象

一、财务管理的概念

财务管理就是对企业的财务活动进行决策、预算、控制、分析，并对其所体现出来的各种财务关系进行协调、组织的一系列经济管理工作。

在商品经济条件下，商品具有使用价值和价值两重性。同样，企业的再生产过程也具有两重性：既是产品使用价值的创造过程，即劳动者利用劳动工具作用于劳动对象，生产出社会需要的产品的过程；也是产品价值的形成过程，即将再生产过程中物化劳动和活劳动的耗费转移到产品成本中，构成产品价值，随着产品的销售，实现产品的价值。而产品价值的形成过程中发生的各种经济活动就称为财务活动，财务管理就是对再生产过程中的各种财务活动进行管理的一种管理活动。

财务管理作为经济管理的一个组成部分，是随管理的需要而产生，随生产的发展而发展。19 世纪以前，企业组织结构比较简单，企业内部和外部的财务关系较单纯，企业的所有者既是经营者也是管理者。因此，企业一般没有专门的财务管理机构和人员，财务管理工作主要由企业主直接进行。19 世纪末到 20 世纪 40 年代，企业的生产经营规模越来越大，股份公司、跨国公司等公司形式不断建立，企业的财务活动日趋复杂，由企业主个人从事财务管理工作已不可能，于是，专门的财务管理工作应运而生，企业内部设有专门的管理机构和管理人员，主要从事资金的筹集和运用的工作。20 世纪 50 年代后，随着生产经营规模的不断扩大，企业的组织结构、资金结构越加复杂，经济管理对财务管理的要求越来越高，为适应经济管理对财务管理的需要，现代财务管理在内容上、手段上、方法上都有了较大的变化：在内容上，从单纯的资金筹集、运用扩展到资金的分配；在手段上，广泛采用了预测、决策、控制、分析等；在方法上，大量地应用了数学分析方法、统计分析方法和计算机等现代化计算分析工具，使财务管理在整个企业管理中的地位更加重要。

在企业管理中，财务管理是经济管理的一个重要组成部分，与其他经济管理的区别在于：首先，它是一种价值管理，即财务管理利用财务预测、决策、预算、分析等方法对企业价值的形成、实现、分配整个过程进行管理；其次，财务管理是一种综合管理，财务管理涉及生产经营的各个环节、各个部门。企业生产经营情况的好坏，管理水平的高低，都集中反映在财务管理的各项财务指标中，如收入、成本、利润、资金等。

二、财务管理的对象

财务管理就是对企业的财务活动及其所体现出来的各种财务关系所进行的管理。要了解财务管理的对象，必须对资金运动过程进行分析，从中发现企业的资金运动与财务管理对象的关系。

（一）企业资金的运动形式

工业企业的资金运动是从货币资金开始，顺序经过供应过程、生产过程、销售过程，最后又回到货币形态的全过程。在这一过程中，通过供应过程，购买生产所需的各种材料物资并验收入库，货币资金转化为储备资金；随着材料的消耗，生产工人对材料进行加工，生产出社会所需要的产品，并发生人工和其他管理费用，储备资金也随之转化为生产资金；随着产品的完工并验收入库，生产资金转化为成品资金；通过产品的销售，成品资金转化为货币资金。企业的资金完成了一次循环。由此看出，随着生产经营活动的不断进行，企业的资金也在周而复始的运动，并从货币资金形态开始，依次表现为货币资金形态、储备资金形态、生产资金形态和成品资金形态，并通过产品的销售实现资金的增值。工业企业资金的运动过程如图 1－1 所示。

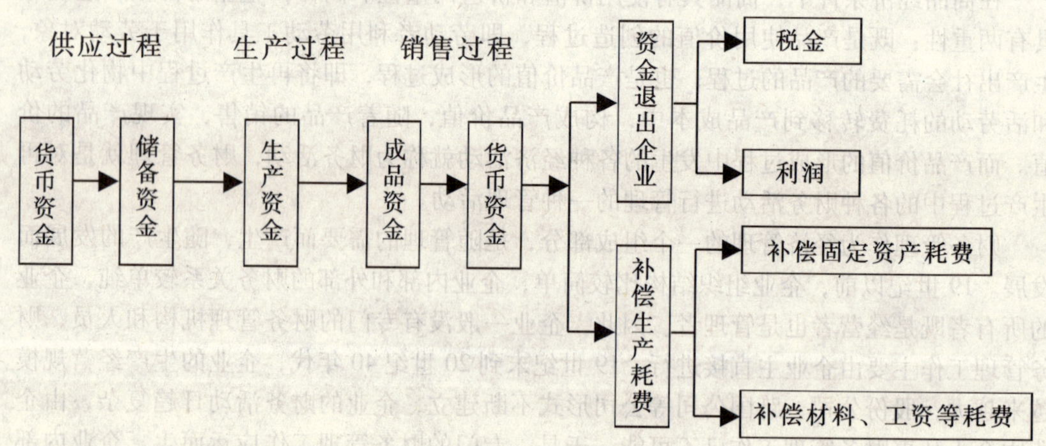

图 1－1　工业企业资金运动过程

在企业的生产经营活动中，能引起资金发生增减变化的各种活动都是企业的财务活动，包括筹资活动、投资活动和资金分配活动，而资金运动都是通过各种财务活动来实现的，这些活动都是财务管理的对象和内容。

（二）财务活动

财务活动又称企业的理财活动，是指资金的筹集、使用、耗费、收回、分配等一系列经济行为，其中资金的使用、耗费、收回称为投资。

1. 筹资活动

筹资活动是指企业为满足生产经营活动对资金的需要，通过各种渠道筹集资金的过程。筹集资金是企业开展生产经营活动的前提条件，也是资金运动的起点。企业的筹资渠道主要有：通过投资者投入，形成企业的资本金；通过举债，形成企业的债务资金。资本金的筹资方式主要有吸收直接投资、发行股票等；债务资金的主要筹资方式有向银行借款、发行债券、商业信用、融资租赁等。企业筹集的资金可以是货币资金，也可以是固定资产或无形资产等。企业在筹资活动中，要根据企业生产经营对资金的需要，考

虑筹资的规模，正确选择筹资渠道，保持最佳的资金结构。

2. 投资活动

投资活动就是把通过筹资取得的资金投入到生产经营过程中和其他领域，并根据需要使用资金的活动。投资按时间的长短分，有短期投资和长期投资。短期投资是指投资期限在一年以下的投资；长期投资是指投资期限在一年以上的投资。按投资的方向分，有对内投资和对外投资。对内投资是指将资金用于购买生产所需的材料物资、固定资产、无形资产、支付工人工资和其他费用等；对外投资是指通过直接投资、购买股票、债券等方式所进行的投资。企业通过资金的投入和使用，在充分利用闲置资金的同时，获取最大的经济效益。

企业应在众多的投资方式和渠道中作出合理的选择，确定适当的投资规模，合理的投资结构，努力做到提高投资效益的同时降低投资风险。

3. 资金分配活动

资金分配活动主要是指对收益的分配。企业通过资金的投入和使用，取得收入，并实现了资金的增值。企业应将取得的收入扣除生产经营中的各种耗费和损失，最终获得利润。企业的利润，首先，应依法向国家缴纳所得税，这一部分资金的分配具有强制性；其次，依法提取各种公积金和公益金，用于企业风险金和职工的集体福利设施；最后，将利润在所有者之间进行分配，这是企业收益分配中的重点，也是资金分配管理的重点。企业应在遵循国家分配政策的前提下，从企业的长远利益出发，合理确定收益分配的规模和分配方式，使企业获得最大的长远利益。

筹资、投资和分配是企业主要的财务活动，它们之间相互依存、相互作用，共同作用于生产经营过程，促进资金不断地运动，最终取得最大的利润。这三者构成了财务管理的主要内容。

除此以外，财务管理还包括日常资产的管理。日常资产管理是指企业对各类资产所进行的经常性的管理，包括现金收支的预算、材料采购计划的制订、存货的管理、固定资产的维修管理等。加强日常资产的管理，是保证生产经营活动的正常进行，提高资产使用效率的前提条件和必要工作。

（三）企业的财务关系

财务关系是企业在筹资、投资和资金分配过程中与各方面发生的广泛的经济利益关系，如企业与国家、投资者、银行、税务等部门和个人之间的经济利益关系。不同的经济体制下具有不同的财务关系。在商品经济条件下，企业的财务关系主要表现在以下几个方面。

1. 企业与国家之间的财务关系

企业与国家之间的财务关系主要表现在两个方面：一是权利与义务的关系，即国家凭借政治权利，参与企业收益的分配，按照税法规定向国家缴纳税金是企业的义务，包括所得税、资源税等；二是投资者与受资者的关系，即国家作为投资者，利用国有资产向企业进行投资，并参与企业利润的分配。

2. 企业与投资者之间的财务关系

企业与投资者之间的财务关系表现为投资、受资和资金分配的关系。根据国家有关制度的规定，企业经过有关部门批准，可以依法吸收其他法人、个人及外商的投资，这些投资构成企业的资本金。投资者凭借其出资额有权参与企业的经营管理，分享企业的利润或承担企业的经营风险。企业应充分发挥投资者在企业管理和监督中的作用，合理利用投资者的资金进行投资，保证投资者的财产保值增值。

3. 企业与债权人的财务关系

企业与债权人的财务关系表现为借款与还款的财务关系，即企业按照约定向债权人借入资金，到期偿还本金和利息。企业与债权人的关系主要有：企业与银行和非银行金融机构之间的借贷关系，企业与债券持有人之间的借贷关系，企业与供货单位因赊购等原因而形成的商业信用关系等。企业与债权人的财务关系是最为密切、最为敏感、涉及最广的，企业应正确处理好这种关系，否则，会影响企业的信誉甚至企业的生存和发展。

4. 企业与债务人之间的财务关系

企业与债务人之间的财务关系是指企业通过购买他人发行的债券、提供借款或商业信用等形式出借资金给其他单位或个人所形成的经济关系。企业按照约定向债务人提供资金后，有权要求债务人按期支付利息和偿还本金。这种关系体现的是债权和债务的关系。企业应恰当地处理好这一关系，使自己的财产不受损失。

5. 企业内部各单位之间的财务关系

企业内部各单位之间的财务关系是指在实行内部经济核算制和内部经济责任制的条件下，企业内部各部门之间相互提供产品或劳务所形成的经济关系。在企业内部，为了完成企业的整体目标，各部门之间分工明确，责任和权利相对独立，但也联系密切，相互配合协调，只有各部门都完成了自己的任务，企业的整体目标才能实现。根据经济核算制的要求，各部门之间相互提供产品或劳务也要进行结算，这种内部经济结算关系，体现了企业内部各单位之间的经济利益关系。

6. 企业与职工之间的财务关系

企业与职工之间的财务关系主要是指企业在向职工支付劳动报酬、劳保及福利等过程中所形成的经济关系。这种关系体现了社会主义按劳分配的原则。企业应保证按期足额支付职工的劳动所得，不允许以任何理由拖欠职工工资。

上述财务关系存在于企业的生产经营过程和财务活动中，从而构成了企业财务管理的一项重要内容。企业应正确处理和协调好与各方面的财务关系，维护各方面的经济利益，使企业的经济活动在和谐的社会环境下进行。

第二节　财务管理的目标

财务管理的目标是指财务管理所要达到的最终目的。财务管理是企业管理的重要组成部分，其目标应该与企业的总体目标一致。财务管理的目标是决定财务活动是否合理的标准，也决定着财务管理的基本内容和方法。根据现代企业管理的理论和实践，财务管理的目标分为总体目标和具体目标。

一、财务管理的总体目标

财务管理的总体目标是企业财务活动的最终目标。该目标既体现了财务活动的本质特征，又体现了财务活动的基本规律。目前，理论界提出的财务管理的总体目标主要有以下几种。

（一）利润最大化

传统的财务管理都把追求最大的利润作为自己的最终目标。利润最大化通常也被作为公司的目标。企业是以盈利为目的的经济组织，因此，将财务管理的目标确定为实现企业利润最大化是与企业追求的最终目标一致的。将利润最大化作为财务管理的最终目标，其优点有：一是简明实用，符合传统观念对利润指标的理解。通常，企业的盈利是与效益联系在一起的，盈利越多，一定程度上表明企业的经济效益越好，所有者的权益也越大。二是便于理解，计算方便。从会计的角度看，利润是收入减费用的差，企业取得的收入扣除发生的费用后，剩余的就是所赚的钱。利润既是提高企业职工劳动报酬的来源，也是扩大企业生产经营规模的源泉。三是有利于企业加强管理，增加利润。企业为了赚取更多的利润，会努力扩大销售，降低耗费，最终达到利润最大化的目的。但是，财务管理以利润最大化为目标具有以下的缺陷。

1．没有考虑资金的时间价值

如果利润最大化目标是对某一会计年度而言的话，所占用的资金就可以不考虑时间价值。但企业在确定目标时，不会只考虑眼前利益而忽视长远利益。从长期投资决策方面考虑：一方面，利润最大化没有考虑利润发生的时间。从资金时间价值观点看，今天赚取 1 元钱的利润与一年后的赚取 1 元钱的利润在质上是不相等的，对于相同的现金流入来说，时间越早的现金流入，其价值越大。如不考虑发生的时间，就难以作出正确的判断。另一方面，在市场经济条件下，使用资金要付出代价，利润是一个绝对数，利润最大化目标没有与企业的投资规模、资金占用的多少挂钩，不利于不同投资规模企业的比较。

2．没有考虑风险因素

以利润最大化作为财务管理的目标，这可能促使企业片面追求高额利润。实际上，利润是一个财务指标，是收入减费用后的余数。为追求高额利润，企业会盲目增加销售收入，而不管是否收到现金，其结果会造成企业的资金紧张，严重影响企业再生产活动的进行。企业如果不处理好这些问题，盲目追求利润，将会导致错误的决策而影响企业的发展。

3．片面追求利润最大化可能导致企业短期行为

企业可能会为实现短期利润最大而不重视长远发展，不重视长期投资而只顾短期投资。

（二）资本利润率最大化或每股利润最大化

资本利润率是企业在一定时期的税后利润与投资者投入资本额的比率。每股利润是指一定时期的税后利润与普通股股数相除的结果。以资本利润率最大化或每股利润最大化作为财务管理的目标，克服了利润最大化目标的不足：首先，该目标将企业在一定时

期实现的利润与投资者投入的资金联系起来，反映出了投入与产出之间的关系，较全面地说明了企业经济效益水平的高低；其次，有利于不同规模或同一企业不同时期盈利水平的比较；再次，通过资本利润率或每股利润指标的分析，能反映企业未来的发展前景，确定企业的投资方向和规模。

同利润最大化目标一样，资本利润率最大化或每股利润最大化目标也未考虑资金的时间价值和风险。

（三）企业价值最大化

企业价值最大化即是股东财富最大化，就是指企业值多少钱。在商品经济条件下，企业可以作为一种商品进行买卖。如果企业作为一个整体，就可通过市场评价来确定企业的买卖价格或价值。作为投资者，将资金投入企业，一方面希望受托的经营者通过生产经营活动和资金运作来赚取更多的利润，同时也要求企业的经营者使自己所拥有的资产能够保值并增值，使企业的价值最大化。如果一个企业的利润在不断增加，而所拥有的资产却在贬值，对投资者来说，等于是舍本求末。因此，一个有发展潜力的企业，在追求利润最大化的同时，还要努力使企业的资产增值。只有资产增加了，生产规模扩大了，企业价值提高了，企业才能创造更多的财富，才有抵御经营风险和财务风险的能力，才能促使企业注重长远利益，在财务决策中，才能站在维护股东利益的立场，保障企业长期稳定发展。

企业价值最大化作为财务管理的目标具有以下优点：

（1）企业价值最大化目标考虑了货币时间价值因素和风险问题，企业的利润越多，发展潜力越大，企业的价值也就越高。

（2）避免企业的短期行为。企业价值最大化不仅注重企业现在的利润，而企业未来的发展更影响企业的价值。

二、财务管理的具体目标

财务管理的具体目标是为实现财务管理的总体目标而确定的分阶段的奋斗目标。只有各阶段、各环节的财务工作做好了，完成了各自的工作和任务，企业才能完成财务管理的总体目标。

按照资金运动的顺序分，财务管理分筹资管理、投资管理和资金分配管理三部分，各部分的财务管理工作都有其特色和内容，相应的各阶段财务管理工作追求的目标也不一致。

（一）筹资管理的目标

筹资活动是企业财务活动的基础，也是企业资金运动和从事其他财务活动的前提条件。其内容主要是通过各种筹资渠道取得生产经营所需要的资金。筹资管理就是对各种筹资活动的管理，包括筹资规模的确定、筹资方式的决策、资金成本的决策等一系列工作。其目标是以最少的资金成本和较小的筹资风险，获得同样多或较多的资金。其理由是：首先，在市场经济条件下，企业有较多的可供选择的筹资渠道和筹资方式，企业可以根据自己的需要，综合考虑筹资成本和风险等因素加以选择；其次，企业的资金都是有偿使用的，即在筹集和使用资金的过程中都要付出代价，如筹集资金要支付手续费、使用资金要支付利息等，这些费用对企业来说是一笔很大的开支，因此，企业必须想办

法降低资金成本，减少开支；再次，由于金融市场的竞争激烈并存在很多不确定的因素，因此，各种筹资渠道和筹资方式都有一定的风险，企业在选择时必须将其作为一个重要因素进行考虑。

（二）投资管理的目标

投资过程就是使用资金的过程，包括对外投资和对内投资，对外投资如购买债券、股票等，对内投资如购买材料、固定资产、支付工资等资金使用活动。企业进行投资，就要发生货币性支出，并期望获得较多的现金流入。投资管理主要就是根据财务管理的总体目标，确定各种投资方案，并对这些方案进行可行性分析，作出正确的决策。在投资过程中，企业都希望每个投资项目的投资少、见效快、收益高。同时，投资都要冒收不回的风险，企业必须降低风险，均衡收益与风险。因此，投资管理的目标是：以最少的投资额与最小的投资风险，获取最大的投资收益。

（三）资金分配管理的目标

资金分配就是对获取的收益进行的分配，包括分配股东的股利，提取公积金等。企业取得利润后，应该根据国家的有关分配政策，按分配程序和合理的分配比例在相关的利益主体之间进行分配，以维护利益主体的经济利益。利润分配不但涉及利益主体的经济利益，也会产生企业的现金流出，从而影响企业的财务状况。因此，企业应严格遵守国家的分配政策，制定合理的分配比例，选择适当的分配方式，既提升企业的整体价值，又能使企业的财务稳定和安全。所以，分配管理的目标是：合理确定利润的留存和分配比例及分配方式，提高企业的潜在收益能力。

第三节 财务管理的环境

财务管理环境是指影响财务活动和财务管理的各种因素。企业的财务活动都是在一定的环境下进行的，良好的环境是财务活动和财务管理工作正常进行的基础和前提条件。同样，财务管理环境发生变动，会导致企业的筹资成本和风险、投资报酬和风险、利润及现金流量等因素发生变化。因此，要做好财务管理工作，企业应经常分析目前财务管理的环境，掌握财务环境的变动情况，预测财务环境变动趋势，判断由此对财务活动的影响，并在此基础上作出正确的财务决策。

影响企业环境的因素很多，包括企业外部环境和企业内部环境。

一、财务管理外部环境

财务管理的外部环境是指影响企业财务活动的外部因素，包括经济体制环境、财税环境、金融环境、法律环境等。

（一）经济体制环境

经济体制是一个国家所建立的基本经济制度，分为计划经济体制和市场经济体制。不同经济体制下，企业的筹资、投资、资金分配等活动都不相同。计划经济体制下，企业财务管理的目标是完成国家的计划任务，与此相适应，企业的筹资和投资渠道单一，即所需资金由国家财政拨款，并按规定用途用于生产经营过程中，生产的产品由国家包销，取得利润上缴国家；而市场经济体制下，财务管理的目标是追求企业价值最大化，与此相适应，企业在财务管理的各环节都有自主权，表现在：企业的筹资渠道和投资渠道多，所需资金自己筹集，自主选择筹资渠道，在不违反国家规定的前提下，企业选择投资渠道和投资方式，赚取的利润在交纳了所得税后，除按规定提留一部分作为企业的留存资金外，剩余部分可以分配给投资者。

（二）财税环境

财税环境是指国家的财政政策和税收政策变动对企业财务管理的影响及制约关系。在国民经济发展的不同时期，国家都要适当调整和运用不同的财税政策来干预、引导经济的发展。企业财务管理应主动适应这些变动并执行这些变动的政策。

1．财政政策对企业财务管理的影响

国家的财政状况及相应的财政政策直接影响到企业的资金供应、资金使用和资金分配。当国家采取紧缩的财政政策时，会增加税收，减少投资，对企业的影响是：企业收入留归企业的部分减少，现金流出却会增加，这样会造成企业资金紧张，企业的投资渠道和投资规模也会受到限制。因此，在紧缩的财政政策下，企业应增收节支，广开资金来源渠道，降低成本，缓解资金紧张状况。当国家采取扩张的财政政策时，企业的留存资金比例增加，可供使用的结余资金多。因此，企业应在满足再生产对资金需要的条件下，正确选择投资渠道和投资方式，确定适当的投资规模，提高投资效益，适当增加投资者的分配比例。

2．税收政策对企业财务管理的影响

税收是国家财政收入的主要来源，任何企业都有依法纳税的义务。税负是企业发生的一种费用，纳税增加就会增加现金流出，减少收益。因此，企业都希望在不违反国家税收政策的前提下减少税负，增加收益。企业应在熟悉并严格遵守国家税收政策的前提下，考虑税收政策变动对企业的影响，在生产经营过程中作出正确的选择。

从财务管理的角度看，税收政策对企业财务管理的影响主要表现在以下几个方面。

（1）对企业筹资的影响。在市场经济条件下，企业筹集和使用资金都是要付出代价的，即企业筹集资金要发生筹资费用，而不同的筹资方式下，其筹资费用在税收上的处理方式也不相同，如采取股权方式筹集资金，支付给投资者的股息，按现行税收政策的规定，企业支付给投资者的股息在税后利润中扣除，股息的支付不会影响税收额；而采用负债筹资方式筹集资金，支付给债权人的利息，按现行税收政策的规定，可以作为一种费用在税前扣除。因此，企业应在选择筹资渠道和筹资方式时，考虑税收政策对筹资费用的扣除方式，以作出正确的筹资决策。

（2）对企业投资的影响。在市场经济条件下，企业可以自主选择投资渠道和投资方式，获取投资收益，提升企业的整体价值。按现行税收政策的规定，除国家批准可以减免税收以外，企业取得的投资收益必须交纳所得税。但购买国库券取得的利息收入，可以在所得税前扣除。因此，企业应认真考虑资金的去向，正确选择投资方式。

（三）金融环境

金融环境是指与企业发生金融关系的各种因素。企业在筹资、投资和资金营运过程中，都会受金融市场、金融政策和金融机构的影响，因此金融环境是财务管理的主要环

境因素。金融环境由以下几个环境要素构成：

1. 金融市场

金融市场是指融通资金的场所，是企业筹资和投资的场所，是实现金融资产交易和服务交易的市场。随着计算机和通信技术在金融行业的广泛运用，金融市场既可以是一个有形的场所，也出现了大量无形的跨国的金融市场。各种金融市场的建立，为企业的财务管理工作提供了广阔的理财空间：企业需要资金时，可以通过金融市场筹集资金，有多余资金时，可以通过金融市场投资；金融市场也为企业理财提供各种有用的信息。按照金融交易的期限分，金融市场一般分为以下几种类型，如图1-2所示。

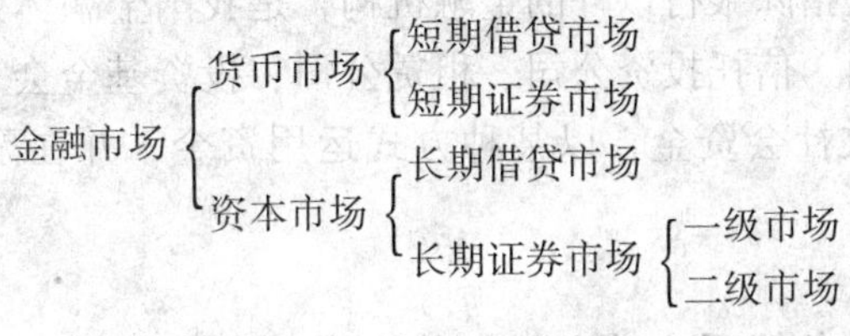

图1-2 金融市场分类

金融市场由交易对象、交易主体、交易工具和交易价格四部分组成。金融市场的交易对象是货币资金，如银行的存贷款、证券市场的证券买卖等，实质都是货币资金的转移。与商品交易市场的商品买卖不同的是，商品买卖是商品所有权的转移，而金融市场上货币资金的转移一般是使用权的转移。交易主体是指参与交易的资金供应者和资金需求者，包括个人、企业、政府和金融机构等。在金融市场上，资金供应者和资金需求者的角色是在不断转换的。一般而言，个人和政府是资金的供应者，企业是资金的需求者。但当个人和政府需要资金时（如政府财政赤字），也会成为资金需求者。金融市场主体也包括银行和非银行金融机构，他们是金融市场的中介机构，是连接交易双方的桥梁。金融工具是指金融市场上的买卖对象，是资金供应者将资金转移给资金需求者的凭据和证明，如国库券、商业票据、股票、债券等。金融工具实质是一种合约，是证明金融交易金额、期限、价格的书面文件，具有收益性、流动性和风险性三个主要特征。交易价格是利率，各种金融市场和金融产品都有自己的利率，如贴现市场利率、国库券市场利率等。交易价格是决定该项交易是否成功的关键。在金融市场上，不同的利率有密切的联系，在一般情况下，各种利率呈同方向的变化趋势。

2. 金融机构

金融机构是金融市场的中介机构，包括银行机构和非银行金融机构。我国的银行机构主要包括以下几种类型：

（1）中央银行。中央银行是代表政府管理全国的金融机构，主要职能是制定并执行金融政策法令，调节货币流通，为政府的经济服务。中国人民银行是我国的中央银行。中央银行是国家金融体系的核心机构。

（2）商业银行。商业银行是以经营存贷款为主要业务、并以盈利为主要经营目的的银行。其主要职能是吸收公众存款、发放贷款、办理各种结算等。我国的商业银行主要有：中国工商银行、中国农业银行、中国银行、中国建设银行、交通银行、中国光大银行、中信实业银行等。

（3）政策银行。我国的政策性银行是由政府投资设立的、根据政府的决策和意向专门从事政策性金融业务的银行机构。一般是由政府设立，以贯彻国家产业政策、区域发展为目的，不以营利为目标的金融机构。其业务领域主要是农业、住房业、进出口贸易、中小企业，经济技术开发等基础部门或领域。它的融资对象主要是从其他金融机构不易得到融资的项目。政策银行主要或全部提供中长期信贷资金。利率较商业同期同类贷款利率低，出现亏损由国家财政予以补贴，保证专门服务于政策性业务。我国现有的政策性银行主要有国家开发银行、中国进出口银行、中国农业发展银行。

3. 非银行金融机构

非银行金融机构是指除银行以外的金融机构，是我国金融体系的重要组成部分，包括保险公司、证券公司、信托投资公司、租赁公司、投资基金会、财务公司、信用合作组织等。其功能是吸收社会资金，以某种方式运用资金，并在融资和投资活动中获得利润。

（四）法律环境

法律环境是企业财务管理应遵守的各种法律、法规及财经制度。在市场经济条件下，为了规范市场经济秩序，使我国经济在正常、有序的法律环境中进行，国家制定了相关的法律法规，企业的一切经济活动都是在法律法规允许的范围内进行的。财务管理作为一种社会行为，必然要受到法律规范的约束。按照法律法规对财务管理内容的影响情况，可以把法律分成如下几类。

（1）影响企业筹资的各种法律。企业筹资是在特定的法律约束下进行的。在筹资活动中，国家规定了筹资的最低规模和结构、筹资的前提条件和程序等。影响企业筹资的法规主要有：《中华人民共和国公司法》（简称《公司法》）、《中华人民共和国证券法》（简称《证券法》）、《金融法》、《证券交易法》、《经济合同法》、《企业财务通则》、《企业财务制度》等。这些法规可以从不同方面规范或制约企业的筹资活动。

（2）影响企业投资的各种法规。企业的投资活动也必须在特定的约束下进行。在投资活动中，国家通过法律规定了投资的基本前提、投资的基本程序和手续。这方面的法规主要有：《企业法》、《证券交易法》、《公司法》、《企业财务通则》、《企业财务制度》等。这些法规都从不同方面规范了企业的投资活动。

（3）影响企业收益分配的各种法规。企业在收益分配上，国家规定了收益分配的程序、分配的方式及分配比例。企业在进行收益分配时，必须遵守有关法规的规定，这方面的法规包括：《税法》、《公司法》、《企业法》、《企业财务通则》、《企业财务制度》等。它们都从不同方面对企业收益分配进行了规范。

二、财务管理的内部环境

（一）企业的组织形式

在市场经济条件下，企业的类型很多，不同类型的企业所采用的财务管理方式也各有不同。按国际惯例可分为3种企业组织形式。

1. 独资企业

它是指由一个人独自出资创办的企业，其全部资产和债务由出资者自己所有和偿

还。在独资企业组织形式下，所有权和经营权合二为一，出资者负有无限的偿债责任，个人资产和企业资产没有差别。

独资企业的理财比较简单，主要利用的是业主自己的资金和供应商提供的商业信用。企业筹资比较困难，对债权人缺少吸引力。

2. 合伙企业

它是指由两人或两人以上合资经营的企业。按中华人民共和国合伙企业法的规定，合伙企业是由各合伙人订立合伙协议，共同出资，合伙经营，共享收益，共担风险，并对合伙企业债务承担无限连带责任的盈利性组织。在合伙企业组织形式下，企业的资金来源和信用能力比独资企业有所增加，收益分配也更加复杂，因此，合伙企业的财务管理比独资企业复杂得多。

3. 公司制企业

它是一个以盈利为目的的依法登记的独立的法人。在公司制企业里，所有权和经营权是高度分离的。因而公司的财务管理权也相应分离。公司的有限责任、产权易于转让和永续经营的优点提高了公司的筹资能力。公司的资金来源和方式多样，投资去向也很多，需要进行认真的分析和选择；收益的分配需要考虑企业内部和外部的许多因素。

（二）市场环境

企业所处的市场环境，通常有下列 4 种：完全垄断市场、寡头垄断市场、不完全竞争市场、完全竞争市场。

企业所处的市场环境，对财务管理有着重要影响。处于完全垄断市场上的企业，产品独家经营，企业可以在国家宏观政策指导下决定商品的数量和价格。因此，这类企业的销售一般都不成问题，价格波动也不会很大，企业的利润稳中有升，不会产生太大的波动，因而风险较小，可利用较多的债务来筹集资金。而处于完全竞争市场上的企业，生产者、消费者众多，商品的价格不被企业左右，而完全由市场来决定，商品的价格和数量容易出现上下波动，风险较大，因而要慎重利用债务资金。处于不完全竞争市场和寡头垄断市场上的企业，因同一商品有许多厂家生产，但型号、规格、质量等有较大差异，或者商品由少数几个厂家控制。企业应在产品开发、售后服务等方面多投入，关键是要使自己的产品超越其他企业的产品，创出特色，创出品牌，并做好广告，搞好售后服务等。为此，财务人员要根据需要筹集足够的资金，用于研究与开发和产品推销。

（三）采购环境

采购环境又称物资来源环境，是指与采购材料物资的价格和数量有关的条件。采购环境对企业理财有重要影响。

按不同的标准可对采购环境做不同的分类。

(1) 按物资来源是否稳定可分为稳定的采购环境和波动的采购环境。前者企业所需材料物资有比较稳定的来源，运输条件比较正常，能够保证生产经营对材料物资的需要；企业处于稳定的采购环境中，可少储存存货，减少存货占用的资金。后者材料物资比较紧缺，运输条件不能保证，有时不能按期供货。在这种采购环境下，企业必须增加存货的保险储备，以防存货不足影响生产，这就要求财务人员把较多的资金投资于存货的保险储备。因此，财务人员应做好资金的安排，使存货既能保证生产的需要，又能减少资金占用。

（2）按价格的变动趋势可分为价格上涨的采购环境和价格下降的采购环境。在物价上涨的采购环境下，企业应充分预见材料价格上涨的趋势，以便尽量提前进货，以防物价进一步上涨而使企业遭受损失，这就要求在存货上投入较多的资金。而在物价下降的采购环境里，企业应在保证生产需要的前提下，尽量按使用来采购，或推迟采购，以便从价格下降中得到好处，也可在存货上尽量少占用资金。

（四）生产环境

生产环境是指生产条件和产品的寿命周期。不同的生产企业和服务企业具有不同的生产环境，这些生产环境对财务管理有着重要影响。按生产条件分，企业可分为劳动密集型、技术密集型和资源开发型。企业如果是劳动密集型，则工资费用较多，占用长期资金较少，可较多地利用短期资金。企业如果是技术密集型的，那就有比较多的固定资产而只有少数的生产工人。这类企业在固定资产上占用的资金比较多，而工薪费用较少，这就要求企业筹集到较多的长期资金以满足固定资产投资。如果是资源开发型企业，则需大量投入资金用于勘探、开采等，资金回收期较长。

第四节　财务管理的组织工作

财务管理工作是企业重要的管理工作，要搞好财务管理工作，必须要有健全的财务管理机构，配备专职的财务管理人员，制定配套的财务管理制度。

一、财务管理机构

财务管理机构是做好财务管理工作的重要条件。财务管理机构的设置，既要符合国家的方针政策，也要适应企业生产经营规模和管理的要求。目前，财务管理机构的设置主要有以下几种类型：

（一）会计与财务合设的财务管理机构

这种组织形式的特点是将财务工作和会计工作合并设立一个财会机构。该种机构具备会计核算和财务管理两种职能，但机构内部的设置和人员分工以会计职能为中心，增设财务科室。其机构结构如图 1－3 所示。

这种机构设置一般适用于中小型企业。

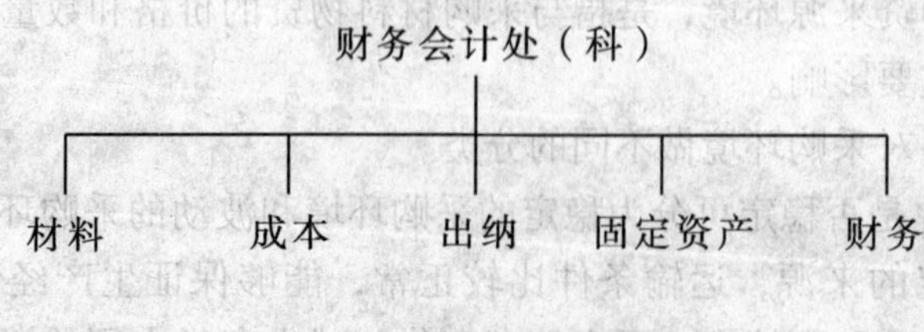

图 1－3　合设机构结构图

（二）会计与财务分设的财务管理机构

这种机构是指在企业内部，会计机构和财务机构平行设置，与此相适应，会计工作

和财务工作分别由两个机构完成。这样，将会计职能和财务职能严格区分开来，即会计部门主要从事会计核算、纳税申报等工作，为信息使用者提供会计核算资料。机构内部的设置和人员分工以会计核算为中心来划分。如材料、成本、出纳、固定资产等。而财务部门主要从事筹资决策、投资决策、股利决策等工作，机构内部的设置和人员分工以财务管理的职能来划分，如设立规划部、经营部、信贷部等。其机构结构如图1－4所示。

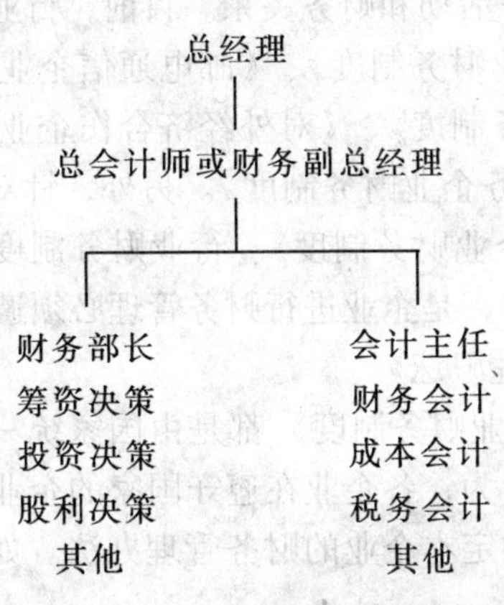

图1－4 分设机构结构图

这种组织形式适用于大型企业。

(三) 公司型财务管理机构

在大型集团公司或跨国公司内部，除了可以在总部设置财务机构，从事各种财务活动以外，还可以设立以财务协调和资金调度为核心的财务公司，这种机构是一个独立的公司法人，独立对外从事各种财务活动。其主要职责是负责整个集团公司的财务管理和各分公司之间的财务协调、资金运作等。财务公司在组织上属于企业集团成员之一，在行业管理上属于非银行金融机构。

二、财务管理制度

制定合理、规范的财务管理制度，是财务管理组织工作的一个重要内容，也是企业财务管理的工作准则。在市场经济条件下，为了规范财务管理工作，保护投资者的利益，国家通过制定各种财务管理法规制度来规范企业财务管理行为，参与企业财务管理。企业必须严格遵守国家的财经法规。同时，企业也可根据自身的需要和实际情况，在不违背国家财经法规的前提下，制定本单位的财务管理制度。目前，我国财务管理的法规制度主要有以下几种类型：

(一)《企业财务通则》

《企业财务通则》是财务管理制度的最高层次，是企业从事财务活动、实施财务管理的基本原则和规范。《企业财务通则》由我国财政部于1992年11月16日经国务院颁布，1993年7月1日起施行。其内容主要包括对企业资金的筹集、流动资产、固定资产、无形资产、递延资产和其他资产、对外投资、成本和费用、营业收入、利润及其分配、外币业务、企业清算、财务报告与财务评价等财务管理工作的基本规定。

（二）《行业财务制度》

不同行业有不同的业务性质和特点，在财务管理上也有不同的要求，《企业财务通则》只对财务管理工作作了基本要求，但未体现行业特色。因此，要求在《企业财务通则》的条例下，根据行业经营业务特点和特定的管理要求制定适用于不同行业的财务制度，用以规范某一行业的财务活动和财务关系。目前，行业财务制度主要包括《农业企业财务制度》、《铁路运输企业财务制度》、《邮电通信企业财务制度》、《施工企业财务制度》、《房地产开发企业财务制度》、《对外经济合作企业财务制度》、《商品流通企业财务制度》、《旅游、饮食服务企业财务制度》。另外，针对股份制试点企业财务的特殊性，还制定了《股份制试点企业财务制度》。行业财务制度是由财政部统一制定，是整个财务制度体系的基础和主体，是企业进行财务管理必须遵循的具体制度。

（三）《企业内部财务管理办法》

《企业财务通则》和《行业财务制度》都是由国家统一制定的。为了加强企业内部的财务管理，规范企业财务行为，各企业在遵守国家的企业财务通则和行业财务制度的同时，根据企业的管理要求制定本企业的财务管理办法。如存货管理、费用管理、内部结算等方面的管理制度。

本章小结

本章主要介绍了以下几方面的问题：财务管理就是对企业的财务活动及其所体现出来的各种财务关系所进行的管理，包括筹资管理、投资管理和资金分配的管理。财务管理追求的目标是企业价值最大化。财务管理工作是在一定的环境下进行的，包括内部环境和外部环境即经济体制环境、财税环境、金融环境、法律环境等。企业财务管理机构有以下几种设置：会计与财务合设的财务管理机构、会计与财务分设的财务管理机构、公司型财务管理机构。

第二章

财务管理的价值观念

CAI WU GUAN LI DE JIA ZHI GUAN NIAN

- 资金时间价值观念
- 投资风险价值观念
- 成本效益观念

目的要求：

本章是财务管理中进行计算分析的基础，通过本章学习，学生应理解时间价值观念、风险价值观念、成本收益观念，掌握资金时间价值的计算方法、投资风险价值与资金边际成本的计算步骤与方法，基本学会 Excel 在计算资金时间价值中的运用、内插法的运用、年内复利多次情况下实际利率的计算等技巧。

财务管理是一种综合性的价值管理，树立基本的价值观念，有助于财务管理行为的理性。非理性的决策和判断都与没有树立正确的价值观有关。作为财务管理者，观念的树立与更新非常重要，这些观念主要是指时间价值观念、风险价值观念和成本效益观念。

第一节　资金时间价值观念

一、资金时间价值的概念

资金的时间价值是指在不考虑风险和通货膨胀的情况下，把货币作为资金投入生产经营后，经过一定时间所增加的价值。其实质是处于社会生产总周转过程中的资金在使用中由工人创造的，因资金所有者让渡资金使用权而参与社会财富分配的一种形式。资金的时间价值原理是“时间就是金钱”这一观念数量化的典型概括。资金的时间价值揭示了不同时点上资金价值数额之间的换算关系，是评价投资方案的基本依据。

1. 资金时间价值的特点

(1) 资金时间价值的表现形式是资金价值的增值，是同一笔货币资金在不同时点上表现出来的价值差额或变动率。

(2) 资金价值的增值是将货币当作投资资金运用时实现的。不能被当作资金运用的货币是不具备自行增值属性的。

(3) 资金时间价值量的规定性与时间的长短成正比。

2. 资金时间价值的表现形式

由于竞争，市场经济中各部门投资利润趋于平均化，每个企业在投资某项目时，至少要求取得社会平均利润率。因此，从量的规定性来看，资金的时间价值是指没有风险与通货膨胀条件下的社会平均资金利润率，其相对数即时间价值率的表现形式是增值额占投资额的百分比，其绝对数即时间价值额的表现形式是资金在生产经营过程中带来的真实增长额，即一定数额的资金与时间价值率的乘积。

由于资金时间价值的计算方法与利息的计算方法相同，很容易将资金时间价值与利息率相混淆，但利息率通常都包括了一定的风险价值与通货膨胀因素。只有在通货膨胀率很低时，才可将几乎没有风险的国债利率视为资金的时间价值。为便于理解资金时间价值的计算公式，本节假定利息率或折现率在一定程度上代表资金时间价值。

二、资金时间价值的计算

资金时间价值的计算方法按其基数的不同，分为单利计算与复利计算两种。

(一) 单利的计算

单利的计算是一种简单的时间价值计算方法，是指各期的利息永远只以本金为基础计算，利息不再计息。其计算公式是：

单利利息 = 本金 × 利率 × 时间

如本金为20 000元，年利率为10%，时间为3年，按单利计算的3年期满的利息是：

20 000 × 10% × 3 = 6 000 (元)

3年的本利和（终值）是：

20 000 + 6 000 = 26 000 (元)

(二) 复利的计算

复利是指不仅本金要计息，利息也要计息，即通常所说的利滚利。在扩大再生产条件下，企业运用资金所获得的收益往往要再投入到经营中去（至少要存入银行，参加社会资金周转）。因此，在投资决策中考虑资金的时间价值时，通常是按复利计算的。按复利计算资金利息的公式是：

第 n 年的利息 = (本金 + 到第 n 年的累计利息) × 利率
= 到该年初的终值 × 利率

如果按复利计息，上例的利息应这样计算：

第一年利息：20 000 × 10% = 2 000 (元)

第一年的终值：20 000 + 20 000 × 10% = 20 000 × (1 + 10%) = 22 000 (元)

第二年利息：22 000 × 10% = 2 200 (元)

第二年的终值：$20\,000 \times (1+10\%) + [20\,000 \times (1+10\%)] \times 10\%$
$= 20\,000 \times (1+10\%) \times (1+10\%)$
$= 20\,000 \times (1+10\%)^2$
= 24 200 (元)

第三年利息：24 200 × 10% = 2 420 (元)

第三年的终值：$20\,000 \times (1+10\%)^2 + 20\,000 \times (1+10\%)^2 \times 10\%$
$= 20\,000 \times (1+10\%)^3$
= 26 620 (元)

到期时的利息：2 000 + 2 200 + 2 420 = 26 620 − 20 000 = 6 620(元)

可见，按复利计息比按单利计息的利息要多。

1. 复利终值（Future value）的计算

复利终值是指按复利计息，若干期后包括本金和利息在内的价值，又称本利和。如图2-1所示。

图 2-1 复利终值图

图中，FV 为未来 n 期后的复利终值；

PV 为当年的现在价值，即复利现值；

i 为利率；

n 为计息期数。

从上面的例子可以推算出复利终值的计算公式是：

$$FV=PV\ (1+i)^n$$

为便于计算，将 $(1+i)^n$ 复利终值系数记作 $(F/P,\ i,\ n)$。

应用中为简化计算，把 $(1+i)^n$ 编成复利终值系数表，计算时直接查表即可。本金超过 1 元的终值为 1 元的终值系数 $(1+i)^n$ 与本金的乘积。

【例 1】将 100 元存入银行，年利率为 10%，以复利计息，计算 5 年后的终值为：

$$100\times(1+10\%)^5=100\times(F/P,\ 10\%,\ 5)=161\ (元)$$

查阅复利终值系数表得：$(F/P,\ 10\%,\ 5)=1.61$，则 $100\times1.61=161$（元）

也可用 Excel 提供的复利终值计算函数 FV（）计算，如图 2-2 所示。

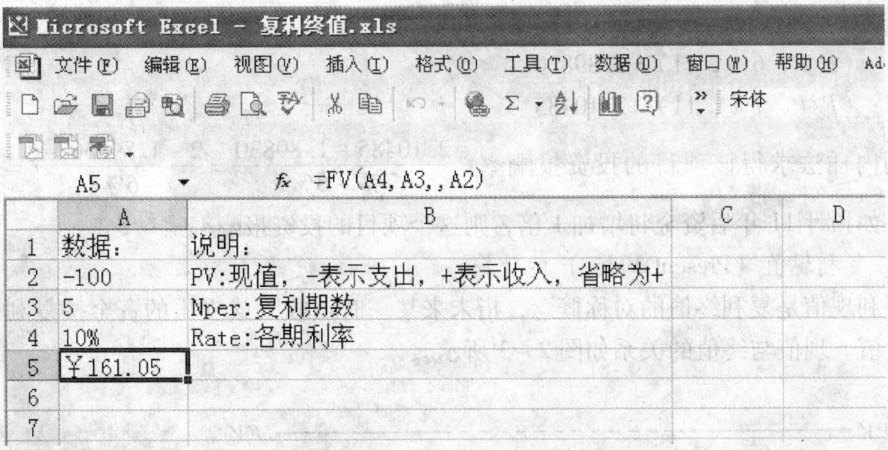

Microsoft Excel - 复利终值.xls

文件(F) 编辑(E) 视图(V) 插入(I) 格式(O) 工具(T) 数据(D) 窗口(W) 帮助(H) Ad

宋体

A5 fx =FV(A4,A3,,A2)

	A	B	C	D
1	数据:	说明:		
2	-100	PV:现值，-表示支出，+表示收入，省略为+		
3	5	Nper:复利期数		
4	10%	Rate:各期利率		
5	￥161.05			
6				
7				

图 2-2 复利终值计算图

利用复利终值系数表，不仅可在已知 i 和 n 时查找到 FV，也可在已知 i 和 FV 时查找到 n，或在已知 FV 和 n 时查找到 i。

【例 2】某人有 20 000 元，拟投入报酬率为 8% 的投资机会，多少年后可使现有货币增加一倍？

$$FV=20\ 000\times(F/P,8\%,n)=40\ 000$$

$$(F/P,8\%,n)=2$$

查复利终值系数表，在 i 为 8% 项下寻找 2 的系数，对应的期数即为所要寻找的 n 值。经查表得出最接近的值为：$(F/P,\ 8\%,\ 9)$ 为 1.999，所以，如投资报酬率为 8% 时，则 9 年后可使现有货币增加一倍。

上例如报酬率为 7%，则 $FV = 20\,000 \times (F/P, 7\%, n) = 40\,000$，$(F/P, 7\%, n) = 2$，查复利终值系数表，在 i 为7%项下寻找得：

$(F/P,\ 7\%,\ 10) = 1.96715$

$(F/P,\ 7\%,\ 11) = 2.10485$

用内插法求得实际年数：$\dfrac{2.10785 - 1.96715}{11 - 10} = \dfrac{2 - 1.96715}{n - 10}$

$n = 10.24 \approx 10$ 年零 3 个月

所以，如投资报酬率为 7% 时，则 10 年零 3 个月后可使现有货币增加一倍。

【例 3】某企业将 100 万元资金投资于一项目，预计 8 年后将增加 1 倍，这个项目的投资报酬率是多少？

解：$FV = 2 \times 100 = 100 \times (F/P, i, 8)$

$(F/P, i, 8) = 2$

查复利终值系数表，在 n 为 8 项下寻找 2，最接近的值为：$(F/P, 9\%, 8) = 1.9926$，所以，如预计8年后资金将增加1倍，则这个项目的投资报酬率是9%。

如预计 11 年后资金将增加 1 倍，则：

$FV = 2 \times 100 = 100 \times (F/P,\ i,\ 11)$

$(F/P,\ i,\ 11) = 2$

查复利终值系数表，在 n 为 11 项下寻找，得：

$(F/P,\ 6\%,\ 11) = 1.89830$

$(F/P,\ 7\%,\ 11) = 2.10485$

用内插法求得该项目的投资报酬率：$\dfrac{2.10485 - 1.89830}{7\% - 6\%} = \dfrac{2 - 1.89830}{i - 6\%}$，$i = 6.5\%$，所以，如预计 11 年后资金将增加 1 倍，则这个项目的投资报酬率是 6.5%。

2. 复利现值（Present Value）的计算

复利现值是复利终值的对称概念，指未来某一时点收入或支出的资金按复利计算的现在价值。现值与终值的关系如图 2－3 所示。

图 2－3　复利现值图

由终值求现值也可叫贴现，因此，贴现时所用的利息率 i 也叫贴现率。

根据 $FV = PV\ (1 + i)^n$，复利现值的计算公式是：

$$PV = FV/(1 + i)^n = FV(1 + i)^{-n}$$

其中，$(1+i)^{-n}$称为复利现值系数或贴现系数，记作（P/F，i，n）。应用中为简化计算，把$(1+i)^{-n}$编成复利现值系数表，计算时直接查表即可。

【例4】若计划在5年后得到800元，利息率为8%，现在应一次存多少金额?

解：$PV=800\times(1+8\%)^{-n}=800\times(P/F, 8\%, 5)$

查复利现值系数表，得：$(P/F, 8\%, 5)=0.681$

所以　$PV=800\times0.681=544.8$（元）

也可用Excel提供的复利现值计算函数PV（）计算，如图2-4所示。

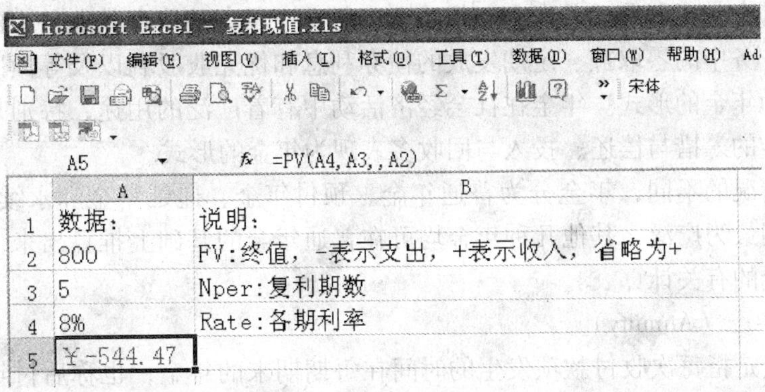

Microsoft Excel - 复利现值.xls

文件(F) 编辑(E) 视图(V) 插入(I) 格式(O) 工具(T) 数据(D) 窗口(W) 帮助(H)

A5　　fx =PV(A4,A3,,A2)

	A	B
1	数据：	说明：
2	800	FV:终值，-表示支出，+表示收入，省略为+
3	5	Nper:复利期数
4	8%	Rate:各期利率
5	￥-544.47	

图2-4　复利现值计算图

3. 年内复利多次情况下名义利率与实际利率的转换

复利的计息期不一定总是一年，有可能是一季度、一月或一日。当利息在一年内复利几次时，给出的年利率叫做名义利率，用r表示。

【例5】本金1 000元，投资5年，利率8%，每年复利一次，其本利（终值）和与复利息是多少?

解：$FV=1\,000\times(1+8\%)^5=1\,000\times(F/P, 8\%, 5)$

$=1\,000\times1.469$

$=1\,469$（元）

复利息$=1\,469-1\,000=469$（元）

如每季复利一次，一年复利4次，即一年需计4次息，则计算其本利和与复利息时，需将名义利率8%调整为复利周期一次时的利率2%（8%/4），5年内总的复利次数为$5\times4=20$，此时本利和是：

$$FV=1\,000\times(1+\frac{8\%}{4})^{5\times4}=1\,000\times(1+2\%)^{20}=1\,000\times(F/P, 2\%, 20)$$

查表得，$(F/P, 2\%, 20)=1.486$，因此，$FV=1486$（元）

复利息$=1\,486-1\,000=486$（元）

可见，在年内复利多次情况下，实际利率（用i表示）要比名义利率高，那么实际利率究竟是多少呢？由于名义利率与实际利率的关系是按实际利率计算的利息等于按名义利率在每年计息m次时所计算的利息，所以有：$(1+i)=(1+\frac{r}{m})^m$，因此：

$$i=(1+\frac{r}{m})^{m}-1$$

将例5数据代入，得：$i=(1+\frac{8\%}{4})^{4}-1=8.24\%$

（三）年金（Annuity）的计算

复利现值与复利终值的计算是假定本金和利息都是一次支付的，然而在现实经济生活中，本金和利息通常都是分期支付的，这就需要引入年金的计算。

年金是指在一定时期内一系列等额收付的款项。在现实经济生活中，分期等额发生的各种偿债基金、折旧费、养老金、保险金、租金、零存整取存款业务中的零存额、整存零取存款业务中的零取额、定期发放的债券利息和优先股股利以及等额回收的投资额等，都表现为年金的形式。年金在社会经济活动中有着广泛的用途，特别是在投资决策分析中，资金的筹措与偿还、投入与回收多表现为年金的形式。

按收付情况的不同，年金分为普通年金、预付年金、递延年金和永续年金。其中，普通年金应用最为广泛，其他几种年金均可在普通年金的基础上推算出来，因此应熟练掌握普通年金的有关计算。

1. 普通年金（Annuity）

普通年金是指每次收付款项发生的时间在每期期末的年金，也称后付年金。如每年末等额支付的租金等。

（1）普通年金终值（Future Annuity）的计算。普通年金终值是指一定时期内每期期末收付的款项在最后一期期末按复利计算的本利和，用 F_A 表示。由于普通年金的收付期在每期期末，所以计算普通年金终值时，最后一期是不计息的，即计算期为总期数减1。如图2-5所示。

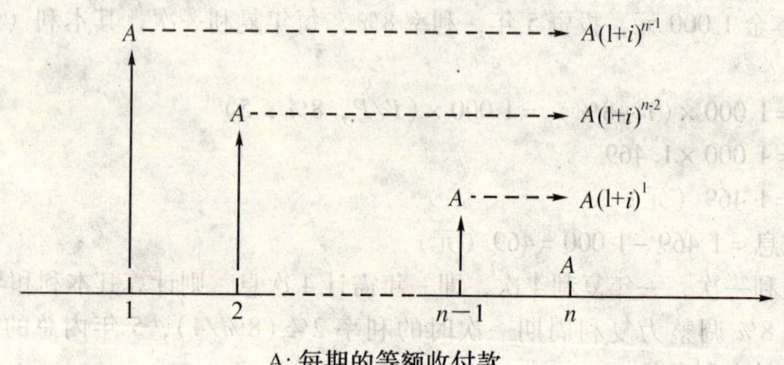

图2-5 普通年金终值图

由 $$F_A=A(1+i)^{n-1}+A(1+i)^{n-2}+\cdots+A$$

得到普通年金终值的计算公式是：

$$F_A=A\times\frac{(1+i)^{n}-1}{i}$$

$\frac{(1+i)^n-1}{i}$是普通年金终值系数，记作（F_A，i，n），表示利率为 i 时，1 元普通年金在 n 期后的终值。可据此编制“年金终值系数表”，以供查阅（见附表）。

【例 6】某项目在 5 年建设期内每年年末向银行借款 100 万元，年利率 10%，那么 5 年后竣工时应付本息总额是多少？

解：$F_A = 100 \times \frac{(1+10\%)^5-1}{10\%} = 100 \times (F_A，10\%，5)$

查年金终值系数表得：$(F_A，10\%，5) = 6.105$

$F_A = 100 \times 6.105 = 610.5$（万元）

也可用 Excel 提供的年金终值计算函数 FV（），如图 2－6 所示。

Microsoft Excel - 普通年金终值.xls

文件(F) 编辑(E) 视图(V) 插入(I) 格式(O) 工具(T) 数据(D) 窗口(W) 帮助(H)

A5 f_x =FV(A2,A3,A4)

	A	B	C
1	数据:	说明:	
2	10%	Rate:各期利率	
3	5	Nper:复利期数	
4	100	Pmt:各期收支金额，-表示支出，+表示收入，省略为+	
5	¥-610.51		
6			
7			

图 2－6 普通年金终值计算图

（2）普通年金现值（Present Annuity）的计算。普通年金现值是指在一定时期内，每期期末等额收支的款项按复利计算的现值之和，用 P_A 表示。它和普通年金终值相反，如果说年金的终值是零存整取的话，年金的现值就像是整存零取。如图 2－7 所示。

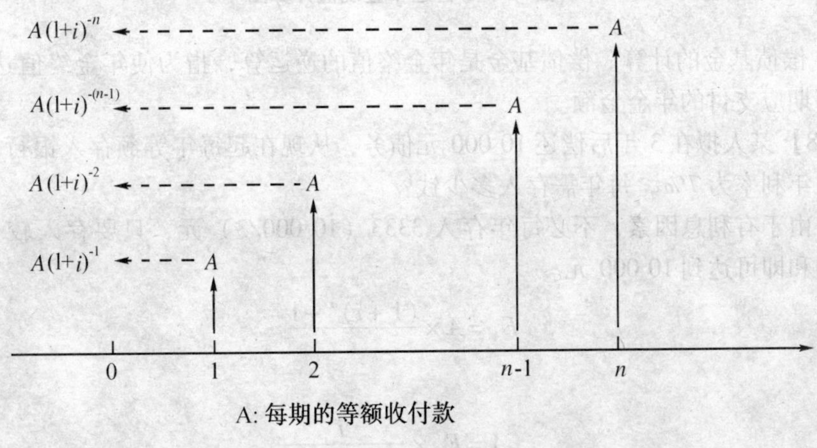

图 2－7 普通年金现值

由 $$P_A = A\ (1+i)^{-1} + A\ (1+i)^{-2} + \cdots + A\ (1+i)^{-n}$$

得到普通年金现值的计算公式是：

$$P_A = A \times \frac{1-\ (1+i)^{-n}}{i}$$

$\frac{1-\ (1+i)^{-n}}{i}$是普通年金现值系数，记作（P_A，i，n），表示利率为 i 时，1 元普通年金经过 n 期的现值。可据此编制“年金现值系数表”，以供查阅。

【例 7】某人出国 5 年，请你代付房租，每年租金 1 000 元，设银行存款利息率是 10%，按复利计息，他现在应给你在银行存入多少钱？

解：$P_A = 1\ 000 \times \frac{1-\ (1+10\%)^{-5}}{10\%} = 1\ 000 \times (P_A,\ 10\%,\ 5)$

查表得：$(P_A,\ 10\%,\ 5) = 3.791$

$P_A = 1\ 000 \times 3.791 = 3\ 791$（元）

也可用 Excel 提供的年金现值计算函数 PV（），如图 2－8 所示。

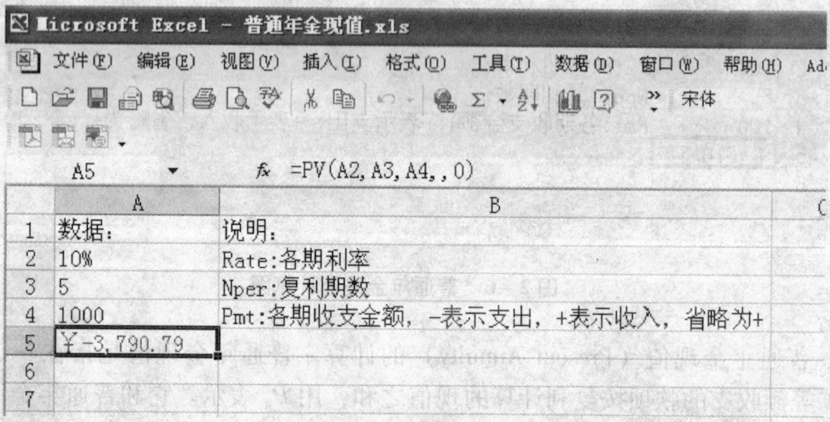

Microsoft Excel － 普通年金现值.xls

文件(F) 编辑(E) 视图(V) 插入(I) 格式(O) 工具(T) 数据(D) 窗口(W) 帮助(H) Ad

宋体

A5 ▼ fx =PV(A2, A3, A4, , 0)

	A	B
1	数据：	说明：
2	10%	Rate:各期利率
3	5	Nper:复利期数
4	1000	Pmt:各期收支金额，-表示支出，+表示收入，省略为+
5	￥-3,790.79	
6		
7		

图 2－8 普通年金现值计算图

（3）偿债基金的计算。偿债基金是年金终值的逆运算，指为使年金终值达到一定的金额，每期应支付的年金金额。

【例 8】某人拟在 3 年后偿还 10 000 元债务，从现在起每年等额存入银行一笔款项。银行存款年利率为 7%，每年需存入多少钱？

解：由于有利息因素，不必每年存入 3333（10 000/3）元，只要存入较少的钱，3 年后本利和即可达到 10 000 元。

由 $$F_A = A \times \frac{(1+i)^n - 1}{i}$$

得：

$$A = F_A \times \frac{i}{(1+i)^n - 1}$$

$\frac{i}{(1+i)^n-1}$是年金终值系数的倒数，称偿债基金系数，可根据年金终值系数求倒数而得。

将数据代入，得：$10\ 000 = A \times (F_A, 7\%, 3) = A \times 3.215$

$$A = 10\ 000 \times \frac{1}{3.215} = 3\ 110\text{（元）}$$

因此，当银行存款年利率为7%时，每年存入3 110元，3年后可得到10 000元，用于偿还债务。

（4）年回收额的计算。年回收额的计算是年金现值的逆运算，即已知年金现值，求每期应收回的年金金额。

【例9】某项目需投资20万元，项目寿命期为10年，企业要求的最低投资报酬率为10%，那么该项目每年至少要收回多少现金才能达到企业要求？

解：由
$$P_A = A \times \frac{1-(1+i)^{-n}}{i}$$
得：
$$A = P_A \times \frac{i}{1-(1+i)^{-n}}$$

$\frac{i}{1-(1+i)^{-n}}$是年金现值系数的倒数，称为年回收系数，可根据年金现值系数求倒数而得。运用年回收系数可计算出一项投资（P_A）在寿命期（n）内平均每年至少应该回收的金额。如果实际回收金额少于这个金额，就意味着在n年内不可能将投资的本利收回。

将数据代入，得：$200\ 000 = A \times (P_A, 10\%, 10) = A \times 6.1446$

$$A = 200\ 000 \times \frac{1}{6.1446} = 32\ 549\text{（元）}$$

因此，每年至少要收回32549元，才能在10年内收回投资本金，并获得10%的投资报酬率。

2. 预付年金（Prepaid annuity）

预付年金是指每次收付发生的时点在每期期初的年金，也称即付年金。

（1）预付年金终值（Future Prepaid annuity）的计算。预付年金的终值是一定时期内每期期初收付的款项在最后一期期末按复利计算的本利和，用F_{PA}表示。预付年金终值和普通年金终值的关系，如图2－9所示。

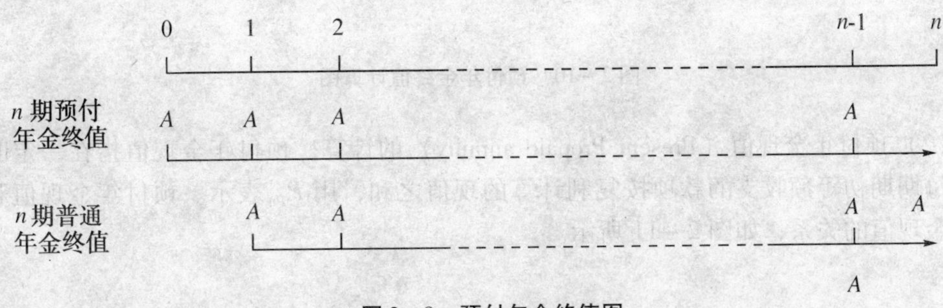

图2－9 预付年金终值图

从图 2－9 可以看出，预付年金终值和普通年金终值相比，二者的收付款期数相同，但时间不同，即普通年金终值每期等额收付款项的起点是零年末，终点是到期的第 n 年年末。而预付年金终值每期等额收付款项的起点是零年初，终点是到期的第 n 年年初。因此，预付年金终值比普通年金终值多计一期利息。所以，可以先求出 n 期普通年金终值，再乘以（$1+i$），便可求出 n 期预付年金终值。其计算公式是：

$$F_{PA}=F_A\times(1+i)$$

此外，还可根据 n 期预付年金与 $n+1$ 期普通年金终值的关系推导出另一个公式。二者计息期数相同，但 n 期预付年金比 $n+1$ 期普通年金少一次收付款，因此，只要将 $n+1$期普通年金的终值减去一期的金额 A，便可求出 n 期预付年金的终值。其计算公式是：

$$F_{PA}=A\times[(F_A,\ i,\ n+1)-1]$$

公式中的$[(F_A,\ i,\ n+1)-1]$ 为预付年金终值系数，可利用“年金终值系数表”查得（$n+1$）期的值，减去1后得出。

【例 10】某人每年年初存入银行 1 000 元，银行存款年利率为 8%，问第 10 年末的本利和是多少？

解：$F_{PA}=1\ 000\times(F_A,8\%,10)\times(1+8\%)=1\ 000\times14.487\times108\%=15\ 646$(元)

或 $F_{PA}=1\ 000\times[(F_A,8\%,10+1)-1]=1\ 000\times(16.645-1)=15\ 645$(元)

预付年金终值也可用 Excel 提供的年金终值函数 $FV(\ )$ 计算而得，如图2－10所示。

Microsoft Excel - 用EXCEL计算现值、终值.xls

文件(F) 编辑(E) 视图(V) 插入(I) 格式(O) 工具(T) 数据(D) 窗口(W) 帮助(H)

A5 fx =FV(A2, A3, A4, , 1)

	A	B	C	D	E	F	G
1	数据:	说明:					
2	8%	Rate:各期利率					
3	10	Nper:复利期数					
4	-1000	Pmt:各期收支金额，-表示支出，+表示收入，省略为+					
5	￥15,645.49						
6							

图 2－10 预付年金终值计算图

（2）预付年金现值（Present Prepaid annuity）的计算。预付年金现值指在一定时期内，每期期初等额收支的款项按复利计算的现值之和，用 P_{PA} 表示。预付年金现值和普通年金现值的关系，如图 2－11 所示。

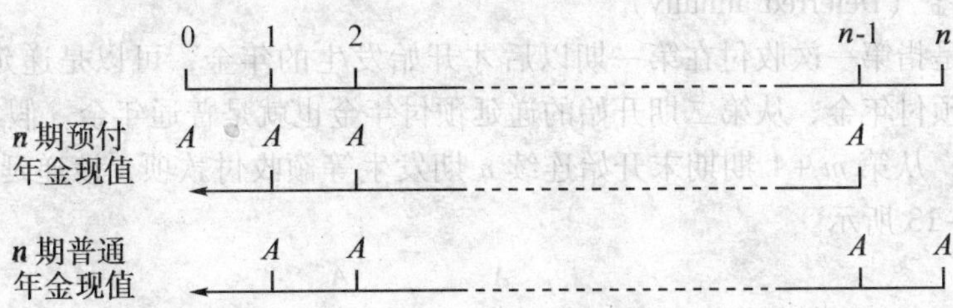

图 2-11 预付年金现值图

从图中可以看出，预付年金现值和普通年金现值相比，二者收付款期数相同，但时间不同，普通年金现值比预付年金现值多贴现一期。所以，可先求出 n 期普通年金现值，然后再乘以 $1+i$，便可求出 n 期预付年金现值。其计算公式是：

$$P_{PA}=P_A\times(1+i)$$

此外，还可根据 n 期预付年金与 $n-1$ 期普通年金现值的关系推导出另一个公式。二者贴现期数相同，但 n 期预付年金比 $n-1$ 期普通年金多一期不用贴现的收付款，因此，只要将 $n-1$ 期普通年金的现值加上一期不用贴现的金额 A，便可求出 n 期预付年金的现值。其计算公式是：

$$P_{PA}=A\times[(P_A,\ i,\ n-1)+1]$$

公式中的 $[(P_A,\ i,\ n-1)]+1$ 为预付年金现值系数，可利用“年金现值系数表”查得 $n-1$ 期的值，加上 1 后得出。

【例 11】某企业租用一台设备，在 10 年中每年年初要支付租金 5 000 元，年利息率为 8%，问这些租金的现值是多少？

解：$P_{PA}=5\ 000\times(P_A,8\%,10)\times(1+8\%)=5\ 000\times6.71\times1.08=36\ 234$（元）

或 $P_{PA}=5\ 000\times[(P_A,\ 8\%,\ 9)+1]=5\ 000\times(6.247+1)=36\ 235$（元）

预付年金现值也可用 Excel 提供的年金现值函数 PV（）计算而得，如图 2-12 所示。

Microsoft Excel - 用EXCEL计算现值、终值.xls

文件(F) 编辑(E) 视图(V) 插入(I) 格式(O) 工具(T) 数据(D) 窗口(W) 帮助(H)

宋体

A6 fx =PV(A2, A3, A4, , A5)

	A	B	C	D	E	F	G
1	数据:	说明:					
2	8%	Rate:各期利率					
3	10	Nper:复利期数					
4	-5000	Pmt:各期收支金额，-表示支出，+表示收入，省略为+					
5	1						
6	￥36,234.44						
7							

图 2-12 预付年金现值计算图

3. 递延年金（Deferred annuity）

递延年金是指第一次收付在第一期以后才开始发生的年金，可以是递延普通年金，也可以是递延预付年金，从第二期开始的递延预付年金也就是普通年金。假设最初 m 期没有收付款项，从第 $m+1$ 期期末开始连续 n 期发生等额收付款项，该递延年金下的现金流量如图 2－13 所示。

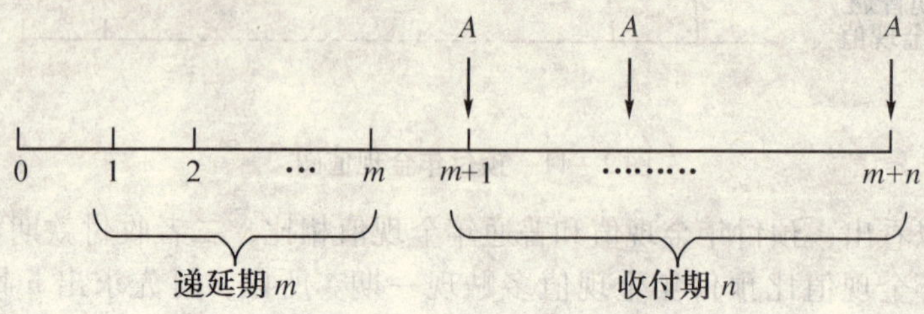

图 2－13　递延年金

（1）递延年金终值的计算。递延年金的终值与递延期无关，故计算方法和普通年金终值相同。

【例 12】A 公司某一项目与 2001 年年初动工，5 年后投产，预计从投产之日起每年年收益额是 100 000 元，按年利率 6% 计算，投产 10 年后其收益总额的终值是多少？

解：$100\ 000\times(F_A,\ 6\%,\ 10)=100\ 000\times 13.181=1\ 318\ 100$（元）

（2）递延年金现值的计算。递延年金现值用 P_{DA} 表示，有两种计算方法。

第一种方法，是把递延年金视为 n 期普通年金，利用计算普通年金现值的方法求出递延期末的现值，再利用计算复利现值的方法将此现值调整到第一期初。其计算方法是：

$$P_{DA}=A\times(P_A,\ i,\ n)-(P/F,\ i,\ m)$$

第二种方法，是假设递延期中也进行收付，先求出（$m+n$）期的年金现值，然后扣除实际并未支付的递延期 m 的年金现值，即可得出最终结果。其计算方法是：

$$P_{DA}=A\times[(P_A,\ i,\ m+n)-(P_A,\ i,\ m)]$$

【例 13】某企业向银行借入一笔款项，银行贷款的年利率是 8%，前 10 年不用还本付息，但从第 11 年至第 20 年每年年末偿还本息 1 000 元，那么这笔款项的现值是多少？

解：$P_{DA}=1\ 000\times(P_A,\ 8\%,\ 10)\times(P/F,\ 8\%,\ 10)$

$=1\ 000\times 6.710\times 0.463$

$=3\ 107$（元）

或　$P_{DA}=1\ 000\times[(P_A,\ 8\%,\ 20)-(P_A,\ 8\%,\ 10)]$

$=1\ 000\times(9.818-6.710)$

$=3\ 108$（元）

4. 永续年金（Perpetual annuity）

永续年金是指无限期的等额收付的年金。例如优先股因为有固定的股利而又无到期日，因而可以看做是永续年金。又如现实中的存本取息，也可视为永续年金的一个例子。

（1）永续年金终值的计算：由于永续年金期数无限，所以不存在终值。

（2）永续年金现值的计算：永续年金现值的计算公式可通过普通年金现值的计算公式推导而出：

$$P = A \times \frac{1-(1+i)^{-n}}{i}$$

当 $n \to \infty$ 时，$(1+i)^{-n}$ 的极限为 0，因此，上式可写为：

$$P = \frac{A}{i}$$

【例 14】 建立一项永久性的奖学金，每年计划颁奖 1 000 元，若利率为 10%，现在应存入多少钱？

解：$P = \frac{1\ 000}{10\%} = 10\ 000$（元）

【例 15】 某人持有 A 公司的优先股 6 000 股，每年可获股利 1 200 元。如年利率为 8%，则 6 000 股优先股的价值是多少？

解：其价值为其历年利息的现值：

$$P = \frac{1\ 200}{8\%} = 15\ 000\text{（元）}$$

资金时间价值的计算方法在财务管理中有着广泛的用途，如长期投资决策、资产价值评估、融资决策等。掌握了这些计算方法，才能在财务管理中加以实际运用。

第二节　投资风险价值观念

一、投资风险价值的概念

（一）风险的概念

风险一词源于以捕鱼为生的渔民。渔民出海捕鱼的安全性主要取决于海上风浪的大小，风浪越大，危险性越大，久而久之，人们就用“风险”表示未来遭受损失的可能性。

一般说来，风险是指在一定条件下和一定时期内可能发生的各种结果的变动程度。从财务角度来说，风险主要是指无法达到预期报酬的可能性。

风险是一个重要的经济概念，在市场经济条件下，企业从事生产经营活动和财务活动时都会有一定的风险。由于存在各种不确定的因素，会影响决策者所作的各种决定，从而给企业带来一定的损失。如在筹资决策中，企业选择负债经营，若负债高，则会产生财务杠杆风险；企业进行投资时，若结果达不到预期的投资报酬率，则会产生投资风险。由此看出，风险的产生与企业经营活动和财务活动的不确定性、不可预见性、不可控制性有直接的关系。

按照风险程度的大小，可把企业财务决策分为 3 种类型。

1. 确定性决策

决策者对未来的情况是完全确定的或已知的决策，称为确定性决策。例如，公司决定将 100 万元投资于利息率为 10% 的国库券，由于国家实力雄厚，到期得到 10% 的报酬几乎是肯定的，因而，一般认为这种决策为确定性决策。

2. 风险性决策

决策者对未来的情况不能完全确定，但对它们出现的可能性——概率的具体分布是已知的或可以估计的，这种情况下的决策称为风险性决策。例如，假设公司决定将100万元投资于大华玻璃制造公司的股票，已知这种股票在经济繁荣时能获得20%的报酬，在经济状况一般时能获得10%的报酬，在经济萧条时只能获得5%的报酬。现根据各种资料分析，认为明年经济繁荣的概率为30%，经济状况一般的概率为40%，经济萧条的概率为30%。这种决策便属于风险性决策。

3. 不确定性决策

决策者对未来的情况不仅不能完全确定，而且对其可能出现的概率也不清楚，这种情况下的决策称为不确定性决策。例如，假设时代公司决定把100万元投资于东北煤炭开发公司的股票，如果东北公司能顺利找到煤矿，则时代公司可获得100%的报酬；如果东北公司找不到煤矿，则时代公司获得-100%的报酬。但找到煤矿与找不到煤矿的可能性各为多少，事先无法知道，也就是说，事先并不能知道有多大的可能性获得100%的报酬，有多大的可能性获得-100%的报酬，这种投资决策便属于不确定性决策。

从理论上讲，不确定性是无法计量的，但在企业财务管理中，通常为不确定性决策规定一些主观概率，以便进行定量分析。不确定性规定了主观概率后，与风险就十分相近了。因此，在企业财务管理中，对风险和不确定性并不作严格区分，当谈到风险时，可能指风险，也可能指不确定性。

（二）风险的种类

1. 从投资人的角度看，风险分为市场风险和公司特有风险

（1）市场风险。非公司自身能力所能控制、影响所有公司的因素引起的风险，称为市场风险。如战争、经济衰退、通货膨胀和利率、汇率的变动等。例如，一个人投资于股票，不论买哪种股票，他都要承担市场风险，因为当经济衰退时各种股票的价格都会有不同程度的下降。这类风险属于公司外部环境风险，涉及所有投资主体，不能通过多元化投资来分散，因此又称为不可分散风险或系统风险。

（2）公司特有风险。发生于个别公司的特有事件造成的风险，称为公司特有风险。如罢工、新产品开发失败、没有争取到重要合同、诉讼失败等。这类事件是随机的，可以通过多元化投资来分散，因此又称为可分散风险或非系统风险。例如，一个人投资股票时，买几种不同的股票比只买一种股票风险小。

2. 从公司的角度看，风险分为经营风险和财务风险

（1）经营风险。由于公司生产经营的不确定性带来的风险，称为经营风险。它是任何商业活动都具有的，因此也叫商业风险。经营风险使企业的利润变得不确定。影响公司经营风险的因素很多，主要有：

产品需求。市场对公司产品的需求越稳定，经营风险就越小；反之经营风险就越大。

产品售价。产品售价变动越小，经营风险就越小；反之经营风险就越大。

产品成本。产品成本是收入的抵减因素，成本不稳定，会导致利润不稳定，因此产

品成本变动大的，经营风险就越大；反之经营风险就越小。

调整价格的能力。当产品成本变动时，若公司具有较强的调整价格的能力，经营风险就小；反之经营风险就大。

固定成本的比重。在公司全部成本中，固定成本所占比重较大时，单位产品分摊的固定成本额就越多，若产品量发生变化，单位产品分摊的固定成本就会随之变动，最后导致利润更大幅度的变动，经营风险就大；反之经营风险就小。

（2）财务风险。因借款而增加的风险称为财务风险。这是筹资决策带来的风险，因此也叫筹资风险。企业借入资本，为的是使投资报酬率高于借款利率，能给企业带来额外的税后净利，当投资报酬率低于借款利率时，由于债务的利息是固定的，企业的税后净利将受到额外的损失。

例如：股本 10 万，经济繁荣时每年盈利 2 万元，股东资本报酬率 20%；经济萧条时每年亏损 1 万元，股东资本报酬率为 -10%。假设公司预期今年经济繁荣，借入资本 10 万，利息率 10%，预期盈利 4 万，付息后的盈利为 3 万，股东资本报酬率上升为 30%，这就是负债经营的好处。但是，这个借款决策加大了原有的风险。如果借款后碰上经济萧条，企业付息前亏损应当是 2 万，付息 1 万后亏损 3 万，股东的资本报酬率是 -30%。这就是负债经营的风险。

如果企业不借款，全部使用投资人的资本，那么则只有经营风险，没有财务风险。财务风险会加大企业的经营风险，运气好时赚得更多，运气不好时亏得更惨。企业应衡量资本报酬率与借款利息率孰高孰低，考虑是否举债经营。

（三）投资风险价值的概念及表现形式

1. 投资风险价值的概念

在上一节阐述资金的时间价值时，我们提出资金的时间价值是在没有风险与通货膨胀条件下的投资报酬率，但企业财务活动常常是在有风险的情况下进行的，冒风险，就要求得到额外的收益，风险越大，要求获得的额外收益就越高，否则就不值得去冒风险。投资者由于冒风险进行投资而获得的超过资金时间价值的额外收益，称为投资的风险价值或风险报酬。企业理财时，必须研究风险、计量风险，并设法控制风险。

2. 投资风险价值的表现形式

投资风险价值可用绝对额表示，即将风险投资所获的价值减去资金时间价值的那部分差额；也可用相对额表示，即将风险投资获得的超过资金时间价值的那部分风险价值除以原投资额所得的比率。如果不考虑通货膨胀因素，那么投资报酬率就是投资的时间价值率与风险价值率之和。

二、投资风险价值的计算

投资风险价值的计算过程即企业财务决策中风险的衡量过程。通过风险的衡量可以搞清企业在不同风险条件下各种投资的预期报酬率和风险程度等，为有效决策提供依据。

由于风险的大小是指未来活动结果变动的程度的大小，而变动程度的大小可以用概率分布的离散程度来表示。表示概率分布离散程度的指标主要是标准离差（标准差）或标准离差率，因此风险价值的计算过程就是计算标准离差的过程。

下面结合实例分步说明计算标准离差的过程。

（一）确定概率分布

一个事件的概率是指这一事件可能发生的机会。概率分布则是指一个事件各种结果发生可能性的概率分配。例如，一个公司有两项可供选择的投资方案，它们的预期报酬率与经营状况的概率分布密切相关。现将其各种经营状况的概率分布用表 2－1 表示。

表 2－1　各种经营状况及预期报酬概率的分析

经营状况	各种经营状况的概率（P_i）	A 方案的预期报酬率	B 方案的预期报酬率
良好	0.25	70%	50%
一般	0.50	30%	30%
较差	0.25	－10%	10%

通过上图可以看出该公司的概率分布具有如下特点：

（1）各种结果发生的概率 Pi 只能在 0 到 1 之间，$0 \leqslant P_i \leqslant 1$，$P_i = 1$，表示这个结果必然出现，$P_i = 0$，表示这个结果不可能出现。

（2）所有结果出现的概率之和必须等于 1，即 $\sum_{i=1}^{n} P_i = 1$，这里，n 为可能出现结果的个数。

（二）计算期望报酬率

期望报酬率是指各种可能的报酬率按其概率进行加权平均得到的报酬率。期望报酬率可按下列公式计算：

$$\overline{K} = \sum_{i=1}^{n} P_i K_i$$

式中　$\overline{K}$——期望报酬率；

K_i——第 i 种可能结果的报酬率；

P_i——第 i 种可能结果发生的概率；

N——可能出现的结果个数。

根据上述有关资料，可以分别计算出 A、B 方案的期望报酬率。

A 方案：$\overline{K} = P_1K_1 + P_2K_2 + P_3K_3$

$= 0.25 \times 70\% + 0.50 \times 30\% + 0.25 \times (-10\%) = 30\%$

B 方案：$\overline{K} = P_1K_1 + P_2K_2 + P_3K_3$

$= 0.25 \times 50\% + 0.50 \times 30\% + 0.25 \times 10\% = 30\%$

从上述计算可知，公司两个方案的期望报酬率均为 30%，但相比之下可以发现，A 方案各种经营状况下的预期报酬率分布非常分散，而 B 方案各种经营状况下的预期报酬率分布则比较集中。A、B 方案在不同经营状况下的报酬率分布的宽窄程度如图 2－14 所示。

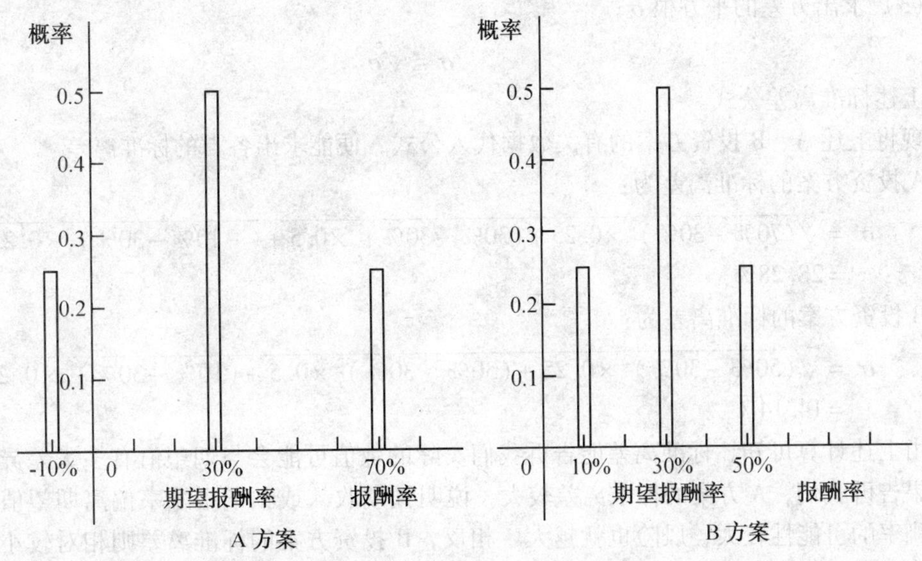

图 2－14 报酬率分布图

由于 B 方案各种经营状况下的预期报酬率分布较 A 集中，一般可以认为 B 方案的投资风险要比 A 方案小。由此，在投资风险的计算时可得出如下结论，即各种经营状况下的预期报酬的分布愈狭窄，则投资结果变动的可能性越小，投资风险愈小，反之投资风险愈大。当然，这里只是假定 A、B 方案最有代表性的 3 种经营状况出现的概率以及对预期报酬的影响，是一种离散型的概率分布。若假定能获得公司所有的经营状况的概率分布（概率的总和只能等于 1）以及在每种经营状况下的预期报酬，便能画出一个连续型的概率分布图，这里不再阐述。

（三）计算标准离差

标准离差是衡量各种可能的报酬率偏离期望报酬率的平均程度的指标。标准离差越小，说明各种可能的报酬率偏离其期望值的幅度越小，分布得越集中，获得期望报酬率的可能性就越大，该方案的风险程度也就越低。反之，获得期望报酬率的可能性就越小，风险就越大。当对两个方案的风险程度进行比较时，如两个方案的期望值相同，就需要根据标准离差进一步判断每个方案的风险。标准离差用 σ 表示，计算公式如下：

$$\sigma = \sqrt{\sum_{i=1}^{n} (K_i - \overline{K})^2 P_i}$$

公式中的符号与前表述相同。

运用此公式的步骤是：

（1）算出预计报酬率与期望报酬之间的离差，

$$离差 = K_i - \overline{K}$$

（2）算出方差，

$$方差 = \sigma^2 = \sum_{i=1}^{n}(K_i - \overline{K})^2 P_i$$

（3）求出方差的平方根 σ，

$$\sigma = \sqrt{\sigma^2}$$

即得上述标准离差公式。

现将上述 A、B 投资方案的有关数据代入公式，便能求出各自的标准离差。

A 投资方案的标准离差为：

$$\sigma = \sqrt{(70\% - 30\%)^2 \times 0.25 + (30\% - 30\%)^2 \times 0.5 + (-10\% - 30\%)^2 \times 0.25}$$
$$= 28.28\%$$

B 投资方案的标准离差为：

$$\sigma = \sqrt{(50\% - 30\%)^2 \times 0.25 + (30\% - 30\%)^2 \times 0.5 + (10\% - 30\%)^2 \times 0.25}$$
$$= 14.14\%$$

由上述计算可知，标准离差能告诉我们实际的数值可能会与期望值有多大差异。计算结果告诉我们，A 方案的标准离差较大，说明预期收入或预期报酬率偏离期望值或期望报酬率的可能性较大，风险也就越大。相反，B 投资方案的标准离差则相对较小，说明其预期收入和预期报酬率偏离期望值或期望报酬率的可能性较小，其风险也就较小。

如果事项的概率分布属正态分布的，那么根据统计理论，实际的报酬率与期望报酬率相差 1 个标准离差的概率为 68.26%，相差 2 个标准离差的概率为 95.44，相差 3 个标准离差的概率为 99.72%。实际上并非所有事项都呈正态分布，但按照统计理论，不论总体分布是正态还是非正态，当样本很大时，其样本平均数都呈正态分布。所以，正态分布在统计上被广泛运用。

在上例中，A 方案的 $\overline{K} = 30\%$，$\sigma = 28.28\%$，所以 A 方案投资报酬在 30% ± 28.28%之间（即 58.28% ~ 1.72%）的概率为 68.26%，同理，B 方案的 $\overline{K} = 30\%$，$\sigma = 14.14\%$，所以 B 方案投资报酬率在 30 ± 14.14%之间（即 44.14% ~ 15.86%）的概率也为 68.26%。显然，在同一个 σ 范围内，A 方案的变异度大于 B 方案的变异度。如果再用 2σ 或 3σ 来测算，其结果是相同的，即在一定概率程度下，A 方案报酬率的变异度大于 B 方案的变异度，故认为 A 方案风险大，而 B 方案风险较小。

（四）计算标准离差率

标准离差率也称变异系数，它是标准离差与期望报酬率（或期望值）的比值，用 Q 表示。它的作用是用相对数来表示离散程度即风险的大小。之所以要用标准离差率，是因为标准离差的作用具有局限性，它只对相同的期望报酬率（额）的各种投资方案进行比较，分析其风险的大小，对于各种期望报酬率相同的项目，标准离差越大，风险越大，标准离差越小，风险越小。但对于各种期望报酬率（额）不同的项目，其风险大小就要用标准离差率来衡量。

标准离差率的计算公式如下：

$$Q = \frac{\sigma}{\overline{K}} \times 100\%$$

仍将上例中的有关数据代入，可计算标准离差率如下：

$$Q_A = \frac{28.28\%}{30\%} \times 100\% = 94.27\%$$

$$Q_B = \frac{14.14\%}{30\%} \times 100\% = 47.13\%$$

可以看出A方案的标准离差率明显大于B方案，故A方案的风险较B方案大。当然，由于A、B方案的期望报酬率是相同的，均为30%，即便只根据标准离差，也能判断两方案的风险大小。但如果遇到两个期望报酬率（额）不相同的投资方案，便不能直接按标准离差来判别其风险的大小，而只能运用标准离差率来分析比较。

如假设上述A、B方案的标准离差仍分别为28.28%和14.14%，而其期望报酬率不相同，分别为45%和15%，这样A方案和B方案的标准离差率应计算如下：

$$Q_A = \frac{28.28\%}{45\%} \times 100\% = 62.84\%$$

$$Q_A = \frac{14.14\%}{15\%} \times 100\% = 94.27\%$$

这样根据计算结果，可判断为A方案的风险小，而B方案的风险大。

（五）考虑风险的必要报酬率

在前面论述风险报酬时，讲到企业考虑风险因素的投资报酬，应该是无风险报酬和风险报酬之和。所以考虑风险的必要报酬率的公式应如下计算：

考虑风险的必要报酬率 = 无风险报酬率 + 风险报酬率

= 无风险报酬率 + 风险报酬系数 × 风险程度

上述计算的标准离差率实际就是风险程度。这样考虑风险的最低报酬率公式可用符号表述如下：

$$K = K_F + K_R = K_F + bQ$$

式中，K——考虑风险的最低报酬率；

K_F——无风险报酬率；

K_R——风险报酬率；

b——风险报酬系数，其取值范围在0到1之间；

Q——风险程度，一般可用标准离差率反映。

无风险报酬率 K_F 可以用考虑物价变化后的资金的时间价值来确定，在财务管理实务中，通常可把与政府发行的债券相同年限的报酬率作为无风险报酬率来确定。

但对风险报酬系数 b 的确定，实务上有许多种方法。

由于 b 的高低反映了风险程度变化对风险最低报酬率的影响。它大多是一个经验数据，一般可根据本企业历史资料或同行业同类项目的数据，运用高低点法或直线回归法来求得。

如某企业准备进行一项投资，经测算该项目的标准离差率为50%，属中等风险程度。此类项目的考虑风险的最低报酬率，根据当时同行业资料测定为17%，当时市场的无风险报酬率为12%，根据公式 $K = K_F + bQ$，可计算出风险报酬系数如下：

$$b = \frac{K - K_F}{Q} = \frac{17\% - 12\%}{50\%} = 10\%$$

可见风险报酬系数，实际是将标准离差率转化为风险报酬的一种倍数。此系数越大，表示企业的风险越大，则企业要求获取的风险报酬率也就越高。

然而一定时期的某些项目的风险报酬系数是相同的，所以国家有关部门完全可以根据某些行业的特征定期提供有关数据作为测算该系数的依据。或由国家专业部门分行业直接计算该系数，对宏观和微观的投资行为进行指导。

同理，企业若在历史资料或同行业资料不全的情况下，也完全可以聘请专家来自行测算风险报酬系数。当然，该系数的测定与企业决策者对风险的态度密切相关。风险意识强，比较稳健的企业，往往把该系数估计的较高一些，以便引起充分的重视。而风险意识较淡，或敢于冒险的企业，则往往会将该系数估计得偏低。

现仍以上述某企业 A、B 投资项目为例。假定该企业此类投资项目同类含风险的投资报酬率为 25%，其风险程度为中等，一般按 50% 的标准离差率计算，市场无风险报酬率为 12%。则可求得风险报酬系数如下：

$$b = \frac{25\% - 12\%}{50\%} = 26\%$$

这样 A、B 投资方案的考虑风险的最低报酬率分别为：

$$K_{(A)} = 12\% + 26\% \times 94.27\% = 36.51\%$$

$$K_{(B)} = 12\% + 26\% \times 47.13\% = 24.25\%$$

可见 A 方案的投资风险大，其考虑风险的最低报酬率也高，明显大于同类项目 25% 的报酬率。而 B 方案的投资风险较小，其考虑风险的最低报酬率也低，并略低于同类项目 25% 的报酬率。A、B 方案的区别在于它们的风险报酬率的不同，A 方案的风险报酬率为 24.51%（26% ×94.27%），而 B 方案的风险报酬率为 12.25%（26% ×47.13%），而两者的无风险报酬率是相同的，均为 12%。

求出各方案的风险报酬率后，再计算其风险报酬额是非常简单的，只要将各项目的投资额乘上其风险报酬率便可。如假定 A、B 方案的投资额均为 500 万元，则两方案的风险报酬额计算如下：

A 方案风险报酬额 = 500 万 × 24.51% = 122.55（万元）

B 方案风险报酬额 = 500 万 × 12.25% = 61.25（万元）

可见，风险大的投资项目，其风险报酬也高，这便是投资者甘愿冒险投资的出发点。相反，风险小的投资项目，其风险报酬相对也低。所以在财务管理中经常讲高收益伴随着高风险，对于上述两项目，愿意回避风险的投资者，会选 B 项目。而愿意冒险的投资者，会选择 A 项目。其关键在于决策者如何来判断。

应当指出，风险的衡量与投资风险价值的计算结果有一定的假定性，并不十分准确。财务管理研究投资风险价值的意义，主要在于进行经营决策时树立风险价值观念，认真权衡风险与收益的关系，选择有可能避免风险、分散风险并获得较多受益的方案。

第三节　成本效益观念

企业决策者的每一项投资决策，都必须考虑其成本与收益。只有投资收益高于资金成本，才值得投资。在财务决策分析中，经常要考虑并计算的成本主要有变动成本、固

定成本、机会成本与边际成本等。

一、变动成本

变动成本是指成本总额随业务量成正比例变动的成本。如生产产品发生的材料费用、人工费用、电费等。这种成本的特点是：在一定业务量范围内，变动成本总额随业务量成正比例变动，但单位成本保持不变。

变动成本与利润的关系是：如果不考虑税金和固定成本因素，变动成本与利润成反比例变动，即单位产品的变动成本每增加或下降 1 元，单位产品的利润随之减少或增加 1 元。因此，通过降低变动成本来增加利润是提高企业经济效益的重要途径。

二、固定成本

固定成本是指成本总额不随业务量成正比例变动的成本。如固定资产折旧费、保险费、租金等。这种成本的特点是：在一定业务量范围内，固定成本总额是固定不变的，但单位产品负担的固定成本随业务量的变动成反方向变动。

固定成本与利润的关系是：固定成本与利润也成反方向变动，但不成比例。即固定成本总额增加或减少，利润总额就会随之减少或增加。因此，通过降低固定成本来增加利润也是提高企业经济效益的途径之一。

三、机会成本（Opportunity Cost）

机会成本原是经济学术语，它以经济资源的稀缺性和多种选择机会的存在为前提，是指在经济决策中由所选的最优方案负担的，按所放弃的次优方案潜在的收益计算的那部分损失，又叫机会损失。

资本的机会成本是指由于采用最佳投资方案而放弃次优投资方案所损失的潜在利益，或者说，次优投资方案的收益是所选的最佳投资方案的机会成本。资本往往有多种用途，但在一定时空条件下，资本又总是相对有限的，用于某一用途就必然意味着不能用于其他用途，用于其他用途可能获利的收益就被放弃或者丧失，所以，任何使用资本的场所都有机会成本。资本的机会成本应当作为投资决策的相关成本来考虑，这样可以全面评价投资决策方案所得与所失的关系。但由于机会成本并没有构成企业的实际成本支出，所以，在财务会计实务中，对机会成本并不在任何会计账户中予以登记。

设想一家公司有一片价值 50 000 元的土地，另有 300 000 元的资金，可以投建办公大楼。投建办公大楼的成本除了建筑成本 300 000 元以外，还包括土地成本 50 000 元，因为如果出让土地，会有 50 000 元的收益。预计办公用房将供不应求，一年以后，如果将办公大楼出售，售价将是 400 000 元。也就是说，公司现在投资 350 000 元，一年后可望获得 400 000 元，那么公司应该进行这笔投资吗？公司当前必须明白的问题是：一年后的今天所收到的 400 000 元现值是多少？

这个现值就是办公大楼这项资产的内在价值，是该项资产所带来的未来现金流量或收益的现在价值。为了将资产的未来价值转化为现在价值，需要选择恰当的贴现率。为此，我们需要在资本市场寻找等价的投资对象，将资产的未来价值以此投资对象的收益率贴现，这样的收益率就是贴现率，也就是资本的机会成本。

根据本章第一节所学的复利现值计算方法，我们可以评估上述办公大楼的内在价值。我们暂且假设400 000元的收入肯定可以得到，但对公司而言，办公大楼并非一年后获得400 000元的唯一途径，公司还可以投资于一年期的国债。假设国债的年利率为7%，为了在一年后获得400 000元，公司现在需要投资373 832元购买国债。可见，以7%的贴现率计算，一年后的400 000元的现值为373 832元，也就是当资本的机会成本为7%时，该办公大楼的内在价值为373 832元。这意味着如果一年后该办公楼的售价肯定是400 000元，则购买者现在将愿意支付373 832元［$(P/F, 7\%, 1) = 0.93458$］购买，因为他们如果进行国债投资，为了一年后获得400 000元，也必须现在支付373 832元。

当资本的机会成本为7%时，该办公大楼的内在价值是373 832元，高于建筑成本350 000元，这意味着如公司不投资于国债而是投资于建办公大楼，就会得到23 832（373 832－350 000）元的超额报酬。

现在进一步考虑投建办公大楼的风险价值。如果大楼的未来价值有风险，一年后的售价不一定是400 000元，我们上面计算的超额报酬就不正确。既然投资者购买373 832元的国债，将来就能肯定得到400 000元，他们就不愿意花费同样的价格购买办公大楼。如果回避风险不会带来损失，大多数投资者就总会回避风险。当风险增大时，投资者的期望报酬率即贴现率会随之增高，因此，为了引起投资者的购买欲望，公司就不得不降价销售。这直接影响着资产的内在价值，贴现率越高，就越不容易得到超额报酬，资产的内在价值也就越小。

假如公司现在认为投建办公大楼的风险与投资股票市场的风险相当，而股票市场投资的预期收益率为12%，那么12%就是恰当的贴现率，这是公司未能投资于股票所放弃的收益，即资本的机会成本。重新计算，可得办公大楼的内在价值是357 143（400 000/1.12）元，高于建筑成本350 000元。因为投资股票获得400 000元需付出357143元，投建办公大楼获得同样收入只需付出350 000元，会得到7143（357 143－350 000）元的超额报酬，所以投建办公大楼是个精明的举措。

由此可见，资产的内在价值与所选择的贴现率有关。当办公大楼以无风险的国债年利率7%贴现时，内在价值是373 832元。当办公大楼以股票市场的预期收益率12%贴现时，则其内在价值减少16 689元，下降到357 143元。

我们再举一例加以说明。

假设公司年初有这样一个投资项目，现在投资100 000元，年末根据经济状态的不同，将得到如下收入：

较差	一般	良好
80 000元	110 000元	140 000元

如果公司预测本年度经济状态一般，那将得到110 000元的期望收入，这意味着投资获得了10%的收益率。但是，正确的贴现率应该是多少呢？

此时，公司可寻找与此投资风险等同的普通股。结果发现 *X* 股票的投资风险与之极其相符。正常经济环境下 *X* 股票在下一年的价格估计为11元，股票价格在经济状态良

好时较高，在经济状态较差时较低。但其调整额度与上述投资完全相同（良好时为14元，较差时为8元）。由此公司可断言，X股票与此投资的风险完全等同。

X股票的当前价格为9.56元，这将带来15%的期望收益率：

$$期望收益=\frac{期望利润}{投资额}=\frac{11-9.56}{9.56}=15\%$$

这是公司所放弃的期望收益。换句话说，它是该项目投资的资本机会成本。

对该项目的估价，就是用资本机会成本贴现它的现金流：

$$PV=10\ 000\times(1+5\%)^{-1}=95\ 650（元）$$

这是投资者想从股票市场获得110 000元所需付出的投资额，因此，这也是投资者为这一投资项目打算付出的投资额。

再减去初始投资，我们就得到－4 350元。可见，该项目的内在价值比其成本还低4 350元，它不值得投资。

从以上两个例子可以看出，资本的机会成本需要由所选方案的利益来补偿，这种补偿是通过贴现来完成的。贴现的目的是扣除资本的机会成本，只有扣除了机会成本后还有超额报酬，项目才具有投资价值。

四、边际成本

（一）边际成本的概念

企业追加筹资，有时可能只采用一种筹资方法，但在筹资数额较大，或在目标资金结构既定的情况下，往往需通过多种筹资方式的组合来实现目标筹资额。在资金市场供不应求的情况下，无论企业采用一种还是多种筹资方式，均无法以某一固定的资金成本筹措到无限的资金，其筹措的资金超过一定限额时，原来的资金成本就会增加。因此，企业追加筹资时，需要知道筹资额在什么数额上会引起资金成本怎样的变化，这就需要用到资金的边际成本的概念。

严格地说，资金的边际成本（Marginal Cost of Capital，缩写为MCC）是指资金每增加一个单位而增加的成本。在实务中，资金的边际成本是指企业因追加筹资所带来的资金成本。

（二）边际成本的计算

当资金成本随筹资额的增加而发生相应变化时，可以按照以下步骤来计算资金的边际成本：

（1）根据金融市场的资金供求情况，确定各类资金的成本分界点。所谓资金的成本分界点，就是指令资金成本发生变化前的最大筹资额。比如，企业利用发行债券的方式筹资，在15万元以内，资金成本为10%，如果超过15万元，则资金成本就要上升为12%，我们将15万元看成是债券筹资方式的资金成本分界点。

（2）确定目标资金结构。追加筹资既可维持原有的资金结构，也可以改变原来的资金结构。如何选择合理的资金结构不是本章讨论的范围，但我们应该认识到，确立目标资金结构是计算边际资金成本的一个重要因素。

（3）根据各类资金的成本分界点以及目标资金结构计算筹资总额的成本分界点，同时列出相应的筹资范围。

（4）计算边际资金成本。我们只需要根据以上列出的筹资范围，就可以分别计算每一个筹资范围的边际资金成本，以供决策的需要。

现举例说明资金的边际成本的计算与应用。

假定某公司准备筹集一笔资金用于扩大生产规模。经过对金融市场的分析得到下列有关各类资金的筹资数与其资金成本，如表2－2所示。

表2－2 边际资金成计算表

资金种类	筹资规模	资金成本
发行债券	10万元以内	6%
	10万元～50万元	8%
	50万元以上	10%
优先股	5万元以内	9%
	5万元～20万元	11%
	20万元以上	13%
普通股	50万元以内	14%
	50万元～100万元	16%
	100万元以上	18%

公司管理人员通过对有关数据进行分析，确定新的筹资结构为：债券占40%，优先股占10%，普通股占50%。

根据以上目标资金结构以及各类资金的成本分界点，我们可以计算筹资总额的成本分界点。其计算公式为：

$$\text{某一种筹资方式的筹资总额成本分界点}=\frac{\text{某种资金的成本分界点}}{\text{该种资金在目标资金结构中所占的比重}}$$

根据以上资料，可以制成表2－3。

表2－3 筹资总额成本分界点计算表

资金种类	资金成本（%）	各类资金筹资范围	筹资总额成本分界点	筹资总额范围
发行债券	6	10万元以内	10万/0.4＝25万元	25万元以内
	8	10万元～50万元	50万/0.4＝125万元	25万元～125万
	10	50万元以上		125万元以上
优先股	9	5万元以内	5万/0.1＝50万元	50万元以内
	11	5万元～20万元	20万/0.1＝200万元	50万元～200万元
	13	20万元以上		200万元以上
普通股	14	50万元以内	50万/0.5＝100万元	100万元以内
	16	50万元～100万元	100万/0.5＝200万元	100万元～200万元
	18	100万元以上		200万元以上

表2－3显示了在目标资金结构一定的前提下，每一种资金成本变化的分界点及其相应的筹资范围。例如，发行债券筹资在10万元以内时，其成本为6%，而在目标资金结构中，债券的比重占40%，这表明在发行债券的筹资成本由6%上升到8%之前，企

业可筹集到25万元资金。当筹资总额多于25万元时，发行债券筹资的成本就要上升到8%。

根据这一筹资范围，我们可以整理出六组筹资范围，它们分别为：0~25万元，25万元~50万元，50万元~100万元，100万元~125万元，125万元~200万元，200万元以上。

最后，对上列6组筹资范围分别计算其加权平均资金成本，从而得出各种筹资范围的边际资金成本，具体见表2-4。

表2-4　边际资金成本计算表

筹资范围（万元）	资金种类	资金结构	资金成本（%）	边际资金成本（%）
0~25	债券	0.4	6	0.4×6=2.4
	优先股	0.1	9	0.1×9=0.9
	普通股	0.5	14	0.5×14=7
				2.4+0.9+7=10.3
25~50	债券	0.4	8	0.4×8=3.2
	优先股	0.1	9	0.1×9=0.9
	普通股	0.5	14	0.5×14=7
				3.2+0.9+7=11.1
50~100	债券	0.4	8	0.4×8=3.2
	优先股	0.1	11	0.1×11=1.1
	普通股	0.5	14	0.5×14=7
				3.2+1.1+7=11.3
100~125	债券	0.4	8	0.4×8=3.2
	优先股	0.1	11	0.1×11=1.1
	普通股	0.5	16	0.5×16=8
				3.2+1.1+8=12.3
125~200	债券	0.4		0.4×10=4
	优先股	0.1	11	0.1×11=1.1
	普通股	0.5	16	0.5×16=8
				4+1.1+8=13.1
200以上	债券	0.4	10	0.4×10=4
	优先股	0.1	13	0.1×13=1.3
	普通股	0.5	18	0.5×18=9
				4+1.3+9=14.3

可将各筹资成本的边际资金成本绘制成如图 2－15 所示。

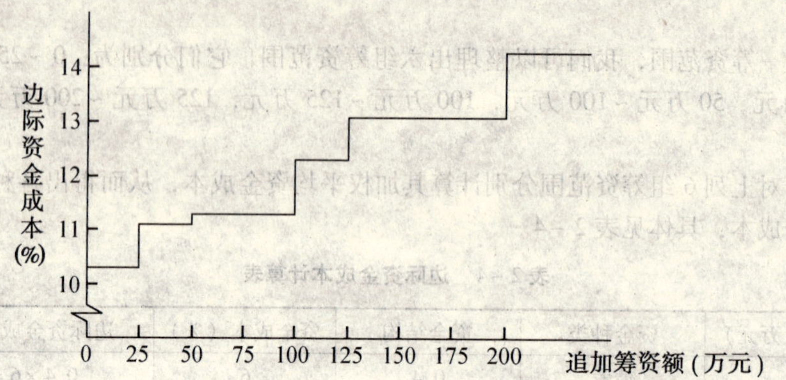

图 2－15　边际资金成本图

根据以上图示，可以进行投资与筹资的决策。例如，现有甲、乙、丙、丁 4 个可选择的投资机会。它们的有关资料如表 2－5 所示。

表 2－5　投资与筹资分析表

项目	投资报酬率	投资金额	累计筹资额
甲	20%	30 万元	30 万元
乙	16%	25 万元	55 万元
丙	15%	40 万元	95 万元
丁	12%	35 万元	130 万元

假定以上 4 个投资机会可以任选，在其他条件不变的情况下，我们应该选择甲、乙、丙 3 个投资项目。这是因为当资金结构不变时，这 3 个投资的总数为 95 万元，相应的边际资金成本为 11.3%，显然甲、乙、丙的投资报酬率均高于其资金成本，因而选择是有利的。而投资项目丁，其报酬率明显低于资金成本，应该舍去。

本章小结

资金的时间价值和风险价值，以及投资的成本与收益是决策者进行财务决策时必须要考虑的 3 个重要因素。

资金的时间价值揭示了不同时点上资金的换算关系，是财务决策的基本技术方法。资金的时间价值是按复利计算的。一次性收支金额与各种年金都有相应的计算其现值与终值的公式。

财务决策总是伴随着风险，不考虑投资的风险价值就无法正确评价企业投资回报的高低。投资风险价值的计算步骤包括：确定概率分布，计算期望报酬率，计算标准离差，计算标准离差率，考虑风险的必要报酬率。

企业的每一项投资决策，都必须考虑投资成本与收益。只有投资收益高于资金成

本，才值得投资。对于资金成本，要特别考虑其机会成本与边际成本。只有扣除了机会成本后还有超额报酬，项目才具有投资价值。贴现的目的就是扣除资本的机会成本。当资金成本随着企业筹资额的增加而变化时，可以按以下步骤来计算资金的边际成本：确定各类资金的成本分界点，确定目标资金结构，计算筹资总额的成本分界点，列出相应的筹资范围，计算边际资金成本。只有投资报酬率高于资金的边际成本，项目才值得投资。

第三章 筹资管理

CHOU ZI GUAN LI

筹资管理概述

筹资规模的确定

权益资金的筹集

负债资金的筹集

筹资决策

目的要求：

通过本章的学习，了解筹资的目的与要求。理解筹资的渠道与方式以及筹资的种类。掌握资金需要量预测的定性预测法和比率预测法，权益资金的筹集方式及特点，负债资金的筹集方式及特点，重点掌握个别资金成本和加权平均资金成本的计算，财务杠杆与财务风险的关系，财务杠杆系数的计算和确定最佳资金结构决策的基本方法。

第一节　筹资管理概述

一、筹资的目的与要求

任何企业，为了保证生产经营的正常进行，必须持有一定数量的资金。筹资在企业财务管理中处于极其重要的地位。所谓筹资，是指企业根据其生产经营、对外投资及调整资本结构的需要，利用一定的筹资方式，选择适当的筹资渠道，从金融市场上经济有效地筹集企业所需资金的财务活动。资金筹集既是企业生产经营活动的前提，又是企业再生产顺利进行的保证。企业的资金运动是从筹集资金开始的，筹资是决定资金运动规模和生产经营发展的重要环节，为此，必须从质和量两个方面加强筹资过程的管理，同时，还应加强筹资的风险管理，努力降低筹资成本。

（一）筹资的目的

企业筹资管理的财务目标是以较小的筹资风险、较低的筹资成本，从质和量两个方面筹集企业所需要的资金。企业筹资的基本目的主要表现在以下几方面：

1. 满足企业设立的需要

新企业的设立，必须准备充足的开业资金，以便购置厂房、机器设备、原材料，支付开办费等。作为企业设立的前提，筹资活动是财务活动的起点。

2. 满足企业生产经营的需要

要使所筹资金能在时间与成本上适应企业经营发展的需要，且筹资数量也能恰好满足生产经营的需要，既不因资金不足而丧失投资机会，也不因资金过剩而付出过多的资金使用成本。

3. 满足资金结构调整的需要

资金结构的调整是企业为降低筹资的风险、减少资金成本而对资本与负债间的比例关系进行的调整，属于企业重大的财务决策事项，也是企业筹资管理的重要内容。如为提高权益资本收益而增加负债，为负债安排合理期限结构而调整长、短期负债资金的比例等，这些都是为提高筹资效益而进行的筹资活动。

（二）筹资的要求

企业筹资的基本要求是经济有效。为达到这一基本要求，必须对影响筹资活动的各种因素进行分析，以保证资金能合理、合法并及时、有效地筹集。企业在开展筹资活动中应注意以下几个方面。

1. 筹资与投放相结合，提高筹资效益

企业在筹资过程中，无论通过何种渠道，采用何种方式，都应预先确定资金的需要量，使筹资量与需要量互相平衡。同时，还应考虑投资活动在时间上的需要，科学地预算企业未来资金流入量和流出量，确定合理的投放时机，防止因筹资不足而影响生产经营活动的正常开展，也尽量避免因筹资过剩而造成资金闲置、降低筹资效益。

2. 认真选择筹资渠道和方式，力求降低资金成本

企业筹资的方式有多种，每一种方式又可通过多条渠道筹集资金，但不论采用什么方式，通过什么渠道，筹集和占用资金总要付出代价，因此，在筹资时必须对各种筹资方式、各条筹资渠道进行选择、比较，不断优化资金来源结构，力求使资金成本降至最低。

3. 适当安排权益资金比例，正确运用负债经营

企业全部资金包括权益资金和借入资金两部分，即所有者权益资金和负债资金。企业在筹资时，必须使权益资金与借入资金保持合理的结构关系。防止负债过多而增加财务风险，增加偿债压力；也不能因惧怕风险而放弃利用负债经营，造成权益资金的收益水平降低。

4. 优化投资环境，积极创造吸引资金的条件

社会资金的投向直接取决于环境的优劣，因此，企业应不断优化投资环境，以吸引社会资金的投入，良好的经营作风、可靠的企业信誉、较强的盈利能力和良好的发展前景是较好的投资环境所必须具备的基本条件。

二、筹资的种类

企业筹资活动需要通过一定的渠道并采用一定的方式来完成。众多的筹资渠道为企业自主筹资提供了丰富的资金来源，多样化的筹资方式又使企业从不同的角度充分考虑筹资效益的要求。企业筹集的资金可按多种标准进行分类。

（一）权益资金和负债资金

按所筹资金性质不同，资金可分为权益资金和负债资金两种类型。合理安排权益资金与负债资金的比例关系是企业筹资管理的核心内容。

1. 权益资金

它又称主权资金或自有资金，是企业依法筹集并长期拥有和自主支配的资金，其数额就是资产负债表中的所有者权益总额，也称净资产。它的特点是：第一，权益资金的所有权归属所有者，所有者可以参与企业经营管理，取得收益并承担一定的责任；第二，企业在经营期间可以长期占用，所有者无权以任何方式抽回资金，企业也没有还本付息的压力；第三，权益资金主要通过国家财政资金、其他企业资金、居民个人资金、外商资金等渠道，采用吸引直接投资、发行股票、留用利润等方式筹集形成。

2. 负债资金

它又称借入资金或债务资金，是企业依法筹集并依约使用，按期偿还的资金，包括各种借款、应付债券、应付账款和应付票据等。其数额等于资产负债表中的负债总额，也称债权人权益。它的特点是：第一，负债资金体现了企业与债权人的债权债务关系，

企业只能在约定的期限内享有使用权，并负有按期还本付息的责任，筹资风险较大；第二，债权人有按期索取利息或要求到期还本的权利，但无权参与企业的经营管理，也不承担企业的经营风险；第三，负债资金主要通过银行信贷资金、非银行金融机构资金、居民个人资金等渠道，采用银行借款、发行债券、商业信用、融资租赁等方式筹集形成。

（二）长期资金和短期资金

企业筹集的资金中，按照资金使用期限的长短可分为短期资金和长期资金两种类型。

1. 短期资金

短期资金是指占用期限在1年或1个营业周期以内的资金。它主要用于维持日常生产经营活动的开展，具有占用期限短、资金成本相对较低的特点。

2. 长期资金

长期资金是指占用期限在1年或1个营业周期以上的资金，主要用于购建固定资产、取得无形资产、开展长期对外投资、新产品的开发和推广等方面，具有占用期限长、资金成本相对较高、投资风险较大的特点。

（三）直接筹资和间接筹资

按筹资活动是否通过金融机构，筹资可分为直接筹资和间接筹资两种类型。

1. 直接筹资

直接筹资是指企业不通过银行等金融机构，直接从金融市场筹集资金的活动。如直接面对资金借入者借入，吸收直接投资，发行股票、债券等方式进行筹资。常用的形式有出让控股权、联合经营、融资租赁等。

2. 间接筹资

间接筹资是指借助于银行等金融机构进行的筹资活动，如银行借款、非银行金融机构借款等。间接筹资是目前我国企业最为重要的筹资方式，其主要形式为银行借款、非银行金融机构借款等。从社会交易成本看，间接筹资被证明是相对节约的筹资方式，银行在整个企业融资中处于枢纽中心的地位，但金融市场的风险也集中于银行业。

三、筹资的渠道与方式

企业筹资活动必须通过一定的渠道并采用一定的方式才能完成。

（一）筹资渠道

筹资渠道是指企业筹措资金来源的方向与通道，体现着资金的来源与流量。认识和了解各筹资渠道及其特点，有助于企业拓宽和正确利用筹资渠道。我国企业目前筹集资金的渠道主要有以下7种。

1. 银行信贷资金

银行信贷资金是指商业银行和专业银行贷放给企业使用的资金，是企业一个十分重要的资金来源。随着金融体制的改革深化，银行信贷资金已成为我国企业资金供应的主渠道。

2. 非银行金融机构资金

非银行金融机构是指各种从事金融业务的非银行机构，如信托投资公司、租赁公司等。非银行金融机构可以通过质押贷款、信托贷款等方式向企业直接提供资金或为企业融资提供服务。非银行金融机构的资金实力虽然较银行小，但它们的资金供应比较灵活，而且可以提供多种特定服务，该渠道已成为企业资金的重要来源。

3. 其他企业资金

其他企业如各种基金会、各社会团体等，在组织生产经营活动或其他业务活动中，有一部分暂时或长期闲置的资金。企业间的相互投资和短期商业信用，使其他企业资金也成为企业资金的一个重要来源。

4. 居民个人资金

居民个人资金是指企业职工和城乡居民的结余资金。随着我国经济的发展，人民生活水平不断提高，职工和居民的节余货币作为“游离”于银行及非银行金融机构之外的社会资金，可以购买股票、债券等，从而为企业提供筹资的来源。

5. 企业自留资金

企业自留资金是指企业内部形成的资金，包括计提的折旧费和从税后利润中提取的盈余公积金、未分配利润。这些资金的重要特征之一是无须企业通过一定的方式去筹集，而直接由企业内部自动生成或转移。

6. 外商资金

外商资金是指外国投资者及我国港、澳、台地区的投资者投入的资金。随着国际经济业务的拓展，利用外商资金已成为企业筹资的一个新的重要来源。

7. 国家财政资金

国家财政资金是指国家以财政拨款、财政贷款、国有资产入股等形式向企业投入的资金。现有国有企业中的国有资本，大部分是过去国家财政拨款形成的。目前，由于国有经济体制的改革，除一部分大中型企业和新建国有企业外，一般企业很难再获得国家财政资金。

（二）筹资方式

筹资方式是指企业筹措资金所采用的具体形式或手段。筹资方式属于企业资金筹集的主观能动行为。企业筹资管理的重要内容是如何针对客观存在的筹资渠道，选择合理的筹资方式进行筹资，有效地进行筹资组合，以降低成本，提高筹资效益。目前我国企业的筹资方式主要有：

（1）吸引直接投资；

（2）发行股票；

（3）银行借款；

（4）商业信用；

（5）发行债券；

（6）融资租赁。

（三）筹资渠道与筹资方式的对应关系

筹资渠道解决的是资金来源问题，筹资方式则解决企业如何取得资金的问题，两者

相互独立又密不可分，存在一定的对应关系，特定的筹资渠道只能配以相应的筹资方式，而一定的筹资方式可能只适用于某一特定的筹资渠道。表 3－1 表示了它们之间的对应关系。

表 3－1　筹资方式与筹资渠道的对应关系

筹资方式 筹资渠道	吸收直接投资	发行股票	银行借款	发行债券	商业信用	融资租赁
国家财政资金	+	+				
银行信贷资金			+			
非银行金融机构资金	+	+	+	+		
其他企业资金	+	+		+	+	+
居民个人资金	+	+		+		+
企业自留资金	+					

第二节　筹资规模的确定

企业筹资规模是指一定时期内企业筹资的总额。企业合理筹集资金的前提是科学地预测规模，即预测一定时期企业的资金需要量，因此，企业在筹资之前，应当采用一定的方法预测筹资规模，以保证企业生产经营活动对资金的要求，同时也避免筹资过多造成资金闲置。常见的筹资规模确定的方法，主要有定性预测法和比率预测法。

一、定性预测法

定性预测法是指利用直观的资料，依靠个人的经验和主观分析判断能力，预测未来资金需要量的方法。这种方法通常采用召开专业技术人员座谈会和专家论证会等形式进行，由于缺乏完整的历史资料，不能揭示资金需要量和有关因素之间的数量关系，预测结果的准确性和可行性较差，一般只作为预测的辅助方法。

二、比率预测法

比率预测法是依据有关财务比率与资金需要量之间的关系，预测资金需要量的方法。这种方法预测的结果科学而准确，有较高的可行性，但计算较为复杂，要求具有完备的历史资料。比率预测法常用的方法有销售额比率法和回归直线法。

（一）销售额比率法

销售额比率法是以资金与销售额的比率为基础，预测未来资金需要量的方法，是目前最流行的预测资金需要量的方法。使用这一方法是建立在以下假定基础之上的：一是企业的部分资产和负债与销售额同比例变化；二是企业各项资产、负债与所有者权益结构已达到最优。应用销售额比率法预测资金需要量通常需经过以下步骤。

（1）分析基期资产负债表各个项目与销售收入总额之间的依存关系，计算各敏感项目的销售百分比。

在资产负债表中，有一些项目会因销售额的增长而相应地增加，通常将这些项目称为敏感项目，包括现金、应收账款、存货、应付账款、应付费用和其他应付款等。而其他如对外投资、固定资产净值、短期借款、长期负债、实收资本等项目，一般不会随销售额的增长而增加，因此将其称为非敏感项目。

（2）根据预计增加的销售额和敏感性资产、敏感性负债的销售百分比确定需要筹资的总金额。

（3）确定对外界资金需求的数量。

上述预测过程可用下列公式表示：

$$\text{对外资金的需要量} = \frac{A-B}{S_0} \times \Delta S - E \times P \times S_1$$

式中，A——随销售变化的资产（变动资产）；

B——随销售变化的负债（变动负债）；

S_0——基期销售额；

S_1——预测期销售额；

ΔS——销售的变动额；

P——销售净利率；

E——收益留存比率。

【例1】东海公司2004年12月31日的资产负债表如表3－2所示。

表3－2　2004年资产负债表

单位：元

资产	金　额	负债与所有者权益	金　额
现金	20 000	应付票据	16 000
应收账款	48 000	应付费用	8 000
存货	100 000	应付账款	40 000
预付费用	8 000	短期借款	100 000
固定资产净值	424 000	长期负债	160 000
		实收资本	256 000
		留存收益	20 000
资产总额	600 000	负债与所有者权益总额	600 000

假定该公司2004年的销售收入为400 000元，税后净利为20 000元，销售净利率为10%，普通股股利发放比例为70%，企业现有生产能力尚未饱和，增加销售不需要追加固定资产投资。经预测，2005年销售收入将提高到480 000元，企业销售净利率和利润分配政策不变。要求预测2005年需要增加资金的数量。

现就所给资料按销售额比率法计算如下：

① 根据2004年资产负债表编制2005年预计资产负债表，如表3－3所示。

表 3-3　2005 年预计资产负债表　　单位：元

资　产				负债与所有者权益			
项目	所属项目	销售百分比	预计数	项目	所属项目	销售百分比	预计数
现金	敏感	5%	24 000	应付票据	敏感	4%	19 200
应收账款	敏感	12%	57 600	应付费用	敏感	2%	9 600
存货	敏感	25%	120 000	应付账款	敏感	10%	48 000
预付费用	敏感	2%	9 600	短期借款	非敏感	不变动	100 000
固定资产净值	非敏感	不变动	424 000	长期负债	非敏感	不变动	160 000
				实收资本	非敏感	不变动	256 000
				留存收益	非敏感	不变动	20 000
				追加资金	—	—	22 400
合　计		44%	635 200	合计	16%	16%	635 200

② 确定需要增加的资金。第一，根据预计资产负债表直接确认需追加的资金额。表中预计资产总额为635 200 元，而负债与所有者权益为612 800 元，资金占用大于资金来源，则需追加资金 22 400 元。第二，分析测算需追加的资金额。

表 3-3 中销售收入每增加 100 元，须增加 44 元的资金占用（敏感项目占销售收入的比率为 44%），但同时自动产生 16 元的资金来源（敏感负债项目占销售收入的比率为 16%）。因此，每增加 100 元的销售收入，必须取得 28 元的资金来源（44 元 -16 元）。在本例中，销售收入从 400 000 元，增加到 480 000 元，增加了 80 000 元，按照 28% 的比率可预算出将增加 22 400 元的资金需求（80 000 元 ×28%）。

③ 确定对外界资金需求的数量。上述 22 400 元的资金需求可通过企业内部筹集和外部筹集两种方式解决，2005 年预计利润为 48 000 元（480 000 元 ×10%），如果公司的利润分配给投资者的比率为 70%，则将有 30% 的利润 14 400 元被留存下来，从22 400 元中减去 14 400 元的留存收益，则还有 8 000 元的资金必须从外界融通。

此外，也可根据上述资料采用公式求得对外界资金的需求量。

对外筹集资金额 =44% ×80 000 -16% ×80 000 -10% ×30% ×480 000 =8 000（元）

（二）回归直线法

回归直线法是根据若干期业务量和资金占用的历史资料，运用最小平方法原理计算不变资金和单位销售额的变动资金的一种资金习性分析方法。该方法是在资金变动与产销量变动关系的基础上，将企业资金划分为不变资金和变动资金，然后结合预计的产销量来预测资金需要量。其基本模型为：

资金占用量（y）=不变资金（a）+变动资金（bx）

=不变资金(a)+单位产销量所需的变动资金(b)×产销量(x)

即
$$y = a + bx$$

根据历史资料求出 a 和 b 并代入上式，建立预测模型，只要测定出产销量 x，就可以预测出资金占用量。a 和 b 的计算公式是：

$$a = \frac{\sum y - b\sum x}{n}$$

$$b = \frac{n\sum xy - \sum x \sum y}{n\sum x^2 - (\sum x)^2}$$

【例 2】某企业产销量和资金变化情况如表 3－4 所示。

表 3－4　产销量与资金变化情况表

年份	产销量（x）（万件）	资金占用量（y）（万元）
2000	120	100
2001	110	95
2002	100	90
2003	120	100
2004	130	105
2005	140	110

预计 2006 年产销量为 150 万件，试确定 2006 年的筹资规模。

① 根据表 3－4 整理编制表 3－5。

表 3－5　资金需要量预测表　　单位：万元

年份	产销量（x）	资金占用量（y）	xy	x^2
2000	120	100	12 000	14 400
2001	110	95	10 450	12 100
2002	100	90	9 000	10 000
2003	120	100	12 000	14 400
2004	130	105	13 650	16 900
2005	140	110	15 400	19 600
合计 $n=6$	$\sum x = 720$	$\sum y = 600$	$\sum xy = 72\ 500$	$\sum x^2 = 87\ 400$

② 把表 3－5 的资料代入 a、b 计算公式，得：

$$b = \frac{(6 \times 72\ 500 - 720 \times 600)}{6 \times 87\ 400 - 720^2}$$

$$= \frac{3\ 000}{6\ 000} = 0.5$$

$$a = \frac{600 - 0.5 \times 720}{6} = 40$$

③ 把 $a=40$，$b=0.5$ 代入 $y=a+bx$ 求得：

$y=40+0.5x$

④ 将 2006 年预计销售量 150 万件代入上式，得出：

$y=40+0.5\times150=115$（万元）

第三节　权益资金的筹集

权益资金的筹集方式主要有吸收直接投资、发行股票和利用留存收益等。

一、吸收直接投资

吸收直接投资是指企业按照“共同投资、共同经营、共担风险、共享利润”的原则，以合同、协议等形式吸收国家、其他企业、个人和外商等主体直接投入的资金，形成企业权益资金的一种筹资方式。

（一）吸收直接投资的方式

企业吸收的直接投资，根据投资者的出资形式可分为吸收现金投资和吸收非现金投资。

1. 吸收现金投资

吸收现金投资是指企业吸收投资者投入的货币资金，是直接投资的最主要的形式之一。企业在筹建时，必须吸收一定量的现金，外国公司法或投资法对现金在资本总额中的比例均有明确的规定，我国目前尚无这方面的限定，所以，应由投资双方协商加以确定。

2. 吸收非现金投资

吸收非现金投资是指企业吸收投资者投入的实物资产（包括房屋、建筑物、设备等）和无形资产（包括专利权、商标权、非专有技术、土地使用权）等非现金资产。企业在接受这类投资时，应注意做好资产评估、产权转移、财产验收等工作。对于接受的无形资产投资，应注意作价问题，双方应本着客观公正的原则协议确定，或按评估机构的评估作价；还应该注意其数额是否符合有关无形资产出资限额的规定。

（二）吸收直接投资的管理

吸收直接投资管理，主要从以下几方面入手。

1. 合理确定吸收直接投资的资金数量

吸收直接投资一般是在企业开办时所使用的一种筹资方式。企业吸收的直接投资属于所有者权益，其份额达到一定规定时，就会对企业的经营控制权产生影响，对此企业必须高度重视。因此，对于吸收直接投资的数量，一方面要考虑投资需要，另一方面应考虑投资者投资份额的控制。

2. 正确选择出资形式，以保持合理的出资结构与资产结构

企业各种资产的变现能力是不同的，要提高资产的营运能力，就必须使资产达到最佳配置，如流动资产与固定资产的搭配、现金资产与非现金资产的搭配等。

3. 明确吸收投资过程中资产的产权关系，确定投资各方的投资比例

明确企业与投资者之间的产权关系，明确各投资者之间的产权关系，还要确认各投资方的投资比例。通过签署合同或协议等文件，明确双方的权利与义务，包括投资人的出资数额、出资形式、资产管理等内容。投资合同对于投资双方都是非常重要的，应经过周密考虑和反复协商，并取得投资各方的认可。

4. 取得资金来源

作为被投资企业，应督促投资人按时缴付出资，以便及时办理有关资产验证、注册

登记等手续。

（三）吸收直接投资的优缺点

1. 吸收直接投资的优点

（1）可以尽快形成生产能力。企业可以直接接受实物投资，快速形成生产能力，满足生产经营的需要，尽快开拓市场。

（2）可以增强企业信誉。因为吸收直接投资属自有资金，能增强企业的信誉和提高企业的借款能力，对扩大企业经营规模、壮大企业实力有着重要作用。

（3）可以降低财务风险。企业可以根据其经营状况的好坏进行分配，企业经营状况好，可以多分配投资者一些利润，否则可以不分配或少分配利润，比较灵活，所以企业承担的财务风险较小。

2. 吸收直接投资的缺点

（1）资金成本较高。一般而言，采用吸收直接投资方式筹集资金所负担的资金成本较高，特别是企业经营状况较好和盈利能力较强时，更是如此。因为企业是用税后利润支付投资者报酬的，所以资金成本较高。

（2）容易分散企业控制权。采用吸收直接投资方式筹集资金，投资者一般要求参与企业经营管理，这是接受外来投资的代价之一。当企业接受外来投资较多时，容易造成控制权分散，甚至使企业完全失去控制权。

二、发行股票

股票是股份公司为筹集权益资金而发行的，表示股东按其持有的股份享有权益和义务的一种凭证，它代表了股东对股份制公司的所有权。

（一）股票的分类

根据不同标准，可以对股票进行不同的分类。

1. 按股东享有权利和承担义务不同分类

按股东享有权利和承担义务的大小为标准，可将股票分为普通股和优先股。

普通股票简称普通股，是股份公司依法发行的具有管理权、股利不固定的股票。普通股具备股票的最一般特征，是股份公司资本的最基本部分。

优先股票简称优先股，是股份公司依法发行的具有一定优先权的股票。从法律上来讲，企业优先股不承担法定的还本义务，是企业权益资金的一部分，其股利的分配比例是固定的，这与债券利息相似。因此，优先股是一种具有双重性质的证券，既属权益资金，又兼有债券性质。

普通股与优先股的区别主要在于两者的权利和义务不同。

（1）在收益的分配上，普通股股东可按其持有股份或出资比例获得企业分配的利润，其获利水平随企业盈利水平的变动而变动，且一般高于优先股；优先股的持有者可享有较固定的股息，公司有利润时可优先于普通股得到支付，公司利润达到一定水平时也可能享受剩余利润，但较普通股的权利要小些。

（2）在剩余财产分配上，当企业转入清算时，优先股在企业剩余财产的分配顺序上优先于普通股。

(3) 在对公司控制权的影响上，普通股股东可参与企业经营管理，对企业经营活动有表决权，且当股份公司增发新股时，普通股股东享有优先认股权；优先股股东却没有这些权利。

(4) 在应承担的义务上，当公司出现经营亏损或发生破产清算时，普通股股东要按出资额或所占股份承担公司的经营损失和经济责任；优先股股东一般无此义务，但优先股也可能要承担收不回本金的风险。

2. 按股票票面是否记名分类

按股票票面有无记名为标准，可把股票分为记名股票与无记名股票。

记名股票是在股票上载有股东姓名或名称，并将其记入公司股东名册的一种股票。记名股票要同时附有股权手册，只有同时具备股票和股权手册，才能领取股息和红利。记名股票的转让、继承要办理过户手续。

无记名股票是指在股票上不记载股东姓名或名称的股票。凡持有无记名股票的人都可以成为公司股东。无记名股票的转让、继承无需办理过户手续，只要将股票交给受让人，就可发生转让有效，移交股权。

我国《公司法》规定，股份公司向发起人、国家、法人发行的股票，必须采用记名股票；而对社会公众发行的股票，可以是记名股票，也可以是无记名股票。在股票转让时，记名股票需背书转让，并需办理所有者变更登记；而无记名股票转让时要简单些，不需上述手续。

3. 按股票票面有无金额分类

按股票票面有无金额为标准，可把股票分为有面值股票和无面值股票。

有面值股票是指在股票的票面上记载每股金额的股票。股票面值的主要功能是确定每股股票在公司所占的份额；另外，还表明在有限公司中股东对每股股票所负有限责任的最高限额。

无面值股票是指股票票面不记载每股金额的股票。无面值股票仅表示每一股在公司全部股票中所占有的比例。也就是说，这种股票只在票面上注明每股占公司全部净资产的比例，其价值随公司财产价值的增减而增减。

（二）股票发行的目的

股份公司发行股票，总的来说是为了筹集资金，但具体来说，有不同的原因，主要有：

(1) 设立新的股份公司。股份公司成立时，通常以发行股票的方式来筹集资金，形成公司的注册资本。

(2) 扩大经营规模。已设立的股份公司为不断扩大生产经营规模，也需要通过发行股票来筹集所需资金。通常，人们称此类发行为增资发行。

(3) 其他目的。其他目的的股票发行通常与集资没有直接联系，如发放股票股利等。

（三）股票发行的条件

按国际惯例，股份公司发行股票须具备一定的发行条件，取得发行资格，并办理必要手续。虽然股份公司和股票市场是市场经济条件下极为普遍的现象，而且也是市场经济发达程度的重要标志，但股票的发行也必须遵循一定的法律和规定。现对我国股票发行的条件作适当说明。

1. 新设发行

新设立的股份有限公司申请公开发行股票，应当符合下列条件：

（1）生产经营符合国家产业政策；

（2）发行普通股仅限于一种，同股同权，同股同利；

（3）发起人认购的股本数额不少于公司拟发行股本总额的35%；

（4）在公司拟发行的股本总额中，发起人认购的部分不少于人民币3 000万元，但国家另有规定的除外；

（5）向社会公众发行的部分不少于公司拟发行的股本总额的25%，其中，公司职工认购的股本数不得超过拟向社会公众发行股本总额的10%，公司拟发行股本总额超过人民币4亿元的，中国证券监督管理委员会（简称证监会）按照规定可以酌情降低向社会公众发行的部分的比例，但是最低不少于公司拟发行股本总额的10%；

（6）发起人在近3年内没有重大违法行为；

（7）证监会规定的其他条件。

2. 改组发行

国有企业改组设立股份有限公司申请公开发行股票，除应当符合上述各种条件外，还应当符合下列条件：

（1）发行前一年末，净资产在总资产中所占比例不低于30%，无形资产在净资产中所占比例不高于20%，但证监会另有规定的除外；

（2）近三年连续盈利；

（3）国有企业改组设立股份有限公司公开发行股票的，国家拥有的股份在公司拟发行股本总额中所占的比例，由国务院或国务院授权的部门规定；

（4）必须采取募集方式。

3. 增资发行

股份有限公司申请增资发行股票，必须具备下列条件：

（1）前一次发行的股份已募足，并间隔1年以上；

（2）公司在最近3年内连续盈利，并可向股东支付股利；

（3）公司在最近3年内财务会计文件无虚假记载；

（4）公司预期利润率可达到同期银行存款利率。

4. 定向募集发行

定向募集公司申请公开发行股票，除应符合上述新设发行和改组发行所列条件外，还应当符合下列条件：

（1）前一次公开发行股票所得资金的使用与其招股说明书所述的用途相符，并且资金使用效益良好；

（2）距最近一次定向募集股份的时间不少于12月；

（3）从最近一次定向募集到本次公开发行期间没有重大违法行为；

（4）内部职工股权证按照规定范围发放，并且交国家指定的证券机构集中托管；

(5) 证监会规定的其他条件。

(四) 股票发行的程序

根据国际惯例，各国股票的发行都有严格的法律规定程序，任何未经法定程序发行的股票都不发生效力。按《公司法》的规定，企业公开发行股票的基本程序包括以下几个步骤。

1. 公司作出新股发行决议

公司应根据企业生产经营情况，在认真分析和研究的基础上，提出新股发行计划，提交董事会讨论表决。董事会应根据资本授权制度和新股发行计划作出发行新股的决议。

2. 做好发行新股的准备工作

准备工作主要是指详细编写必备的文件资料和获取有关的证明材料。

3. 提出发行股票的申请

申请发行股票的公司应聘请有资格的中介机构（会计师事务所、律师事务所）对其资信、资产、财务状况等进行审定、评估，出具资产评估报告、审计报告和法律意见书，连同招股说明书按隶属关系向各级人民政府或中央企业主管部门提出申请。

4. 有关机构的审批

各级政府及中央主管部门，在收到企业提出的申请后，在规定的期限内作出审批决定，并抄报国务院证券管理委员会（简称“证券委”）。

5. 签署承销协议

公开发行股票应由投资银行、证券公司等证券经营机构承销，发行人应当与证券经营机构签署承销协议。

6. 公布招股说明书

在获准公开发行股票之前，任何人不得以任何形式泄露招股说明书的内容。在获准公开发行股票之后，发行人应当在承销期开始前 2 ~ 5 个工作日期间公布招股说明书。

7. 按规定程序招股

前述准备工作完成后，即开始招认股份，确定认股人，办理股款交纳与股票交割事务。

8. 认股人办理股款

认股人应在规定的期限内向认股书所指定的代收股款的银行或其他代理机构足额交纳股款。

9. 向认股人交割股票

当发行公司收到股款后，要在规定的期限内向认股人交付所售出的股票，否则发行公司或其他代理机构应负担违约责任。

(五) 股票发行的价格

股票发行价格是指股份公司在股票发行市场上发行股票时所确定的价格。股票发行价格通常有等价、时价和中间价 3 种。

等价是指以股票面额为发行价格，也称平价发行或面值发行，它主要适用于新创立公司初次发行股票或原有股东认购新股。

时价是指以公司原发行同种股票的现行市场价格作为基准来确定增发新股的发行价格，也称市价发行。

中间价是指取股票面额和市场价格的中间值作为股票的发行价格。

股票的时价和中间价可能高于或者低于股票的面额，当股票发行价高于股票面额时叫溢价发行；当股票发行价低于股票面额时叫折价发行；以面值价发行股票则叫平价发行。值得注意的是，我国《公司法》规定公司发行股票不准折价发行，即不准以低于股票面额的价格发行，并且规定股票的发行价格在同一次发行中不能改变。

通常在确定股票的发行价格时应考虑以下主要因素：

（1）市盈率。市盈率是指股票的每股市价与每股盈利的比值，用于体现股票的风险，反映投资人获取收益的水平，是进行股票估价的重要参数，通常可把每股净利与市盈率的乘积作为股票发行价格。

（2）每股净值。每股净值是指股票的每一股份所代表的公司净资产数额。通常认为，股票的每股净值越高，股票的价格可定得越高。

（3）公司的市场地位。市场地位较高的公司，其经营水平、盈利能力和发展前景等一般都比较好，因而其股票的发行价格一般比较高。

（4）证券市场的供求关系及股价水平。证券市场的供求关系对股票价格有着重要影响。当供过于求时，股价一般较低；当供不应求时，股价一般较高。一般地讲，股票价格不宜与股票市场的总体水平背离太多，否则容易使投资人持怀疑观望态度。

（六）股票上市

股票上市是指股份有限公司公开发行的股票经批准在证券交易所进行挂牌交易。经批准在交易所上市交易的股票称为上市股票。股票获准上市交易的相应的股份有限公司称为上市公司。我国《公司法》规定，股东转让其股份，即股票流通必须在依法设立的证券交易所进行。

1. 股票上市的条件

公司公开发行的股票进入证券交易所挂牌买卖（即股票上市），须受严格的条件限制。我国《公司法》规定，股份有限公司申请其股票上市，必须符合下列条件：

（1）股票经国务院证券管理部门批准已向社会公开发行，不允许公司在设立时直接申请股票上市；

（2）公司股本总额不少于人民币5 000万元；

（3）开业时间在3年以上，最近3年连续盈利；

（4）持有股票面值人民币1 000元以上的股东不少于1 000人，向社会公开发行的股份达公司股份总额的25%以上，公司股本总额超过人民币一亿元的，向社会公开发行股份的比例在15%以上；

（5）公司在最近3年内无重大违法行为，财务会计报告无虚假记载；

（6）国务院规定的其他条件。

2. 股票上市的利弊分析

股票上市作为一种有效的筹资方式，对企业的成长起着重要的作用。发达国家的大部分发展迅速的公司都选择了上市。但是，如果决策不当，股票上市也会给公司带来一

些负面效果。

（1）股票上市给公司带来的益处：

第一，改善财务状况，增强融资能力。公司通过股票上市可筹集一笔可观的资金，能迅速改善公司财务状况，同时为今后在证券市场增资扩股和向金融机构借贷创造更多的机会。

第二，利用股票市价客观评价企业价值。对上市公司来说，股票市价是评价企业价值大小的标准与尺度，每日每时的股市，都是对企业客观的市场估价，也反映了投资人对上市公司的认可程度。

第三，提高企业知名度，吸引更多顾客。一般来讲，上市公司因经营状况较佳而具有良好的声誉，更利于企业拓宽销售市场，吸引众多用户，扩大企业市场占有份额。

第四，防止股份过于集中，并可利用股票收购其他公司。由于上市公司股票具有良好的流通性，变现能力强，因此被收购企业乐意接受上市公司出让的股票，从而减轻了上市公司的付现压力，降低了财务风险。

第五，利用股票可有效激励员工，尤其是企业关键人员，如营销、科技、管理等方面人才。因为，公开的股票市场提供了股票的准确价值，也可使员工的股票得以兑现。

（2）股票上市对公司产生的不利影响：

第一，容易泄露商业机密，使公司失去隐私权。一家公司转为上市公司，其最大的变化是公司隐私权的消失。公开上市的公司必须向社会公众公布其经营成果及重大经营事项等，以便使社会公众和股东随时了解公司的经营状况。

第二，公开上市需要很高的费用，这些费用包括：资产评估费用、股票承销佣金、律师费、注册会计师费、材料印刷费、登记费等。这些费用的具体数额取决于每个企业的具体情况、整个上市过程的难易程度和上市数额等因素。公司上市后尚需花费一些费用为证券交易所、股东等提供资料，聘请注册会计师、律师等。

第三，限制经理人员操作的自由度。公司上市后其所有重要决策都需要经董事会讨论通过，有些对企业至关重大的决策则需全体股东投票决定。股东们通常以公司盈利、分红、股价等来判断经理人员的业绩，这些压力使得企业经理人员可能注重短期效益而忽略长期效益。

（七）普通股筹资的优缺点

1. 普通股筹资的优点

（1）没有固定利息负担。发行公司可根据其盈利状况决定是否支付股利及股利支付水平的高低，在公司经营状况或财务状况不佳时，可减少股利支出，减轻财务负担。

（2）没有固定到期日，不需偿还本金。普通股筹措的是一种永久性的权益资金，除公司转入清算外无需还本。

（3）筹资风险小。股份公司的股东需按出资额承担公司的经营损失和经济责任，因而股票筹资能降低财务负担和分散经济损失。

（4）增加公司信誉，避免破产偿债风险。股份公司可长期占用发行普通股所筹措的资金，并拥有充分的自主使用权，这不仅能保障公司在持续经营期间拥有稳定的资金来源，而且能作为债权人权利保障的基础提高公司举债能力。股票持有人作为股份公司的所有者不具备债权人的破产求偿权，因而股票筹资能避免破产偿债的风险。

2. 普通股筹资的缺点

（1）资金成本较高。通常股利水平比债务利息要高，且股利只能以税后利润支付，不能获得债务资金的抵税收益，另外，普通股的发行费也较高。

（2）容易分散控制权。利用普通股筹资，出售了新的股票，引进了新的股东，容易导致公司控制权的分散。

（3）降低普通股收益率。新股东分享公司发行新股前积累的盈余，会降低普通股的每股净收益，从而可能引起股价的下跌。

第四节 负债资金的筹集

企业通过负筹集形成的资金形式主要有银行借款、发行债券、商业信用、融资租赁等。

一、银行借款

银行借款是指企业根据借款合同从银行或非银行金融机构借入的需要还本付息的款项。

（一）银行借款的种类

可供选择的银行借款的种类很多，可按不同标准进行不同的分类。

1. 按借款的期限分类

按借款的期限，银行借款可分为短期借款、中期借款和长期借款。短期借款是指借款期限在1年以内（含1年）的借款；中期借款是指借款期限在1年以上（不含1年）5年以下（含5年）的借款；长期借款是指借款期限在5年以上（不含5年）的借款。

2. 按借款是否需要担保分类

按借款是否需要担保分，银行借款可以分为信用借款、担保借款和票据贴现。信用借款是指以借款人的信誉为依据而获得的借款。企业取得这种借款，无需以财产做抵押。担保借款是指以一定的财产做抵押或以一定的保证人做担保为条件所取得的借款。票据贴现是指企业以持有的未到期的商业票据向银行贴付一定的利息而取得的借款。

3. 按提供贷款的机构分类

按提供贷款的机构，可将银行借款分为政策性银行贷款和商业银行贷款。政策性银行贷款一般是指执行国家政策性贷款业务的银行向企业发放的贷款。如国家开发银行为满足企业承建国家重点建设项目的资金需要而提供的贷款；进出口信贷银行为大型设备的进出口提供的买方或卖方信贷。商业银行贷款是指各商业银行向工商企业提供的贷款。这类贷款主要是满足企业生产经营的资金需要。此外，企业还可从信托投资公司取得实物或货币形式的信托投资贷款，从财务公司取得各种贷款等。

（二）银行借款筹资的程序

1. 企业提出借款申请

企业要向银行借入资金，必须向银行提出申请，填写包括借款金额、借款用途、偿还能力、还款方式等内容的《借款申请书》，并提供有关资料。

2. 银行进行审查

银行对企业的借款申请要从企业的信用等级、基本财务情况、投资项目的经济效益、偿还能力等多方面作必要的审查，以决定是否提供贷款。

3. 签订借款合同

借款合同是规定借款单位和银行双方的权利、义务和经济责任的法律文件。借款合同包括基本条款、保证条款、违约条款及其他附属条款等内容。

4. 企业取得借款

双方签订借款合同后，银行应如期向企业发放贷款。

5. 企业归还借款

企业应按借款合同规定按时足额归还借款本息。如因故不能按期归还，应在借款到期之前的3～5天内，提出展期申请，由贷款银行审定是否给予展期。

（三）银行借款的信用条件

按照国际惯例，银行发放贷款时，往往涉及以下信用条款：

1. 信贷额度

信贷额度是借款企业与银行在协议中规定的允许借款人借款的最高限额。通常在信用额度内，企业可随时按需要向银行申请借款；借款超过规定限额，银行停止办理。

2. 周转信用协议

周转信用协议也叫周转信贷协定，是银行从法律上承诺向企业提供不超过某一最高限额的贷款协定。在协定有效期内，如果企业借款总额未超过最高限额，则银行必须满足企业任何时候提出的借款要求。企业享用周转协定，通常要对贷款的未使用部分付给银行一笔承诺费。

3. 补偿性余额

补偿性余额是银行要求借款人在银行中保持按贷款限额或实际借用的一定百分比（通常为10%～20%）计算的最低存款余额。补偿性余额有助于银行降低贷款风险，补偿其可能遭受的损失。但对借款企业来说，补偿性余额则提高了借款的实际利率，加重了企业的利息负担。

4. 借款抵押

银行向财务风险较大、信誉不好的企业发放贷款时，往往需要有抵押品担保，以减少自己承受损失的风险。借款的抵押品通常是借款企业的应收账款、存货、股票、债券以及房屋等。银行接受抵押品后，根据抵押品的账面价值决定贷款数额，一般为抵押品账面价值的30%～50%。这一比率的高低取决于抵押品的变现能力和银行的风险偏好。抵押借款的资金成本通常高于非抵押借款，这是因为银行主要向信誉好的客户提供非抵押贷款，而将抵押贷款视为一种风险贷款，因而收取较高的利息。此外，银行管理抵押贷款比管理非抵押贷款更为困难，为此往往另外收取手续费。

5. 以实际交易为贷款条件

当企业发生经营性临时资金需求，向银行申请贷款以求解决时，银行则以企业将要进行的实际交易为贷款基础，单独立项，单独审批，最后做出决定并确定贷款的相应条件和信用保证。如果承包商因完成某项承包任务缺少资金而向银行借款，当他收到委托承包者付款时，立即归还此笔借款。对这种一次性借款，银行要对借款人的信用状况、经营状况进行个别评价，然后才能确定贷款的利息率、期限和数量。

6. 偿还期限

无论何种借款，一般都会规定还款的期限。根据我国金融制度的规定，贷款到期后仍无能力偿还的，银行要加收预期罚息。贷款的偿还有到期一次偿还和在贷款期内定期等额偿还两种方式。

（四）借款利息的支付方式

1. 利随本清法

利随本清法，又称收款法，是借款企业在借款到期时一次性向银行支付利息的方法。采用这种方法，借款的名义利率（亦即约定利率）等于其实际利率（亦即有效利率）。

2. 贴现法

贴现法是银行在向企业发放贷款时，先从本金中扣除利息部分，企业所得到的贷款额只有贷款本金减去利息部分后的差额，而到期时企业仍要偿还贷款全部本金的付息方式。采用这种方法，由于企业取得借款时要事先支付贷款利息，使企业能够使用的资金低于贷款总额，因此，其实际利率高于名义利率。这种形式主要为短期借款下的利息支付。

贴现法下借款实际利率可按下式计算：

$$借款实际利率=\frac{实付利息}{(借款总额-实付利息)\times\frac{n}{12}}\times 100\%$$

式中，n 为借款期限。

【例 3】企业从银行借入一年期、年利率为 10% 的借款 100 万元，利息 10 万元。采用贴现法支付利息，企业实际可动用的借款为 90 万元（100 万元 - 10 万元），则该项借款的实际利率为：

$$借款实际利率=\frac{10}{(100-10)\times\frac{12}{12}}\times 100\%=11.11\%$$

（五）银行借款筹资的优缺点

1. 银行借款筹资的优点

（1）筹资速度快。向银行借款，通常只需银行审批，而无需其他行政管理部门或社会中介机构的工作，只要具备条件，可在较短的时间内，花较少的费用取得。

（2）资金成本低。银行借款利率一般比债券要低，且利息费用可全部在所得税前列支，而且由于借款是在企业与银行之间直接协商确定，故不存在交易成本，因此其资金成本相对较低。

（3）借款弹性大。借款合同只要双方同意即可修改其内容，因此，当企业在借款期内发生财务困难或其他影响偿债能力的事项，而不能按期还本付息时，可通过与银行协商修改借款条件，缓解财务困难，扩大筹资弹性。

2. 银行借款筹资的缺点

(1) 筹资风险较大。当企业不能按期还本付息而又不能修改借款条件时，放款银行可采用扣押、拍卖抵押资产、要求企业破产偿债等措施，从而使企业陷入财务或经营困境，加大了筹资的风险。

(2) 限制条件较多。如前所述，银行借款通常附加有许多限制条件，如资产控制权、再借款自主权等，从而影响企业未来的筹资和投资活动。

(3) 筹资数量有限。银行虽然有较为雄厚的财力，但由于各方面原因的影响，银行不可能将资金过分集中地投放于某一个企业，与股票、债券筹资方式相比，其资金量通常要少得多。

二、发行债券

公司债券是指公司制企业为筹集资金而发行的，按期支付利息和偿还本金的具有借贷关系的书面凭证。它是一种有价证券，体现的是持有人与发行企业之间的债权债务关系。

(一) 债券的种类

债券可以从各种不同的角度进行分类，下面介绍几种主要的分类方式：

1. 按有无抵押担保分类

债券按有无担保可分为抵押债券和信用债券。

抵押债券是指以发行企业的特定财产作为抵押品的债券。根据抵押品的不同，抵押债券又分为不动产抵押债券、动产抵押债券和信托抵押债券。其中，信托抵押债券是指债券发行企业以其持有的其他有价证券作为抵押品的债券。对于抵押债券，若发行企业不能按期偿还本息，持有人可以行使其抵押权，拍卖抵押品作为补偿。

信用债券是指单纯凭企业信誉或信托契约而发行的债券。通常由那些信誉较好、财务能力较强的企业发行。

2. 按债券券面是否记名分类

按债券券面是否记名可分为记名债券和不记名债券。

记名债券是指券面上记载有债权人的姓名，本息只向登记人支付，转让需办理过户手续的债券。

不记名债券是指券面上无债权人姓名，本息直接向持有人支付，可由持有人自由转让的债券。

3. 按债券利率是否固定分类

按债券利率是否固定可分为固定利率债券和浮动利率债券。

固定利率债券是指债券发行时确定的券面利率在债券有效期内不能改变的债券。

浮动利率债券是指在债券发行时只规定一个利率最低水平，实际付息则根据将来市场利率的变动情况予以调整的债券。

4. 按债券付息方式不同分类

按债券付息方式不同可分为附息票式债券和存单式债券。

附息票式债券是指债券上附有各期息票，息票上注明付息日期和利息金额，持券人在息票到期时凭息票即可支取利息的债券。

存单式债券是指全部利息在债券到期时与本金一同支付的利随本清式债券。

5. 按债券的还本方式不同分类

按债券的还本方式不同可分为定期偿还债券和随时偿还债券。

定期偿还债券是指债券在发行时就已经规定了本金归还时间的债券，包括定期一次清偿全部本金和按规定时间分批偿还部分本金两种方式。

随时偿还债券是指在发行时对债券还本时间不作规定，而是根据将来的具体情况，由发行企业随时确定还本时间的债券。根据抽签号码偿还的叫抽签偿还债券，根据发行企业资金余缺情况通知债权人还本的叫买入偿还债券。

此外，还有可按一定条件在将来转换成股票等资产的可转换债券等。

（二）公司债券发行的资格和条件

企业发行债券必须遵守《公司法》及《债券管理条例》的有关规定，要具备发行资格及发行条件，并经同级人民银行及计划部门审批后方能发行。

1. 债券发行资格

按照《公司法》规定，只有股份有限公司、国有独资公司、两个以上的国有企业或者其他两个以上的国有投资主体设立的有限责任公司，为筹集生产经营资金，才可发行公司债券。上述规定了发行主体的发行资格，且限定了所筹资金的用途，即公司发行债券筹集的资金，必须用于审批机关批准的用途，不得用于弥补亏损和非生产性支出。

2. 债券发行条件

《公司法》债券发行条件作了如下几方面的规定：①资产方面的规定。要求股份有限公司的净资产额不得低于人民币 3 000 万元，有限责任公司的净资产不得低于人民币 6 000万元，累计债券总额不超过公司净资产额的 40%。②收益性方面的规定。要求最近 3 年平均可分配利润足以支付公司债券一年的利息。③用途方面的规定。要求筹集资金的投向必须符合国家产业政策。

（三）债券发行价格决策

债券的发行价格是发行公司在发行债券时使用的价格，也是投资者购买债券时实际支付的价格。实际工作中，公司债券主要按 3 种价格发行：等价发行、折价发行和溢价发行。等价发行又叫面值发行，是指按债券的面值出售；折价发行是指以低于债券面值的价格出售；溢价发行是指按高于债券面值的价格出售。

企业在确定债券的发行价格时，主要考虑债券的面值、票面利率、市场利率、债券期限等。其中，债券的票面利率和市场利率决定了投资的收益，因此，一般来讲，与同等债券相比，利率高的债券，其发行价格可能定得较高；反之，其发行价格可能相对较低。债券期限也影响其发行价格，因为债券越长，投资风险越大，投资者要求的投资报酬率越高，债券的发行价格可能就低；反之则高。

公司债券的还本期限一般在 1 年以上，在确定债券发行价格时，不仅应考虑债券券面与市场利率之间的关系，还应考虑债券资金所包含的时间价值。

债券发行价格计算的通用公式为：

$$\text{债券发行价格} = \frac{R}{(1+i)^n} + \sum_{T=1}^{n} \frac{R \times r}{(1+i)^T}$$

式中，R——债券面值；

n——债券期限；

T——付息期限；

i——市场利率；

r——票面利率。

【例 4】华兴公司发行面值为 100 元、年利息率为 10%、期限为 10 年、每年付息一次的债券，在公司决定发行债券时，认为 10% 的利率是合理的。如果到债券正式发行时，市场上的利率发生变化，那么就要调整债券的发行价格。现分如下 3 种情况来说明。

① 资金市场的利率保持在 10%，该公司的债券利率为 10%，则债券可等价发行，其发行价格为：

$$\text{发行价格} = 100 \times 10\% \times (P/A, 10\%, 10) + 100 \times (P/F, 10\%, 10)$$
$$= 10 \times 6.1446 + 100 \times 0.3855 \approx 100 \text{（元）}$$

也就是说，当债券利率等于市场利率时，按 100 元的价格出售此债券，投资者可以获得 10% 的报酬。

② 资金市场上的利率上升到 12%，公司债券利率为 10%，低于资金市场利率，则应采用折价发行，其发行价格为：

$$\text{发行价格} = 100 \times 10\% \times (P/A, 12\%, 10) + 100 \times (P/F, 12\%, 10)$$
$$= 10 \times 5.6502 + 100 \times 0.3220 \approx 88.70 \text{（元）}$$

也就是说，只有按 88.70 元的价格出售，投资者才会购买此债券，以获得与市场利率 12% 相等的报酬。

③ 资金市场上的利率下降到 8%，公司债券利率为 10%，则可采用溢价发行，其发行价格为：

$$\text{发行价格} = 100 \times 10\% \times (P/A, 8\%, 10) + 100 \times (P/F, 8\%, 10)$$
$$= 10 \times 6.7101 + 100 \times 0.4632 = 113.42 \text{（元）}$$

也就是说，投资者把 113.42 元的资金投资于该公司面值为 100 元的债券，只能获得与市场利率相同的 8% 的回报。

（四）债券的偿还

1. 债券的偿还时间

债券的偿还时间按其实际发生与规定的到期日之间的关系，分为到期偿还、提前偿还与滞后偿还 3 类。

（1）到期偿还又包括一次偿还和分批偿还两种，其中常见的债券到期偿还的方式是到期一次全部偿还。

（2）提前偿还又称提前赎回或收回，是指在债券尚未到期之前就予以偿还。只有在企业发行债券的契约中明确规定了有关允许提前偿还的条款，企业才可以进行此项操作。

（3）债券在到期日之后偿还叫滞后偿还。这种偿还条款一般在发行时便订立，主要是给予持有人以延长持有债券的选择权。

2. 债券的付息

债券的付息主要表现在利息率的确定、付息频率和付息方式等3个方面。

(1) 利息率的确定有固定利率和浮动利率两种形式。浮动利率一般指由发行人选择一个基准利息率，按基准利息率水平在一定的时间间隔中对债务利率进行调整。

(2) 付息频率越高，资金流发生的次数越多，对投资人的吸引力越大。付息频率高就有效地缩短了债券的期限。

债券付息频率主要有按年付息、按半年付息、按季付息或按月付息和一次性付息(利随本清、贴现发行) 5种。

(3) 付息方式有两种方式：一种是采用现金、支票或汇款的方式；一种是息票债券的方式。付息方式多随付息频率而定，在一次付息的情况下，或用现金或用支票。如果是贴现发行，发行人以现金折扣的形式出售债券，并不发生实际的付息行为。在分次的情况下，记名债券的利息以支票或汇款的形式支付，不记名债券则按息票付息。

(五) 债券筹资的优缺点

1. 债券筹资的优点

(1) 资金成本较低。利用债券筹资的成本要比股票筹资的成本低，这主要是因为债券的发行费用较低，债券利息在税前支付，有一部分利息由政府负担了。

(2) 保证所有者权益。由于债券持有人无权参与企业的经营管理，也无权分享利润，因而不会改变所有者对企业的控制权，也不会损失所有者原有的收益。

(3) 发挥财务杠杆作用。不论公司赚钱多少，债券持有人只收取固定的、有限的利息，而更多的收益可分配给股东，增加其财富，或留归企业以扩大经营。

(4) 有利于调整资本结构。当企业发行可转换债券或可提前收回债券时，可增强企业财务能力的弹性，便于企业调整资本结构。

2. 债券筹资的缺点

(1) 筹资风险高。债券有固定的到期日，并定期支付利息。利用债券筹资，要承担还本付息的义务。在企业经营不景气时，向债券持有人还本付息，无异于釜底抽薪，会给企业带来更大的困难，甚至导致企业破产。

(2) 限制条件多。发行债券的契约书中往往有一些限制条款。这种限制比优先股及短期债务严格得多。可能会影响企业的正常发展和以后的筹资能力。

(3) 筹资额有限。利用债券筹资有一定的限度，当公司的负债比率超过了一定限度时，债券筹资的成本会迅速上升，有时甚至会发行不出去。

三、商业信用

商业信用是指商品交易中因延期付款或延期交货所形成的借贷关系。它是企业之间的一种直接信用关系。商业信用是商品交易中钱与货在时间上和空间上的分离而产生的，它的形式多样，范围广泛，已成为企业筹集资金的重要方式，在短期负债筹资中占有相当大的比重。

(一) 商业信用的类型

商业信用是企业短期资金的重要来源。从筹资角度看，商业信用主要表现为以下几

种形式。

1. 应付账款

应付账款是由赊购商品或提供劳务形成的、延期付款的一种商业信用，是企业购买货物暂未付款而欠对方的款项，即卖方允许买方在购货后一定时期内支付货款的一种形式。赊购商品是一种最典型、最常见的商业信用形式。在此种情况下，买卖双方发生商品交易，买方收到商品后不立即支付现金，可延期到一定时间以后付款。在这种形式下，账款的支付主要依赖于卖方的信用条件。如卖方为促使买方及时承付货款，一般均给对方一定的现金折扣。“2/10，1/20，N/30”即表示货款在10天内付清，可以享受货款金额2%的现金折扣，货款在10～20天内付清，可以享受货款金额1%的现金折扣，货款在20～30天内付清（即信用期为30天），则不能享受现金折扣，须付全部货款。

在这种形式下，买方通过商业信用筹资的数量与是否享有折扣有关。一般认为，企业存在3种可能性：

（1）免费信用，即享有现金折扣，在现金折扣期内付款，其占用卖方货款的时间短，信用筹资相对较少；

（2）有代价的信用，即不享有现金折扣，在信用期内付款，其筹资量大小取决于对方提供的信用期长短；

（3）展期信用，即超过信用期的逾期付款（即拖欠），其筹资量最大，对企业信用的副作用也大，成本也最高，企业一般不宜以拖欠货款来筹资。现举例如下：

作为购买方，在购买了商品后，当供应商提供了现金折扣条件时，就要决定什么时候付款，即是享受供应商提供的现金折扣，在折扣期内付款，还是不享受供应商提供的现金折扣，而只在信用期内付款。

【例5】某企业按“2/15，N/30”的信用条件每年向供应商购入100万元的商品。若该企业放弃上述现金折扣条件，则其资金成本计算如下：

$$\text{放弃现金折扣的资金成本} = \frac{\text{现金折扣率}}{1-\text{现金折扣率}} \times \frac{360}{\text{信用期}-\text{折扣期}}$$

$$= \frac{2\%}{1-2\%} \times \frac{360}{30-15} = 48.96\%$$

这说明该企业如果从其他途径取得资金所付出的代价高于48.96%时，就应选择放弃现金折扣，在15天后付款；倘若从其他途径取得资金所付出的代价低于48.96%时，就应放弃这种商业信用筹资方式，在15天以内把货款付清以取得2%的现金折扣。

2. 应付票据

应付票据是指企业根据购销合同的要求，在进行延期付款的商品交易时开具的反映债权债务关系的票据。利用商业票据筹资的方法叫票据法。商业汇票是一种期票，是反映应付账款和应收账款的书面证明。对于买方来说，它是一种短期融资方式。从应付票据的付款期限看，一般为1～6个月，最长不超过9个月，并有带息票据和不带息票据两种。即使是带息票据，其利率通常也比银行借款利率低，一般无其他可能导致资金成本升高的附加条件，所以应付票据的资金成本通常低于银行借款。根据承兑人的不同，商业汇票可分为商业承兑汇票和银行承兑汇票。商业承兑汇票是指由收款人开出，经付款

人承兑，或由付款人开出并承兑的汇票。银行承兑汇票是指由收款人或承兑申请人开出，由银行审查同意承兑的汇票。不管承兑人是谁，最终的付款人仍是购货人。

3. 预收货款

预收货款是指卖方按合同或协议规定，在交付商品之前向买方预收部分或全部货款的信用方式。与前述两种形式不同，它是销售方筹资的一种方式。通常购买单位对于紧俏商品乐意采用这种形式，以便顺利获得所需商品。生产周期长、售价高的商品，生产企业也经常向订货者分次预收货款，以缓解资金占用过多的矛盾。

此外，企业往往在生产经营活动中还形成一些应付费用，如应付工资、应交税金、应付利息、应付水电费等。这些费用项目的发生受益在先，支付在后，支付期晚于发生期，因此它们也属于“自发性筹资”的范围。由于这些应付项目的支付具有时间规定性，支付金额较为稳定，因此，习惯上称之为“定额负债”或视同“权益资金”。

（二）商业信用筹资的优缺点

1. 商业信用筹资的优点

（1）筹资便利。与其他筹资方式比，商业信用筹资非常方便。商业信用与商品买卖同时进行，属于一种自然性融资，无须作特殊的安排，也不需要事先计划，随时可以随着购销行为的产生而得到该项资金。

（2）限制条件少。商业信用比其他筹资方式条件宽松，无须担保或抵押。如果企业利用银行借款筹资，银行会规定一些限制条件，而商业信用则限制较少，选择余地大。

（3）筹资成本低。大多数商业信用都是由卖方免费提供的，如果没有现金折扣，或企业不放弃现金折扣，则利用商业信用筹资没有实际成本。

2. 商业信用筹资的缺点

（1）期限短。它属于短期筹资方式，不能用于长期资产占用。

（2）风险大。由于各种应付款项目经常发生，次数频繁，因此需要企业随时安排现金的调度。

四、融资租赁

租赁是指出租人在承租人给予一定收益的条件下，授予承租人在约定的期限内占有和使用财产权利的一种契约性行为。租赁的种类很多，目前我国主要有经营租赁和融资租赁两类。

融资租赁又称财务租赁，通常是一种长期租赁，可解决企业对资产的长期需要，故有时也称为资本租赁。融资租赁是现代租赁的主要形式。

（一）融资租赁的类型

1. 直接租赁

直接租赁是指承租人直接向出租人租入所需要的资产，并付出租金。直接租赁的出租人主要是制造厂商、租赁公司。除制造厂商外，其他出租人都是从制造厂商处购买资产出租给承租人。这种业务主要涉及两个当事人，即设备供应商和承租人。

2. 售后租回

售后租回是指承租人将所购设备出售给出租人，再租回设备使用，并按期支付租金

的一种融资租赁。根据协议，企业将某资产卖给出租人，再将其租回使用，资产的售价大致为市价。采用这种租赁形式，出售资产的企业可得到相当于售价的一笔资金，同时仍然可以使用资产。当然，在此期间，该企业要支付租金，并失去了财产所有权。从事售后租回的出租人为租赁公司等金融机构，此类业务也只涉及两个当事人，即租赁公司和承租人。

3. 杠杆租赁

杠杆租赁要涉及承租人、出租人和资金出借者三方当事人。从承租人的角度来看，这种租赁与其他租赁形式并无区别，同样是按合同的规定，在基本租赁期内定期支付定额租金，取得资产的使用权。但对出租人却不同，出租人只出购买资产所需的部分资金（如30%），作为自己的投资；另外以该资产作为担保向资金出借者借入其余资金（如70%）。因此，它既是出租人又是借款人，同时拥有对资产的所有权，既收取租金又要偿付债务。如果出租人不能按期偿还借款，那么资产的所有权就要转归资金出借者。

（二）融资租赁的特点

(1) 一般由承租人向出租人提出正式申请，由出租人融通资金引进用户所需设备，然后再租给承租人使用。

(2) 租赁期限较长。融资租赁的租期一般为租赁财产寿命的一半以上，按国际惯例，一般接近资产经济使用年限的70%以上。我国制度规定，租期一般为财产寿命的一半。

(3) 租赁合同稳定。在融资租赁期内，承租人必须连续支付租金，除非经双方同意，中途不得退租。这样既能保证承租人长期使用资产，又能保证出租人在基本租期内收回投资并获得一定利润。

(4) 租金较高。租金总额一般要高出其设备价款的30%以上。

(5) 租赁资产一般为专用或金额较高的大型设备，很少进行二次对外租赁。

(6) 租赁期满后，可选择以下办法处理租赁财产：将设备作价转让给承租人；由出租人收回；延长租期续租。

(7) 在租赁期内，出租人一般不提供维修和保养设备方面的服务。

（三）融资租赁租金的确定

1. 融资租赁租金的构成

融资租赁的租金包括设备价款和租息两部分，租息又包括租赁公司的融资成本和租赁手续费。

(1) 设备价款是指租赁公司取得资产所支付的代价，包括购买价格、运输费、途中保险费等。它是租金的主要组成部分。

(2) 融资成本是指租赁公司为购买租赁设备所筹资金的成本，即设备租赁期间的利息。

(3) 租赁手续费则包括租赁公司承办租赁设备的营业费用和一定的盈利。租赁手续费的高低一般无固定标准，可由承租企业与租赁公司协商确定。

2. 租金的支付方式

(1) 按支付时期长短，可以分为年付、半年付、季付和月付等方式。

（2）按支付时期先后，可以分为先付租金和后付租金两种。先付租金是指在期初支付；后付租金是指在期末支付。

（3）按每期支付金额，可以分为等额支付和不等额支付两种。

3. 租金的计算方法

在我国的融资租赁业务中，融资租赁的租金在租期内分期支付，而且一般是将总租金分期平均支付，可称为“等额年金”方式。根据租金总额的构成及租金支付方式的特点，可得出以下计算公式：

$$应付租金总额 = 设备价款 + 租息$$

（1）按单利计算应付租金：

$$每期应付租金 = \frac{应付租金总额}{支付期数}$$

（2）按复利计算应付租金：

$$每期应付租金 = \frac{应付租金总额}{年金现值系数}$$

年金现值系数可按租金支付间隔及规定的贴现率查年金现值系数表得到。

【例6】某企业以融资租赁方式从某租赁公司租入一条流水生产线，租期5年，租金总额1500万元，到期后设备归承租方所有，每年年末等额支付一次。分别按单利和复利两种方式计算承租企业每年应付租金。

① 应付租金按单利计算：

每年应付租金 = 1 500 ÷ 5 = 300（万元）

② 应付租金按复利计算，合同规定的贴现率为年利率9%：

每年应付租金 = 1 500 ÷（P/A，9%，5）= 1 500 ÷ 3. 8897 = 385. 63（万元）

（四）融资租赁筹资的优缺点

1. 融资租赁筹资的优点

（1）筹资速度快。租赁往往比借款购置设备更迅速、更灵活，因为租赁是筹资与设备购置同时进行，可以缩短设备的购进与安装时间，使企业尽快形成生产能力，有利于企业尽快占领市场，打开销路。另外，有些企业由于种种原因，如负债比率过高，不能向外界筹集大量资金，采用租赁的形式可使企业在资金不足而又急需设备时，不付出大量资金就能及时得到所需设备。

（2）限制条款少。如前所述，债券和长期借款都有相当多的限制条款，虽然类似的限制在租赁公司中也有，但一般比较少。

（3）可避免资产陈旧过时所带来的风险。当今，科学技术在迅速发展，固定资产更新周期日趋缩短，承租人在签订租赁合同时都会考虑企业自身生产技术发展的情况，利用租赁筹资可避免自行购置设备而发生的无形损耗，从而降低风险。

（4）财务风险小。租金在整个租期内分摊，不用到期归还大量本金，这会适当减少不能偿付的风险。

（5）税收负担轻。租金可在税前扣除，具有抵免所得税的效用。

2. 融资租赁筹资的缺点

（1）资金成本较高是融资租赁筹资的最主要的缺点。一般来说，其租金要比举借银

行借款或发行债券所负担的利息高得多，在财务困难时，固定的租金也会构成一项较沉重的负担，不利于企业的资金调度。

(2) 资产处置权有限。由于承租企业在租赁期内无资产所有权，因而不能根据自身的要求自行处置租赁资产。

第五节　筹资决策

企业筹资管理的目标是以较小的筹资风险、较低的筹资成本筹集企业所需要的资金。而在市场经济条件下，企业有多个筹资渠道和多种筹资方式可供选择，筹资决策就是要选择能满足企业需要的，筹资成本和风险都较小的筹资渠道和筹资方式。因此，筹资决策需要考虑的主要因素有筹资额、筹资成本、筹资风险等。

一、资金成本

(一) 资金成本的概念与作用

1. 资金成本的概念

资金成本是指企业为筹集和使用资金而付出的代价，包括用资费用和筹资费用两部分。在市场经济条件下，企业不能无偿使用资金，必须向资金提供者支付一定数量的费用作为补偿。

(1) 用资费用。用资费用是指企业在生产经营、投资等过程中因使用资金而付出的代价。如向股东支付的股利、向债权人支付的利息等，这是资金成本的主要内容。用资费用总额会随着用资时间的变化而不断增加，但其单位成本相对稳定不变。

(2) 筹资费用。筹资费用是指企业在筹措资金过程中为获取资金而支付的费用，如向银行支付的借款手续费，股票、债券的发行费等。筹资费用与用资费用不同，筹资费用通常是在筹措资金时一次支付，在用资过程中不再发生。

资金成本可以用绝对数表示，也可用相对数表示，但在财务管理中，一般用相对数表示，即表示为用资费用与实际筹得资金（即筹资数额扣除筹资费用后的差额）的比率。

其通用计算公式为：

$$资金成本=\frac{每年的用资费用}{筹资总额-筹资费用}\times 100\%$$

在计算资金成本时，筹资费用之所以在筹资总额中扣除，是因为筹资费用在筹资时已发生，甚至已在筹资总额中支付，企业能使用的资金数实际上是筹资总额扣除筹资费用后的净额部分，根据配比原则，筹资净额部分才与用资费用配比。

2. 资金成本的作用

资金成本是企业财务管理的重要概念，是商品经济条件下资金使用权与所有权分离的必然结果，它既不同于一般产品成本，也不同于资金的时间价值。两者的关系是：资金成本既包括资金的时间价值，也包括投资的风险价值。

在财务管理中，资金成本在许多方面都可加以应用，主要用于筹资和投资决策以及企业经营效益的分析。它的作用主要表现在以下几个方面：

（1）资金成本是企业筹资决策的依据。资金成本是企业选择资金来源、拟定筹资方案的依据。不同的资金来源，具有不同的成本。为了提高筹资效果，就必须分析各种筹资方式下资金成本的高低，并进行合理配置，使资金成本降到最低。

资金成本是决定企业筹资总额的重要因素。当企业筹资数额很大，资金的边际成本超过企业承受能力时，企业便不能再增加筹资数额。资金成本是限制企业筹资数额的一个重要因素。

资金成本是企业选择资金来源的基本依据。企业可以从许多方面筹集资金，究竟选用哪种来源，首先要考虑的因素就是资金成本的高低。

资金成本是企业选用筹资方式的参考标准。企业可以利用的筹资方式是多种多样的，在选用筹资方式时，需要考虑的因素很多，但必须考虑资金成本这一经济标准。

资金成本是企业确定最优资金结构的主要参数。不同的资金结构，会给企业带来不同的风险和成本。在确定最优资金结构时，考虑的因素主要有资金成本和财务风险。

（2）资金成本是企业投资决策的依据。投资项目的决策通常采用净现值、现值指数和内含报酬率等指标来进行评价。其中，净现值的计算一般就是以资金成本作为折现率，当净现值为正时方案可行，否则不可行；用内含报酬率评价方案的可行性时，一般以资金成本作为基准收益率，当内含报酬率大于资金成本时，说明方案可行，否则方案不予采纳。国际上通常将资金成本视为投资项目的"最低收益率"或是否采用投资项目的取舍率，是比较、选择投资方案的主要标准。

（3）资金成本可以作为评价企业经营成果的依据。当企业经营利润大于资金成本时，说明经营业绩好，否则经营业绩欠佳。因此，资金成本在一定程度上成为判断企业经营业绩的重要依据。

（二）资金成本的计算

1. 个别资金成本的计算

个别资金成本是指各种筹资方式的单项成本。主要包括债券成本、银行借款成本、优先股成本、普通股成本和留存收益成本，前两者可统称为负债资金成本，后三者统称为权益资金成本。

企业资金来源及取得方式不同，其成本含量也不同，因此对于不同来源和方式下的资金，应分别计算其成本率。

（1）银行借款成本。银行借款成本是指借款利息和筹资费用。由于银行借款的利息在税前支付，可以起到抵税的作用。银行借款成本的计算公式为：

$$K_L = \frac{I\ (1-T)}{L\ (1-f)} \times 100\%$$

式中，K_L——银行借款成本；

I——银行借款年利息；

L——银行借款筹资总额；

T——所得税税率；

f——银行借款筹资费率。

由于银行借款的手续费很低，上式中的f常常可以忽略不计，则上式可简化为：

$$K_L = i \times (1-T)$$

【例7】东方公司从银行取得长期借款1 200万元，筹资费率为0.5%，年利率为5%，期限为3年，每年结息一次。企业所得税税率为33%。则该笔银行借款的资金成本为：

$$K_L = \frac{1\,200 \times 5\% \times (1-33\%)}{1\,200 \times (1-0.5\%)} \times 100\% = 3.37\%$$

（2）债券成本。债券成本主要包括债券利息和筹资费用。债券的筹资费用一般较高，这类费用主要包括申请发行债券的手续费、债券注册费、印刷费、上市费以及报销费用等。由于债券利息计入税前成本费用，具有减税效应。债券利息的计算基本与银行借款一致，其计算公式如下：

$$K_b = \frac{I(1-T)}{B_0(1-f)} \times 100\% = \frac{B \times i \times (1-T)}{B_0 \times (1-f)} \times 100\%$$

式中，K_b——债券成本；

I——债券每年支付的利息；

T——所得税税率；

B——债券面值；

f——债券筹资费率；

B_0——债券筹资额，按发行价格确定；

i——债券票面利息率。

【例8】某企业发行一笔期限为5年的债券，债券面值为500万元，票面利率为10%，每年付一次利息，发行费率为4%，假设所得税税率为33%，债券按520万元发行，则该笔债券的成本为：

$$K_b = \frac{500 \times 10\% \times (1-33\%)}{520 \times (1-4\%)} \times 100\% = 6.71\%$$

（3）优先股成本。企业发行优先股，既要支付筹资费用，又要定期支付股利。它与债券不同的是股利在税后支付，且没有固定到期日。优先股股利要从净利润中支付，不减少所得税，所以，优先股成本通常高于债券成本，企业破产时，优先股股东的求偿权位于债券持有人之后，优先股股东的风险大于债券持有人的风险，这就使优先股的股利率一般高于债券的利息率。优先股成本的计算公式为：

$$K_p = \frac{P}{P_0(1-f)} \times 100\%$$

式中，K_p——优先股成本；

P——优先股每年的股利；

P_0——发行优先股总额；

f——优先股筹资费率。

【例9】某企业按面值发行200万元的优先股，筹资费率为5%，每年支付12%的股利，则优先股的成本为：

$$K_p = \frac{200 \times 12\%}{200 \times (1 - 5\%)} \times 100\% = 12.63\%$$

（4）普通股成本。发行普通股筹资的成本包括每年支付的股利和发生的筹资费用。由于企业的发展前景存在不确定性，因此，股东对普通股股票的风险报酬的要求也难以准确测定。从理论上看，股东的投资期望收益率即为公司普通股成本。其基本计算公式为：

$$K_s = \frac{D}{V_0 (1 - f)} \times 100\%$$

式中，K_s——普通股成本；

D——每年固定股利；

V_0——普通股金额，按发行价计算；

f——普通股筹资费率。

许多公司的股利都是不断增加的，假设年增长率为 g，则普通股成本的计算公式为：

$$K_s = \frac{D_1}{V_0 (1 - f)} + g$$

式中，D_1——第 1 年的股利。

【例 10】 某公司准备增发普通股 5 000 万股，以每股 12 元的价格发行，普通股筹资费率为 4%，预计第一年年末每股分派现金股利 2.5 元，以后每年增长 3%，则普通股的成本为：

$$K_s = \frac{50\,000\,000 \times 2.5}{50\,000\,000 \times 12 \times (1 - 4\%)} + 3\% = 24.70\%$$

普通股股利的支付不固定。企业破产后，股东的求偿权位于最后，与其他投资者相比，普通股股东所承担的风险最大，因此，普通股的报酬也应最高。所以，在各种资金来源中，普通股的成本最高。

（5）留存收益成本。企业的留存收益，其性质属于股东权益，实际上是股东对企业进行的追加投资，股东对这部分投资与以前缴给企业的股本一样，也要求有一定的报酬。从成本的实际支付看，留存收益并不像其他筹资方式那样直接从市场取得，而是将利润再投资，因此不产生筹资费用。但它确实存在资金成本，这是因为，投资者如果将这部分收益用作购买股票、存入银行或进行其他方面的投资，也会获得投资收益，而投资人同意将这部分收益留存在企业，是期望从中取得更高的投资回报。所以，留存收益也要计算成本。留存收益成本的计算与普通股基本相同，其计算公式为：

$$K_e = \frac{D_1}{V_0} + g$$

式中，K_e——留存收益成本。

其他符号含义与普通股成本计算公式相同。

2. 综合资金成本的计算

企业往往从多种渠道、采用多种方式来筹集资金，而各种方式的筹资成本是不一样的，但企业的资金往往不可能是单一形式的，需要将各种筹资方式进行组合。为了正确进行筹资和投资决策，就必须计算企业的加权平均资金成本。加权平均资金成本是以各

种资金所占的比重为权数，对各种资金成本进行加权平均计算出来的综合资金成本。加权平均资金成本的计算公式为：

$$K_w = \sum W_j K_j$$

式中，K_w——加权平均资金成本；

W_j——第 j 种资金占总资金的比重；

K_j——第 j 种资金的成本。

【例 11】四海公司共有资金 10 000 万元，其中债券 3 000 万元，优先股 1 000 万元，普通股 4 000 万元，留存收益 2 000 万元，各种资金的成本分别为：K_b 为 5%，K_p 为 9%，K_s 为 18%，K_e 为 17%。试计算该企业加权平均的资金成本。

① 计算各种资金所占的比重：

债券：$K_b = \frac{3\,000}{10\,000} \times 100\% = 30\%$

优先股：$K_p = \frac{1\,000}{10\,000} \times 100\% = 10\%$

普通股：$K_s = \frac{4\,000}{10\,000} \times 100\% = 40\%$

留存收益：$K_e = \frac{2\,000}{10\,000} \times 100\% = 20\%$

② 计算加权平均资金成本：

$$\begin{aligned} K_w &= W_b K_b + W_p K_p + W_s K_s + W_e K_e \\ &= 30\% \times 5\% + 10\% \times 9\% + 40\% \times 18\% + 20\% \times 17\% \\ &= 13\% \end{aligned}$$

二、财务杠杆与财务风险

（一）财务杠杆

1. 财务杠杆的概念

财务杠杆又称融资杠杆，反映的是息税前利润和每股利润之间的相互关系，是企业在制定资金结构决策时对债务筹资的利用。不论企业营业利润是多少，债务的利息和优先股的股利是相对固定不变的。当息税前利润增大时，每 1 元盈余所负担的固定财务费用就会相对减少，这给普通股股东带来额外的收益；反之，当息税前利润降低时，每 1 元盈余所负担的固定财务费用就会相对增加，这就会大幅度减少普通股盈余。这种债务对投资者收益的影响，称作财务杠杆。

2. 财务杠杆系数

财务杠杆效应是通过财务杠杆系数来描述的，即财务风险的大小是通过财务杠杆系数来衡量的。财务杠杆系数是普通股每股税后利润变动率相当于息税前利润变动率的倍数，是反映财务杠杆作用程度的指标。财务杠杆系数值越大说明企业的财务风险越大，反之越小。

财务杠杆效应包括两种基本形态：一是现有资金结构不变，息税前利润变动所带来的财务杠杆效应；二是息税前利润不变，调整资金结构所带来的财务杠杆效应。

(1) 资金结构不变，息税前利润变动的财务杠杆系数计算。

在企业资金结构一定的情况下，企业需支付的债务利息是相对固定的。当息税前利润增加时，每一元息税前利润负担的债务利息就会降低，投资人可分配利润增加，从而给企业所有者带来额外收益。这时的财务杠杆系数通常用下列公式来计算：

$$DFL = \frac{\frac{\Delta EPS}{EPS}}{\frac{\Delta EBIT}{EBIT}}$$

式中，DFL——财务杠杆系数；

ΔEPS——普通股每股利润变动额；

EPS——基期每股利润；

$\Delta EBIT$——息税前利润变动额；

$EBIT$——基期息税前利润。

财务杠杆系数的计算公式可进一步简化。

如果企业资本结构不变，其财务杠杆系数的计算公式可简化为：

$$DFL = \frac{EBIT}{EBIT - I}$$

式中，I——利息。

【例 12】某企业资产总额为 1 000 万元，负债与权益资金的比例为 4∶6，借款年利率为 10%，企业基期息税前资产利润率为 12%，企业预计计划期息税前利润率将由 12% 增长到 20%，所得税税率为 40%，问资本利润将增长多少？财务杠杆系数是多少？

计算结果如表 3－6 所示。

表 3－6　资本利润率计算表　　单位：万元

项　目	基　期	计　划　期
EBIT	1 000 × 12% = 120	1 000 × 20% = 200
利息	1 000 × 40% × 10% = 40	1 000 × 40% × 10% = 40
税前利润	120 − 40 = 80	200 − 40 = 160
所得税	80 × 40% = 32	160 × 40% = 64
税后利润	80 − 32 = 48	160 − 64 = 96
资本	1 000 × 60% = 600	1 000 × 60% = 600
资本利润率	48/600 = 8%	96/600 = 16%

息税前利润增长率 = (20% − 12%) ÷ 12% = 66.67%

资本利润率增长率 = (16% − 8%) ÷ 8% = 100%

财务杠杆系数 = 100% ÷ 66.67% = 1.50

从表 3－6 中可以看出，息税前利润率的增长会带来资本利润率的成倍增长。息税前利润率增长引起资本利润率增长的幅度越大，财务杠杆效应就越强。为取得财务杠杆利益，如果企业加大举债比重，其财务杠杆系数也会相应提高，但同时会增加企业还本付息的压力，引起财务风险相应增大。所以说，企业利用财务杠杆，可能产生好的效

果，也可能产生坏的效果。

（2）息税前利润不变，资金结构变动的财务杠杆系数计算。

当息税前利润一定时，如果息税前利润率大于利息率，提高负债比重，会相应提高资本利润率；反之，则会引起资本利润率的大幅降低。可用公式表示如下：

$$税前资本利润率 = 息税前利润率 + \frac{负债}{权益资本} \times （息税前利润率 - 利息率）$$

$$税后资本利润率 = 税前资本利润率 \times （1 - 所得税税率）$$

【例 13】某企业总资产为 1 000 万元，息税前资本利润率为 30%，负债利率为 10%，所得税税率为 30%。现有几个不同的资本结构，试测算出各种结构下的资本利润率。

计算结果如表 3－7 所示。

表 3－7　资本利润率计算表　　单位：万元

结构 项目	结构（1） 0:100	结构（2） 20:80	结构（3） 70:30
资本总额	1 000	1 000	1 000
负债资本额	0	200	700
权益资本额	1 000	800	300
息税前利润	1 000 × 30% = 300	1 000 × 30% = 300	1 000 × 30% = 300
利息	0	200 × 10% = 20	700 × 10% = 70
税前利润	300 − 0 = 300	300 − 20 = 280	300 − 70 = 230
所得税	300 × 30% = 90	280 × 30% = 84	230 × 30% = 69
税后利润	300 − 90 = 210	280 − 84 = 196	230 − 69 = 161
资本利润率	210 ÷ 1 000 × 100% = 21%	196 ÷ 800 × 100% = 24.5%	161 ÷ 300 × 100% = 54%
财务杠杆系数	300 ÷ (300 − 0) = 1	300 ÷ (300 − 20) = 1.07	300 ÷ (300 − 70) = 1.43

资本利润率也可通过上述所给公式求出：

$$0:100 结构下的资本利润率 = \left[30\% + \frac{0}{1\ 000} \times (30\% - 10\%)\right] \times (1 - 30\%) = 21\%$$

$$20:80 结构下的资本利润率 = \left[30\% + \frac{200}{800} \times (30\% - 10\%)\right] \times (1 - 30\%) = 24.5\%$$

$$70:30 结构下的资本利润率 = \left[30\% + \frac{700}{300} \times (30\% - 10\%)\right] \times (1 - 30\%) = 54\%$$

由表 3－7 得知，当息税前利润率大于利息率时，加大负债比例会使资本利润率大幅提高，调低负债比例则将产生资本利润率的机会损失；反之，当息税前利润率小于利息率时，加大负债比例会使资本利润率快速下降，给所有者带来财务风险。

（二）财务风险

财务风险也称筹资风险，是指由于负债结构及债务比例等因素的变动，给企业财务成果及偿债能力带来不确定性的风险。当债务比率较高时，企业将负担较多的债务成本，相应地要经受较大的财务杠杆作用所引起的收益变动冲击，从而加大财务风险。相反，当债务比率较低时，财务风险相应较小。财务风险管理是筹资管理的一项重要内容，认真分析财务风险的原因和类型，有助于进行有效的风险规避。

筹资风险的大小，可以通过财务杠杆系数来判断。从前述的公式及例子看，财务杠杆系数越大，表明企业负债比例大，偿债压力也越大，筹资风险越大；反之，财务杠杆系数越小，表明企业负债比例小，筹资风险也越小。因此，企业要降低筹资风险，保持较小的财务杠杆系数是必要的。

了解财务风险的目的就是要更好地规避风险。企业应做好以下几方面的工作。

1. 优化资本结构

可从两方面入手：一是增加企业股权资本的比重，降低总体上的财务风险；二是通过对总资产报酬率与负债利率的比较，调节债务结构，即在总资产报酬率下降时，降低负债比，从而降低财务杠杆系数，以减少债务风险；在总资产报酬率上升条件下，调高负债比，从而提高财务杠杆系数，提高股权收益率。

2. 加强经营管理，增收节支

增加盈利能力是降低筹资风险的最根本办法。因为企业的盈利能力提高了，就有足够的资金来偿还本金和支付利息。

3. 实施债务重组

当企业出现严重亏损或资不抵债，处于破产边缘时，可以与债权人协商，实施必要的债务重组，以此调整资本结构，使企业通过债务重组方式起死回生，也使债权人的权益损失降到最低。

三、资金结构决策

（一）资金结构的概念

资金结构是指企业各种资金的构成及其比例关系，是企业筹资决策的核心问题。企业应综合考虑有关影响因素，运用适当的方法确定最佳资金结构，并在以后追加筹资中继续保持。

企业资金结构是由企业采用的各种筹资方式筹集资金而形成的，各种筹资方式的不同组合决定着企业资金结构及其变化。企业采用各种方式筹集的资金，总的来看可分为负债资金和权益资金两类，因此，资金结构决策主要是确定负债资金的比例，即确定负债资金在企业全部资金中所占的比重。

（二）最佳资金结构

所谓最佳资金结构是指企业在一定时期内，使加权平均资金成本最低且企业价值最大时的资金结构。企业是否保持了最佳资金结构，其判断标准有3个：

（1）保持现有资金结构能使企业价值最大化。

（2）该项资金结构的企业加权平均资金成本最低。

（3）资产保持适宜的流动，并使资金结构具有弹性。

其中，加权平均资金成本最低是其主要标准，也是最易量化的标准。

负债筹资具有节税、降低资金成本、使资本利润率不断提高等杠杆作用和功能，因此，对外举债是企业采用的主要筹资方式。但是，随着负债筹资比例的不断扩大，负债利率趋于上升，破产风险加大。因此，如何找出最佳的负债点（即最佳资金结构），使得负债筹资的优点得以充分发挥，同时又避免其不足，是筹资管理的关键。

（三）资金结构决策的方法

资金结构决策的方法主要有以下两种。

1. 比较资金成本法

比较资金成本法是指通过计算不同组合的加权平均资金成本，并以此为标准，选择其中资金成本最低的组合作为最佳组合的一种方法。它把资金成本的高低作为确定最佳资金结构的唯一标准，简单实用。其操作步骤为：

第一步，确定各方案的资金结构；

第二步，计算各方案的加权平均资金成本；

第三步，选择加权平均资金成本最低的资金组合为最佳资金结构。

【例 14】嘉禾公司拟筹资建设一项目，投资总额为 1 000 万元，有三个方案可供选择。其资金结构分别是：

甲方案：长期借款 100 万元、债券 200 万元、普通股 700 万元；

乙方案：长期借款 200 万元、债券 300 万元、普通股 500 万元；

丙方案：长期借款 300 万元、债券 400 万元、普通股 300 万元。

长期借款的资金成本为 8%；债券的资金成本为 12%；普通股的资金成本为 18%。

试分析哪种方案资金结构最佳。

① 计算各方案的加权平均资金成本：

$$\text{甲方案的加权平均资金成本} = \frac{100}{1\,000}\times 8\% + \frac{200}{1\,000}\times 12\% + \frac{700}{1\,000}\times 18\% = 15.8\%$$

$$\text{乙方案的加权平均资金成本} = \frac{200}{1\,000}\times 8\% + \frac{300}{1\,000}\times 12\% + \frac{500}{1\,000}\times 18\% = 14.2\%$$

$$\text{丙方案的加权平均资金成本} = \frac{300}{1\,000}\times 8\% + \frac{400}{1\,000}\times 12\% + \frac{300}{1\,000}\times 18\% = 12.6\%$$

② 根据计算结果可以看出，丙方案的加权平均资金成本最低，故丙方案为应选择的最佳筹资方案。

2. 每股利润无差别点法

每股利润无差别点法，又称息税前利润—每股利润分析法，是将息税前利润和每股利润这两大要素结合起来，分析资金结构与每股利润之间的关系，进而确定最佳资金结构的方法。这种方法确定的最佳资金结构就是每股利润最大的资金结构。

合理的资金结构，应当注意其对企业的盈利能力和股东财富的影响，因此应将息税前利润（EBIT）和每股利润（EPS）作为分析确定企业资金结构的两大要素。每股利润无差异点法确定最佳资金结构，是以每股利润最大为分析起点，它直接将资金结构与企业财务目标、企业市场价值等相关因素结合起来，因此成为企业在追加筹资时经常采用的一种决策方法。

每股利润无差别点法的决策程序为：

第一步，计算每股利润无差异点；

第二步，选择最佳筹资方式。

该方法测算每股利润无差异点的计算公式为：

$$\frac{(EBIT-I_1)(1-T)-D_1}{N_1}=\frac{(EBIT-I_2)(1-T)-D_2}{N_2}$$

式中，$EBIT$——每股利润无差异点处的息税前利润；

I_1，I_2——两种筹资方式下的年利息；

T——所得税税率；

D_1，D_2——为两种筹资方式下的优先股股利；

N_1，N_2——为两种筹资方式下的流通在外的普通股股数。

每股利润无差异点的息税前利润计算出来以后，可与预期的息税前利润进行比较，据以选择筹资方式。若预期的息税前利润大于无差异点息税前利润时，则提高资金结构中的负债比重，会相应提高资本利润率。若预期的息税前利润小于无差异点息税前利润时，则应降低资金结构中的负债比重，采用普通股筹资方式。

【例15】华达公司现有资产总额为3 000万元，负债比率为40%，年利率6%，普通股300万股。公司欲筹集新资金500万元以扩大生产规模，增加资金后预期息税前利润为600万元，所得税税率为30%。筹集新资金的方式可用增发普通股或增发债券方式。若增发普通股，则计划以每股10元的价格增发50万股；若采用增发公司债券，则以8%的年利率筹集500万元。采用每股利润无差别点法计算分析应选择何种筹资方式。

① 计算每股利润无差异点。根据资料计算如下：

$$\frac{(EBIT-72)\times(1-30\%)}{300+50}=\frac{(EBIT-112)\times(1-30\%)}{300}$$

$EBIT=352$（万元）

将该结果代入上式可得无差异点的每股利润（EPS）为0.56元。

② 计算预计增资后的每股利润，见表3-8，并选择最佳筹资方式。

表3-8　预计增资后的每股利润　　单位：万元

项　目	增发股票	增发债券
预计息税前利润（$EBIT$）	600	600
减：利息	1 200×6%=72	1 200×6%+500×8%=112
税前利润	600-72=528	600-112=488
减：所得税	528×30%=158.4	488×30%=146.4
税后利润	528-158.4=369.6	488-146.4=341.6
普通股股数	300+50=350	300
每股利润（EPS）	1.056	1.139

由表3-8计算得知，预期息税前利润为600万元时，追加负债筹资的每股利润较高，为1.139元，应选择增发债券方式筹集资金。

由此表明，当息税前利润等于 352 万元时，采用负债或发行股票方式筹资没有区别；当息税前利润大于 352 万元时，采用负债方式筹资较为有利；当息税前利润小于 352 万元时，不应再增加负债，以发行股票方式筹资为宜。该公司预计 *EBIT* 为 600 万元，大于无差异点的 *EBIT*，故采用增发债券的方式筹资较为有利。

上述两种方法都直接以加权平均成本的高低，或者以每股利润的大小为依据，虽然集中考虑了资金成本与财务杠杆利益，但没有考虑资金结构弹性、财务风险大小及其相关成本等因素。因此，资金结构决策是企业财务决策中一项比较复杂的内容，企业在进行资金结构决策时，要权衡利弊，统筹安排，认真考虑并科学分析影响资金结构的主要因素，并根据这些因素确定企业合理的资金结构，从中选择筹资方案。

本章小结

1. 筹资是企业根据其生产经营、对外投资及调整资本结构的需要，利用一定的筹资方式，选择适当筹资渠道，从金融市场上经济有效地筹集企业所需资金的财务活动。其中，筹资渠道是指企业筹措资金来源的方向与通道，体现着资金的来源与流量；筹资方式则解决企业如何取得资金的问题。

2. 合理筹集资金的前提是科学地预测资金需要量，资金需要量的预测通常采用定性预测法与比率预测法两种，其中，比率预测法有销售额比率法和回归直线法。权益资金是供企业长期使用的资金，主要筹集方式是直接投资与发行股票。负债资金的筹集方式主要有银行借款、发行债券、商业信用和融资租赁。

3. 资金成本是指企业筹集和使用资金而付出的代价，个别资金成本包括债券成本、银行借款成本、优先股成本、普通股成本和留存收益成本，加权平均资金成本是以个别资金所占的比重为权数，对个别资金成本进行加权平均计算出来的资金成本，它是判断资金结构优劣的一个重要参考指标。

4. 财务杠杆是指企业在制定资金结构决策时对债务筹资的利用，财务杠杆系数是普通股每股税后利润变动率相当于息税前利润变动率的倍数，是反映财务杠杆作用程度的指标。财务风险是由于负债结构及债务比例等因素的变动，给企业财务成果及偿债能力带来不确定性的风险。

5. 确定最佳资金结构的方法主要有比较资金成本法和每股利润无差别点法。

第四章

营运资金管理

YING YUN ZI JIN GUAN LI

营运资金的概念和特点

现金管理

应收账款管理

存货管理

目的要求：

通过本章的学习，要求掌握以下内容：

(1) 掌握营运资金和营运资金管理的概念，熟悉营运资金的特点；

(2) 掌握现金管理的目标；

(3) 熟悉最佳现金持有量确定方法的应用；

(4) 掌握应收账款管理的目标；

(5) 熟悉应收账款决策方法的应用；

(6) 掌握存货管理的目标；

(7) 熟悉存货决策方法的应用。

本章学习的重点：现金管理的目标和最佳现金持有量确定的方法，应收账款管理的目标和应收账款决策方法，存货管理的目标和存货决策方法。

第一节　营运资金的概念和特点

一、营运资金的概念

营运资金是指企业在生产经营中占用在流动资产上的资金。营运资金有广义和狭义之分，广义的营运资金又称为毛营运资金，是指一个企业流动资金的总额；狭义的营运资金又称净营运资金，是指流动资产减去流动负债后的余额。我们本章所讨论的营运资金只指广义的营运资金即流动资金总额。企业为了满足生产经营的需要，在经营时期内需要投入大量的资金。根据资金使用的特点，我们把资金划分为流动资产和长期资产。营运资金管理即流动资产的管理。

流动资产是指可以在1年或超过1年的一个营业周期内变现或运用的资产。流动资产根据不同的标准进行分类，得出不同划分结果。按实物形态分，流动资产可以分为以下4种形式：

1. 现金

现金是指可以立即用来购买物品、支付各项费用或偿债的交换媒介或支付手段。属于现金内容的项目，包括企业的库存现金、各种形式的银行存款和银行本票、银行汇票。

2. 短期投资

短期投资是指各种准备随时变现的有价证券以及不超过1年的其他投资，其中主要指有价证券投资。企业进行有价证券投资，一方面能获得较好的收益；另一方面又能增强企业资产的流动性。

3. 应收款项

应收款项是指企业在生产经营过程中形成的各种应收而未收的或预先支付的款项，其中主要包括应收账款、应收票据、其他应收账款和预付账款。在市场经济条件下，为了加强企业的竞争能力，企业拥有一定量的应收款项是必需的，企业应力求加速收款，充分利用应收款项来增收。

4. 存货

存货是指企业在生产经营过程中为了销售或者生产而储存的各种资产，包括成品、半成品、原材料等。

二、营运资金的特点

为了有效地对营运资金进行管理，必须对营运资金的特点进行研究。营运资金一般有如下一些特点。

（一）营运资金的周转具有短期性

企业占用在流动资产上的资金，周转一次所需的时间一般很短，通常会在 1 年或超过 1 年的一个营业周期内完成。

（二）营运资金的实物形态具有易变性

前面所提到的短期投资、应收账款、存货等资产一般具有较强的变现能力，如果企业面临资金周转不灵、现金短缺时，企业就可以将其他形态的流动资产转变为现金。

（三）营运资金的数量具有波动性

营运资金的数量是依据企业的生产经营情况而定，企业的生产经营一般具有周期性。这样一来，企业的营运资金数量就随着企业的生产经营情况出现时高时低。在经营的高峰期，营运资金数量增加；在经营的低谷，营运资金数量也随之而减少。

（四）营运资金的实物形态具有变动性

企业的生产经营总是在重复以现金购买材料、组织生产、产成品入库、销售形成应收账款、收回应收账款变成现金这个过程。在这个生产循环的过程中，营运资金的实物形态在不同的流动资产形态上转换。

三、营运资金管理原则

企业营运资金在全部的资金中占有相当大的比重，而且周转快，形态易变，所以是企业财务管理工作的一项重要工作。企业在进行营运资金管理时，应遵循以下原则：

（一）认真分析生产经营情况，合理确定营运资金的需要量

企业营运资金的需要数量与企业的生产经营情况有直接的关系，当企业产销两旺时，营运资金会不断增加；而当企业的产销量下降时，营运资金也会相应减少。

（二）在保证生产经营的前提下，节约使用资金

在营运资金管理中，要正确处理保证生产经营的需要和合理节约使用资金二者之间的关系。要在保证正常生产经营的前提下，遵守勤俭节约的原则，挖掘资金潜力，精打细算地使用资金。

（三）加速营运资金周转，提高资金的利用效果

营运资金周转是指企业的营运资金从现金投入生产经营开始，到最终转化为现金的过程。一般包括存货周转期和应收账款周转期，这部分内容将在本书的第九章单独讨论。

第二节　现金管理

现金是可以立即投入流动的资金，它的首要特点是普遍的可接受性，即可以立即用来购买商品、劳务或偿还债务。现金是流动性最强的资产，拥有足够的现金对降低企业财务风险、增强企业资金的流动性具有十分重要的意义。

一、现金管理的目标

为了说明现金管理的目标，必须了解企业持有现金的动机。

（一）企业持有现金的动机

企业置存现金的原因，主要是满足交易性需要、预防性需要和投机性需要。

1. 交易性需要

交易性需要是指持有现金以便满足日常支付的需要，如用于购买材料、支付工资、交纳税款、支付股利等。企业的现金收支不可能完全同步，保留一定的现金余额可使企业在现金支出大于现金收入时，不致中断交易。

2. 预防性需要

预防性需要是指持有现金，以应付意外事件对现金的需求。企业有时会出现料想不到的开支，现金流量的不确定性越大，预防性现金的数额也就应越大；反之，若企业现金流量的可预测性强，预防性现金数额则可小些。此外，企业临时借款能力和企业愿意承担的风险程度也影响了预防性需要的现金的多少。

3. 投机性需要

投机性需要是指企业持有现金，以便当出现不寻常的购买机会时，（如遇有廉价原材料或其他资产供应的机会等）可用手头现金大量购入。

（二）现金管理的目标

现金管理的目标，是在保证企业生产经营所需现金的同时，节约使用资金，并从暂时闲置的现金中获得最多的利息收入。企业的库存现金没有收益，银行存款的利息率也远远低于企业的资金利润率。现金结余过多，会降低企业的收益；但现金太少，又可能会出现现金短缺，影响生产经营活动。现金管理应力求做到既保证企业交易所需资金，降低风险，又不使企业有过多的闲置现金，以增加收益。

（三）现金管理的内容

现金管理的内容包括：①编制现金计划，以便合理地估计未来的现金需求。②用特定的方法确定最佳现金余额，当企业实际的现金余额与理想的现金余额不一致时，采用短期融资策略或采用归还借款和投资于有价证券等策略来达到理想状况。③对日常的现金收支进行控制，力求加速收款，延缓付款。

二、现金计划的编制

编制现金收支计划，是为了预计计划期内企业现金的收支情况以及融资情况。这里所指的现金，是指库存现金和银行存款等货币资金。编制现金收支计划的目的，在于平衡现金收支，正确地调度资金，保证资金的正常供应。

编制现金收支计划的依据是企业各有关业务计划中的现金收支预算数以及其他有关资料。现金收支计划是通过编制现金收支计划表来实现的。该表通常包括以下4部分。

1. 现金收入

现金收入包括计划期初的现金余额和计划期内可能发生的现金收入，如产品销售应收回的账款、其他销售收入、提供作业和劳务收取的账款以及其他现款收入。

2. 现金支出

现金支出是指计划期内可能发生的所有现金支出，包括采购材料、支付工资、支付各种费用、交纳税金、支付股利、购置设备等方面的支出。

3. 现金多余或不足

现金收入与支出相抵后，若为正，则为现金多余；若为负，则为现金不足。若出现多余，就可以安排偿还借款或安排其他开支。若出现不足，则需设法筹集不足部分。现金多余或不足可用公式表示为：

现金多余（或不足）= 现金收入 − 现金支出

4. 融资

计划期内资金不足，应及时筹措资金，如向银行贷款、发放短期债券等，以保证生产经营活动对资金的正常需要。筹资时，应认真考虑筹资成本，在满足资金需要的前提下，正确选择筹资方式和金额，最大限度降低筹资成本。

根据有关资料和其他有关资料编制的现金收支计划表，如表4−1所示。

三、最佳现金持有量的确定

企业现金管理的一个非常重要的问题就是确定持有现金的数量。总的说来企业持有现金的数量应与企业的生产经营情况相对应，在实际工作中有几种确定最佳现金持有量的方法。

（一）成本分析模式

成本分析模式是通过分析持有现金的成本，以持有成本最低的现金持有量为最佳持有量的一种方法。

企业持有现金，会产生以下三种成本。

1. 机会成本

企业持有现金，将会使企业的部分经济资源处于现金状态，从而丧失了以其他形态参与经营获得收益的可能性。这种丧失的潜在收益就是企业持有现金的机会成本。假定某企业的资本成本为5%，企业年持有60万元的现金，那么该企业当年现金的机会成本为3万元（60×5%）。企业现金的机会成本与企业持有现金的数量成正比，持有金额越高，机会成本越高；持有金额越小，机会成本越低。企业在生产经营过程中，为了业务的需要，拥有一定量的现金是必需的，付出相应的机会成本也是必需的，但企业拥有过量的现金，机会成本过高，就不合算了。

表 4-1 现金收支计划表

(2006 年度) 单位：元

摘要		第一季度	第二季度	第三季度	第四季度	全年
期初现金余额		28 173	24 000	23 837	24 464	28 173
销售现金收入		176 000	169 600	132 800	161 600	640 000
合计		204 173	193 600	156 637	186 064	668 173
现金支出	材料采购	38 710	41 120	35 590	38 905	154 325
	人工支出	48 960	50 640	34 080	57 600	191 280
	制造费用支出	27 003	27 003	27 003	27 003	108 012
	销售及管理费支出	23 500	23 500	23 500	23 500	94 000
	购设备支出		5 000			5 000
	购长期债券	40 000				40 000
	支付所得税	2 000	2 000	2 000	2 000	8 000
	支付投资者股利	10 000	10 000	10 000	10 000	40 000
现在支出合计		190 173	159 263	132 173	159 008	640 617
现金多余或不足		14 000	34 337	24 464	27 056	27 556
银行借款（期初）		10 000				10 000
还款（期末）			-10 000			-10 000
利息（10%）			-5 00			-500
期末现金余额		24 000	23 837	24 464	27 056	27 056

注：利息 $=10\ 000$ 元 $\times \frac{6}{12} \times 10\% = 500$ 元

2. 管理成本

企业拥有现金，相应的会发生管理成本，比如管理人员的工资、安全措施费。现金的管理成本基本上是一种固定成本，与现金持有量之间没有直接的比例关系。所以，在处理现金的管理成本时，一般直接把它确定为一个具体的数值。在涉及现金的边际成本分析时，不考虑它。

3. 短缺成本

现金的短缺成本，是指在不考虑其他形态的资产变卖的情况下，企业由于缺乏必要的现金，不能应付业务开支所需，而给企业带来的损失或为此付出的代价。比如，丧失原料的购买能力，导致企业遭受丧失市场份额的损失；没有在合约规定的时期内付款，以后招致苛刻的信用条件。现金的短缺成本与现金的持有量成反比。一般说来，企业持有现金的数量越高，现金短缺成本越低；现金持有量越低，现金短缺成本越高。

企业持有现金的总成本就是上面 3 种成本的总和，三者之和最小时对应的现金持有数量就是最佳持有量。如果把刚才分析的 3 种成本与持有现金数量放在一个图上（见图 4-1)，3 种成本与持有量的关系就非常清晰了。机会成本与现金持有量成正比例关系，机会成本线向右上方倾斜；短缺成本与现金持有量成反比例关系，短缺成本线向右下方倾斜；管理成本与现金持有量没有明显的比例关系，管理成本线呈一条平行于横轴的直线；总成本线是一条抛物线，该抛物线的最低点对应的现金持有量就是最佳现金持有量。在这一点之前，短缺成本的上升的代价会大于机会成本下降的好处；在这一点之后，机会成本的上升的代价会大于短缺成本下降的好处。

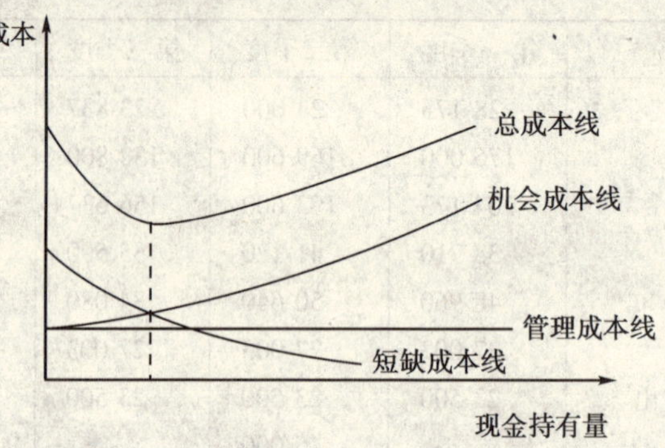

图 4－1　现金的持有量与成本的关系

在实际工作中，可以分别计算出现金的机会成本、现金的管理成本和现金的短缺成本，然后相加，比较不同方案的总成本，以总成本最低的现金持有量为最佳现金持有量。

【例 1】某企业有三种现金持有方案，具体情况见表 4－2。请确定最佳现金持有量（企业的资本成本假设为 10%，现金管理成本假设为 5 000 元）。

表 4－2　现金持有量与相关的成本　　单位：元

项目＼方案	甲	乙	丙
现金持有量	30 000	40 000	50 000
机会成本	3 000	4 000	5 000
管理成本	5 000	5 000	5 000
短缺成本	12 000	10 000	8 000

根据题目给出的信息，计算结果见表 4－3。

表 4－3　最佳现金持有量的测算　　单位：元

项目＼方案	甲	乙	丙
现金持有量	30 000	40 000	50 000
机会成本	3 000	4 000	5 000
管理成本	5 000	5 000	5 000
短缺成本	12 000	10 000	9 500
总成本	20 000	19 000	19 500

将上表计算的结果加以比较可知，乙方案总成本最低，在已有的3种方案中乙方案对应的40 000元是最佳的现金持有量。

（二）存货模式

从上面的成本分析模式中知道，企业平时持有较多的现金，会降低现金的短缺成本，但也会增加现金的机会成本；而平时持有较少的现金，现金的机会成本降低，但会增加现金的短缺成本。企业的现金管理总是处于这种两难境地。如果我们这样设想，企业平时持有较少的现金，同时拥有一定量流动性较强的有价证券投资，当企业的现金周转不灵时，通过出售有价证券来获得现金。这样一来，既解决了现金短缺问题，又能减少现金的机会成本。但是出售有价证券并不是免费的，这个过程需要必要的成本。出售有价证券的成本反映为交易成本。如果企业随意地进行转换交易，庞大的交易成本也可能加重企业的现金成本，使企业得不偿失。因此，如何确定企业每次转换的金额以及一个经济周期内转换的次数就成为一个需要解决的问题。这可以用现金持有量的存货模式来分析。

沿用现金持有量的成本分析模式，我们对有价证券到现金转换过程的成本进行分析来揭示该模式。企业每次将有价证券转换为现金是要付出代价的（如支付交易经纪费用），这里我们称之为现金的交易成本。现金的交易成本与现金转换的次数以及每次转换的金额有关。为了方便分析的进行，我们假定现金的每次交易成本是固定的，或者认为现金的交易成本只与现金转换的次数有关。企业在一定的经济周期内现金使用的数量确定的前提下，每次转换的金额越大，企业平时持有的现金量便越大，现金机会成本越高，转换的次数就越少，现金的交易成本就越少；反之，每次转换的金额越小，企业平时持有的现金数量越低，现金机会成本越低，转换次数就越多，现金交易成本就越高。同样，我们将现金机会成本和现金交易成本放在一个图上（见图4－2），便可以分析出现金机会成本、现金交易成本与现金持有量的关系。

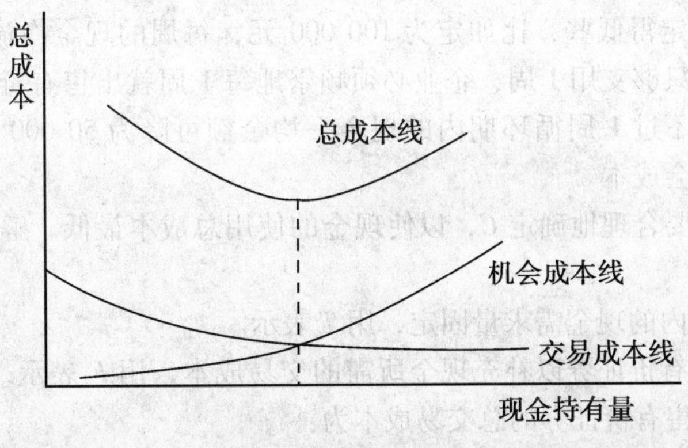

图4－2　成本分析图

在图4－2中，我们发现现金机会成本与现金持有量成正比例关系，现金机会成本线向右上方倾斜；现金交易成本与现金持有量成反比例关系，现金交易成本线向右下方倾斜；总成本线呈一条抛物线。抛物线的最低点对应的现金持有量就是最佳现金持

有量。

我们现在借助一个企业的实际情况来说明该模式的应用。假设某企业的现金使用量是均衡的，每周的现金净流出量为 100 000 元。若该企业当前（第 0 周开始时）持有现金 200 000 元（用字母 C 表示），那么这些现金够企业支用两周，在第二周结束时现金持有量将降为零，其两周内的平均现金持有量则为 100 000 元（200 000 ÷ 2，用 $C/2$ 表示）。第三周开始时，企业需将 200 000 元的有价证券转换为现金以备支用。待第四周结束时，现金持有量再次降为零，这两周内的现金平均余额仍为 100 000 元。如此循环，企业一段时期内的现金持有状况可表现为如图 4－3 所示。

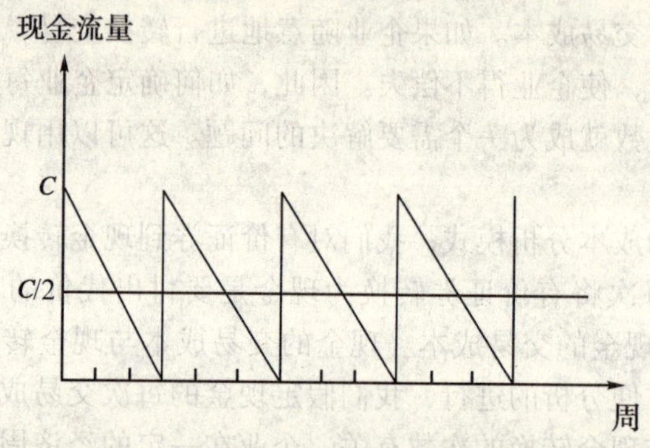

图 4－3　现金持有变动模式

如果企业将 C 定得高些，比如定为 300 000 元，每周的现金净流出量仍为 100 000 元，这些现金将够支用 3 周，企业可以在 3 周后再出售有价证券补充现金，这能够减少现金的交易成本。但 3 周内的现金平均余额将增加为 150 000 元（300 000 ÷ 2），这又会增加现金的机会成本。

如果企业将 C 定得低些，比如定为 100 000 元，每周的现金净流出量还是 100 000 元，那么这些现金只够支用 1 周，企业必须频繁地每 1 周就出售有价证券，这必然增加现金的交易成本。不过 1 周循环期内的现金平均余额可降为 50 000 元（100 000 ÷ 2），这降低了现金的机会成本。

于是，企业需要合理地确定 C，以使现金的使用总成本最低。解决这一问题先要明确 3 点：

（1）一定期间内的现金需求量固定，用 T 表示。

（2）每次出售有价证券以补充现金所需的交易成本，用 F 表示，假设一次为 1 000 元；一定时期内出售有价证券的总交易成本为：

$$\text{交易成本} = \frac{T}{C} \times F$$

（3）持有现金的机会成本，即有价证券的利率，用 K 表示，假设为 10%。一定时期内持有现金的总机会成本表示为：

$$\text{机会成本} = \frac{C}{2} \times K$$

在以上的举例中，企业一年的现金需求量为100 000（元）×52周=5 200 000（元）。该企业有几种确定C的方案，每种方案对应的机会成本和交易成本，分别见表4－4、表4－5。

表4－4　现金机会成本计算表　　单位：元

初始现金持有量 C	平均现金持有量 $C/2$	机会成本（$C/2$）×K
100 000	50 000	5 000
200 000	100 000	10 000
300 000	150 000	15 000
400 000	200 000	20 000
600 000	300 000	30 000

表4－5　现金交易成本计算表　　单位：元

现金总需求量（T）	初始现金持有量（C）	转换次数（T/C）	交易成本（T/C）×F
5 200 000	100 000	52	52 000
5 200 000	200 000	26	26 000
5 200 000	300 000	17.3	17 300
5 200 000	400 000	13	13 000
5 200 000	600 000	8.7	8 700

计算出了各种方案的机会成本和交易成本，将它们相加，就可以得到各种方案的总成本：

$$总成本=机会成本+交易成本$$

$$=\frac{C}{2}\times K+\frac{T}{C}\times F$$

该企业各种初始现金持有量方案的总成本见表4－6。

表4－6　现金总成本计算表　　单位：元

初始现金持有量	机会成本	交易成本	总成本
100 000	5 000	52 000	57 000
200 000	10 000	26 000	36 000
300 000	15 000	17 300	32 300
400 000	20 000	13 000	33 000
600 000	30 000	8 700	38 700

表4－6显示出，当企业的初始现金持有量为300 000元时，现金总成本最低。以上结论是通过对各种初始现金持有量方案的逐次成本计算得出的。此外，也可以利用数学

公式求出成本最低的现金持有量，这一现金持有量称为最佳现金持有量，以 C^* 表示。

从图 4－2 中已经知道，最佳现金持有量 C^* 是机会成本线与交易成本线交叉点所对应的现金持有量，因此 C^* 应当满足：

机会成本＝交易成本

即：

$$\frac{C^*}{2}\times K=\frac{T}{C^*}\times F$$

整理后，可得出：

$$C^{*2}=\frac{2T\times F}{K}$$

等式两边分别取平方根，有：

$$C^*=\sqrt{\frac{2TF}{K}}$$

本例中，$T=5\ 200\ 000$ 元，$F=1\ 000$ 元，$K=0.1$，利用上述公式即可计算出最佳现金持有量为：

$$C*=\sqrt{(2\times 5\ 200\ 000\times 1\ 000)\quad \div 0.1}$$
$$=322\ 490\ （元）$$

为了验证这一结果的正确性，可以计算出比 322490 元略高和略低的几种现金持有量的成本，比较它们的高低，见表 4－7。

表 4－7　现金总成本计算表

单位：元

初始现金持有量	机会成本	交易成本	总成本
330 000	16 500	15 758	32 258
325 000	16 250	16 000	32 250
322 490	16 124.5	16 124.5	32 249
320 000	16 000	16 250	32 250
305 000	15 250	17 049	32 299

表 4－7 说明，不论初始现金持有量高于还是低于 322 490 元，总成本都会升高，所以 322 490 元是最佳的现金持有量。

现金持有量的存货模式是一种简单、直观的确定最佳现金持有量的方法。但它有严格的假设条件，其中主要有假定企业的现金流出量固定不变，假设企业的现金随时间平均流出，实际上这很少有。相比而言，那些适用于现金流量不确定的控制最佳现金持有量的方法，就显得更具普遍应用性。

（三）随机模式

随机模式是在现金需求量难以预知的情况下进行现金持有量控制的方法。对企业来讲，现金需求量往往波动大且难以预知，不可能完全符合存货模式的假设条件。但存货模式为我们开辟了一条通过有价证券转换为现金来调节现金持有量的方向。具体的做法：企业根据历史经验和未来需要，测算出一个现金持有量的控制范围，即制定出现金

持有量的上限和下限，将现金量控制在上下限之内。当现金量达到控制上限（用 H 表示）时，即现金“过剩”，此时可以用现金购入有价证券，使现金持有量下降，以减少现金的机会成本。当现金量降到控制下限（用 L 表示）时，即现金将要“短缺”，此时则抛售有价证券换回现金，使现金持有量回升，减少现金短缺成本。若现金量在控制的上下限之内，便不必进行现金与有价证券的转换，保证它们各自的现有存量。这里我们所提到的现金与有价证券之间的转换，只是进行了定性分析，那么具体情况下，转换的数量为多少呢？我们引进一个新的术语：最优返还线 R。最优返还线 R 是指当现金出现与有价证券转换时，转换后的现金余额，它与上限（H）、下限（L）的关系按下列公式计算：

$$R=\sqrt[3]{\frac{3b\delta^2}{4i}+L}+L$$

$$H=3R-2L$$

式中，b——每次有价证券的固定转换成本；

i——有价证券的日利息率；

δ——预期每日现金余额变化的标准差（可根据历史资料测算）。

企业的现金存量（表现为现金每日余额）是随机波动的，当其达到上限金额时，企业应用现金购买有价证券，使现金持有量回落到现金返回线（R）的水平；当现金存量降至下限时，企业则应转让有价证券换回现金，使其存量回升至最优返回线的水平。现金存量在上下限之间的波动属控制范围内的变化，是合理的，不予理会。其中下限 L 的确定，则要受到企业每日的最低现金需要、管理人员的风险承受倾向等因素的影响。我们以一个实例来说明该模式的应用。

【例 2】假定某公司有价证券的年利率为 9%，每次固定转换成本为 50 元，公司认为任何时候其银行活期存款及现金余额不能低于 1 000 元，又根据以往经验测算出现金余额波动的标准差为 800 元。最优现金返回线 R、现金控制上限 H 的计算为：

有价证券日利率 $=9\%\div360=0.025\%$

$$R=\sqrt[3]{\frac{3b\delta^2}{4i}+L}+L=\sqrt[3]{\frac{3b\delta^2}{4i}+L}+1000=5\ 579\text{（元）}$$

$$H=3R-2L=3\times5\ 579-2\times1\ 000=14\ 737\text{（元）}$$

这样，当公司的现金余额达到 14 737 元时，即应以 9 158 元（14 737 − 5 579）的现金去投资于有价证券，使现金持有量回落为 5 579 元；当公司的余额降至 1 000 元时，则应转让 4 579 元（5 579 − 1 000）的有价证券，使现金持有量回升为 5 579 元。

随机模式建立在企业的现金未来需求总量和收支不可预测的前提下，因此计算出来的现金持有量比较保守。而且，容易受预测人员对风险的态度的影响。

四、现金收支管理

（一）现金收支管理的原则

现金收支管理的目的在于提高现金使用效率，为达到这一目的，应当遵循以下几方面的工作原则。

1. 力争现金流量同步

如果企业能尽量使它的现金流入与现金流出发生的时间趋于一致，就可以使其所持有的交易性现金余额降到最低水平。这就是所谓现金流量同步，既满足了交易的需要，同时降低了现金的机会成本。这是现金收支管理的理想境界，实际工作中很难做到。任何行业都有经营周期，往往采购高峰期并不是销售的高峰期。这样一来，在销售高峰期有“过剩”的现金；在采购高峰期，会面临现金不足的情况。

2. 使用现金浮游量

从企业开出支票，收票人收到支票并存入银行，至银行将款项划出企业账户，中间需要一段时间。现金在这段时间的占用称为现金浮游量。在这段时间里，尽管企业已开出了支票，却仍可使用在活期存款账户上的这笔资金。不过，在使用现金浮游量时，一定要控制好使用时间，否则会发生银行存款的透支。

3. 加速收款

这主要指缩短应收账款的时间。发生应收款会增加企业资金的占用；但它又是必要的，因为它可以扩大销售规模，增加销售收入。问题在于如何既利用应收款吸引顾客，又缩短收款时间。这要在两者之间找到适当的平衡点，并需实施妥善的收账策略。

4. 推迟应付款的支付

推迟应付款的支付，是指企业在不影响自己信誉的前提下，尽可能地推迟应付款的支付期，充分运用供货方所提供的信用优惠。如遇企业急需现金，甚至可以放弃供货方的折扣优惠，在信用期的最后一天支付款项。当然，这要权衡折扣优惠与急需现金之间的利益得失而定。

（二）现金的日常控制

1. 严格遵守现金管理的有关规定

按照现行制度，国家有关部门对企业使用现金有如下规定：

（1）规定了现金的使用范围。该范围包括：支付职工工资、津贴；支付个人劳务报酬；根据国家规定颁发给个人的科学技术、文化艺术、体育等各种奖金；支付各种劳保、福利费用以及国家规定的对个人的其他支出；向个人收购农副产品和其他物资的价款；出差人员必须随身携带的差旅费；结算点以下的零星支出；中国人民银行确定需要支付现金的其他支出。

（2）规定了库存现金限额。企业库存现钞，由其开户银行根据企业的实际需要核定限额，一般以3~5天的零星开支额为限。

（3）不得坐支现金。即企业不得从本单位的人民币现钞收入中直接支付交易款。现钞收入应于当日终了时送存开户银行。

（4）不得出租、出借银行账户。

（5）不得签发空头支票和远期支票。

（6）不得套用银行信用。

（7）不得保存账外公款，包括不得将公款以个人名义存入银行和保存账外现钞等各种形式的账外公款。

2. 做好转账结算

根据我国有关规定，各单位之间的一切经济往来，包括产品销售、劳务供应等的结

算，除结算点以下的零星开支外，都应通过银行进行转账结算。银行转账结算的方式很多，现根据 1989 年 4 月 1 日实施的银行结算办法介绍几种主要结算方式：

(1) 银行汇票。银行汇票是汇款人将款项交存当地银行，由银行签发给汇款人持往异地办理转账结算或支取现金的票据。银行汇票具有如下特点：适用范围广，单位、个体经营户和个人向异地支付各种款项都可使用；使用灵活方便，持票人既可以将汇票转让给销货单位，也可以通过银行办理分次支付或转汇；用款及时，这种汇票随人到，有利于单位和个人急需用款和及时采购；安全可靠，个体户和个人可以持填明“现金”字样的汇票到兑付银行支取现款，避免因长途携带现款而带来的风险。

(2) 商业汇票。商业汇票是由收款人或付款人（或承兑申请人）签发，由承兑人承兑，并于到期日向收款人或背书人支付款项的票据。商业汇票可以分为商业承兑汇票和银行承兑汇票两种。商业承兑汇票是由收款人签发，经付款人承兑，或由付款人签发并承兑的票据。商业汇票具有如下特点：便于开展商业信用，商业汇票适用于企业单位先发货后付款或双方约定延期付款的商品贸易，在购货单位资金暂不足的情况下，可开出承兑汇票销售或购买商品；比较安全可靠，商业汇票一般都经承兑人承兑，承兑人即付款人，负有到期无条件支付票款的责任，汇票具有较强的信用，能保证销货单位收回货款；经贴现可获取现金，持有商业汇票的单位，如果在汇票未到期时急需现金，可持承兑的汇票向银行申请贴现，获取现金；允许背书转让，商业汇票允许背书转让，企业单位凭票据即可进行商品贸易，便于商品流通。

(3) 支票。支票是银行的存款人签发给收款人办理结算或委托开户银行将款项支付给收款人的票据。支票分为现金支票和转账支票两种。现金支票可以到银行支取现款，也可以转账，转账支票只能用于转账结算。支票结算方式具有如下特点：支票手续简便、灵活；支票只适用于同城或一定区域范围内的货币收支结算；收款单位把支票送交银行，必须待银行收妥对方款项方能入账用款。

(4) 汇兑。汇兑是汇款人委托银行将款项汇给异地收款人的结算方式。汇兑分为信汇和电汇两种，汇款人可根据需要选用。汇兑结算方式具有以下特点：汇兑用于异地各种款项的结算，便于汇款人向异地主动付款；结算手续简便，款项划转迅速。

(5) 委托收款。委托收款是收款人向银行提供收款依据，委托银行向付款人收取款项的结算方式。委托收款具有如下特点：委托收款在同城、异地均可办理，不受金额起点限制；委托收款的使用范围较广，它适用于在银行开户的单位和个体经营户各种款项的结算，也适用于水电、邮电、电话等劳务款项的结算；这种结算方式便于单位主动收款。

(6) 托收承付。托收承付是由销货单位向银行托收，而由购货单位向其开户行承付的一种结算方式。托收就是销货单位根据经济合同发运产品或提供劳务后，委托开户行向指定的购货单位收取款项；承付就是购货单位根据经济合同核对单证或验货后，向开户银行以默认的方式承认付给款项。购货单位在承付期（一般为 3 天）内，因故不同意付款时，应填制拒绝承付理由书送交银行，拒绝承付款项。托收承付结算方式有如下特点：托收承付结算方式只适用于有经济合同的商品贸易，以及因商品贸易而发生的劳务供应款项，不适用于非商品贸易性质的结算；采用这种结算方式，银行可监督销货单位按期发货，购货单位按期付款；企业采用托收承付结算方式，货物运出后可向银行办理结算借款；托收承付结算方式主要采用行政手段，可能引起销货方利用银行信用盲目生产，强制购货方接受次品，购货方又可不讲信用任意拖欠货款，这是这一结算方式的最大缺点。

银行结算是商品交换的媒介，搞好银行结算工作，对加速商品流通、加快资金周转都具有重要意义。企业应根据具体情况，选用适当的结算方式，以加快账款回收，提高资金利用效果。

3. 做好银行存款的管理

企业超过库存现金限额的现金，应存入银行，由银行统一管理。企业银行存款主要有以下四种类型：

（1）结算户存款。结算户存款是指企业为从事结算业务而存入银行的款项。其资金主要来自企业出售商品的货款、提供劳务的收入、从银行取得的贷款、财政和上级主管部门的拨款等。结算户存款企业随时可以支取，具有与库存现金一样灵活的购买力，比较灵活方便。但结算户存款的利息率很低，企业获得的报酬很少。

（2）单位定期存款。单位定期存款是企业按银行规定的存储期限存入银行的款项。企业向开户行办理定期存款，应将存款金额从结算户转入结算户，不能直接提取现金。单位定期存款的利息率较高，但使用不太方便，只有闲置的、一定时期内不准备动用的现金才能用于定期存款。

（3）专项存款。专项存款是企业将具有特定来源和专门用途的资金存入银行而形成的存款。如科技3项费用拨款等的存款。

（4）信托存款。信托存款是银行信托部门受企业委托代为管理和营运的款项。

加强对银行存款的管理具有重要意义，企业应做好以下几项工作：按期对银行存款进行清查，保证银行存款安全完整；当结算户存款结余过多，一定时期内又不准备使用时，可转入定期存款，以获取较多的利息收入；与银行保持良好的关系，使企业的借款、还款、存款、转账结算能顺利进行。

第三节　应收账款管理

应收账款是企业流动资产的一个重要组成部分。近几年，随着商品经济的发展，商业信用的推行，企业应收账款数额明显增多，应收账款的管理对企业而言越来越重要。这里所说的应收账款是指因对外销售产品、材料、供应劳务或其他原因，应向购货单位或接受劳务的单位及其他单位收取的款项，包括应收销售款、其他应收款、应收票据等。

一、应收账款管理的目标

企业应收账款发生的原因，主要有以下两种：

第一，商业竞争。这是发生应收账款的主要原因。在社会主义市场经济条件下，存在着激烈的商业竞争。竞争机制迫使企业以各种手段扩大销售。除了依靠产品质量、价

格、售后服务、广告等外，赊销也是扩大销售的手段之一。赊销可以为顾客提供商业信用，缓解顾客的财务压力，所以在同等的商品销售条件下，采用赊销可以扩大销售金额。由于扩大销售的竞争需要，企业以赊销方式招揽顾客，于是就产生了应收账款。竞争引起的应收账款是一种商业信用。

第二，销售和收款的时间差距。商品成交的时间和收到货款的时间常常不一致，这也会导致应收账款。当然，现实生活中现金销售是很普遍的，特别是零售企业更是常见。不过就一般批发和大量生产企业来讲，发货的时间和收到货款的时间往往不同。这是因为货款结算需要时间。结算手段越是落后，结算所需时间就越长，此时产生的应收账款不会给销售企业带来销售金额的扩大，不会带来任何好处，但销售企业只能承认这种现实并承担由此引起的资金垫支。由销售和收款的时间差而造成的应收账款，不属于商业信用，也不是应收账款的主要内容，本节内容将不再对它进行深入讨论，而只讨论属于商业信用的应收账款的管理。

既然企业发生应收账款的主要原因是扩大销售，增强竞争力，那么其管理的目标就是追求利润。应收账款是企业的一项资金投放，是为了扩大销售和盈利而进行的投资。而投资肯定要发生成本，也要冒一定的风险，这就需要在应收账款信用政策所增加的盈利和这种政策的成本及风险之间作出权衡。只有当应收账款所增加的盈利超过所增加的成本时，才应当实施应收账款赊销。如果应收账款赊销有着良好的盈利前景，就应当放宽信用条件增加赊销量，以获得良好的经济效益。综合上述原因，可以将应收账款管理的目标表述为：在充分发挥应收账款扩大销售、增强竞争的同时，权衡由此增加的收益与增加的成本及风险，最大限度地提高应收账款的投资效益。

二、应收账款管理成本

企业为扩大销售、增强竞争而保持的应收账款是要付出代价的。这种代价就是应收账款的成本。应收账款的成本主要有以下三种：

1. 机会成本

它是指将资金投放于应收账款而不能作他用所丧失的投资收益。一笔资金只能用于一项投资，而不能同时用于其他方面。将资金垫支在应收账款上就失去了其他投资的机会，也就放弃了获得其他投资收益的机会。这种放弃的投资收益对企业来讲是一种损失，也就是投资于应收账款所付出的代价。这一代价通常与企业占用在应收账款的资金数额和资金成本的大小有关，其计算公式为：

应收账款的机会成本 = 应收账款占用资金 × 资本成本

应收账款占用资金 = 应收账款平均余额 × 变动成本率

应收账款平均余额 = 日销售额 × 平均收现期

如某企业预计2006年度的赊销收入为720 000元，变动成本率为60%，资金成本为10%，平均收款期40天，则：

应收账款平均余额 = 720 000/360 × 40 = 80 000 元

应收账款占用资金 = 80 000 × 60% = 48 000 元

应收账款的机会成本 = 48 000 × 10% = 4 800 元

2. 管理成本

它是指对应收账款进行管理发生的支出，包括收账费用、客户的信用调查费，收集信息费用、账簿记录费用等。

3. 坏账成本

它是指因债务人破产或死亡等使应收账款确实无法收回而造成的损失。这种损失一般与应收账款成正比例。

三、应收账款信用政策

应收账款赊销的效果好坏，依赖于企业的信用政策。信用政策是对应收账款进行管理而制定的基本原则和要求，是财务管理的主要组成部分。包括信用期间、信用标准和现金折扣政策。

（一）信用期间

信用期间是指企业允许顾客从购货到付款之间的时间；或者说是企业给予顾客的付款期间。例如，若某企业允许顾客在购货后的50天内付款，则信用期为50天。信用期过短，不足以吸引顾客，在竞争中会使销售额下降；信用期过长，对销售额增加固然有利，但只顾及销售增长而盲目放宽信用期，所得的收益有时会被增长的费用抵消，甚至造成利润减少。因此，企业必须慎重研究，确定恰当的信用期。

信用期的确定，主要是通过分析改变现行信用期对收入和成本的影响。信用期变化给企业带来的影响主要表现在：延长信用期，会使销售额增加，在企业产品边际贡献率不变的情况下，会产生收益的增加；同时，应收账款余额加大，占用资金多，相应的资金的机会成本（应收账款占用资金的利息）加大，各项与应收账款相关的费用（收款费用、坏账损失）也会相应的增加。如果缩短信用期，会使销售额减少，在企业产品边际贡献率不变的情况下，会产生收益的减少，同时，应收账款余额减少，占用资金少，相应的资金的机会成本（应收账款占用资金的利息）减少，各项与应收账款相关的费用（收款费用、坏账损失）也会相应减少。如果通过考察，收益增加大于费用的增加时，可以改变信用期，追求较高的收益，否则不宜改变信用期。

下面以一个实例来分析企业信用期的改变对企业收益的影响，并以此决定改变信用期是否可行。

【**例3**】某公司现在采用30天按发票金额付款的信用政策，公司拟将信用期放宽至60天，仍按发票金额付款即不给折扣，设等风险投资的最低报酬率为15%，其他有关的数据见表4－8。

表4－8　不同信用期的相关资料　　单位：元

项目＼信用期	30天	60天
销售量（件）	100 000	120 000
销售额（元）（单价5元）	500 000	600 000
销售成本（元）		

续表 4-8

变动成本（每件4元）	400 000	480 000
固定成本（元）	50 000	50 000
毛利（元）	50 000	70 000
可能发生的收账费用（元）	3 000	4 000
可能发生的坏账损失（元）	5 000	9 000

在分析时，先计算放宽信用期得到的增加收益，然后计算增加的成本，最后根据两者比较的结果作出判断。

① 收益的增加：

收益的增加 = 销售量的增加 × 单位边际贡献

$= (120\,000 - 100\,000) \times (5-4) = 20\,000$（元）

② 应收账款的机会成本：

30 天信用期的机会成本 $= \frac{500\,000}{360} \times 30 \times \frac{400\,000}{500\,000} \times 15\% = 5\,000$（元）

60 天信用期的机会成本 $= \frac{600\,000}{360} \times 60 \times \frac{480\,000}{600\,000} \times 15\% = 12\,000$（元）

机会成本净增加 $= 12\,000 - 5\,000 = 7\,000$（元）

③ 收账费用和坏账损失增加：

收账费用增加 $= 4\,000 - 3\,000 = 1\,000$（元）

坏账损失增加 $= 9\,000 - 5\,000 = 4\,000$（元）

④ 改变信用期的税前损益：

收益增加 - 成本费用增加 $= 20\,000 - (7\,000 + 1\,000 + 4\,000) = 8\,000$（元）

由于收益的增加大于成本增加，故应采用 60 天的信用期。

上述信用期分析的方法是比较简略的，可以满足一般制定信用政策的需要。如有必要，也可以进行更细致的分析。企业在改变信用期的同时，不单是企业的应收账款余额和相关费用的变化，企业的其他资产可能也会发生变化，比如企业的存货持有量也会变化，如果进一步考虑销货增加引起存货增加而多占用的资金，那么结果也就会更准确。在下面的例子中我们同时考虑存货占用水平的变化对企业信用期改变的影响。

【例 4】 沿用上例，现假定信用由 30 天改为 60 天，由于销售量的增加，平均存货水平将从 9 000 件上升到 20 000 件，每件存货成本按变动成本 4 元计算，其他情况相同。

由于增添了新的存货增加因素，需在原来分析的基础上，再考虑存货增加而多占用资金所带来的影响，重新计算放宽信用的损益。

存货增加而多占用资金的利息 $= (20\,000 - 9\,000) \times 4 \times 15\% = 6\,600$（元）

改变信用期的税前收益 $= 8\,000 - 6\,600 = 1\,400$（元）

因为仍然可以获得税前收益，所以尽管会增加平均存货，还是应该采用 60 天的信用期。

此外，还有一个值得注意的细节，就是"应收账款占用资金"应当按"应收账款平

均余额乘以变动成本率”的计算确定。因为，在分析企业信用期改变问题时，我们关注的是企业的边际收益的变化情况。企业的“应收账款平均余额”在计算口径上包含了“不变”的固定成本转化部分，而这部分与我们的分析思路不相关，它与企业的资金成本相乘后的结果属于不相关成本部分。

（二）信用标准

信用标准，是指顾客可以获得企业交易信用所应具备的条件。企业在实际的商业交易过程中，针对顾客的实际情况是否达到信用标准而提供不同的信用优惠。企业在提供信用优惠时主要考察顾客赖账的可能性。某个特定的顾客赖账可能性的大小可以通过一定的指标来考察。常用的是以下五个方面：

1. 品质

品质指顾客的信誉，即履行偿债义务的可能性。企业必须设法了解顾客过去的付款记录，看其是否有按期如数付款的一贯做法及与其他供货企业的关系是否良好。这一点经常视为评价顾客信用的首要因素。

2. 能力

能力指顾客的偿债能力，即其流动资产的数量和质量以及与流动负债的比例。顾客的流动资产越多，其转换为现金支付款项的能力越强。同时，还应注意顾客流动资产的质量，看是否有存货过多、过时或质量下降，影响其变现能力和支付能力的情况。

3. 资本

资本指顾客的财务实力和财务状况，表明顾客可能偿还债务的背景。

4. 抵押

抵押指顾客拒付款项或无力支付款项时能被用作抵押的资产。这对于不知底细或信用状况有争议的顾客尤为重要。一旦收不到这些顾客的款项，便以抵押品抵补。如果这些顾客提供足够的抵押，就可以考虑向他们提供相应的信用。

5. 条件

条件指可能影响顾客付款能力的经济环境。比如，万一出现经济不景气，会对顾客的付款产生什么影响，顾客会如何做等等，这需要了解顾客在过去困难时期的付款历史。

（三）现金折扣政策

现金折扣是企业对顾客在商品价格上所做的扣减。向顾客提供这种价格上的优惠，主要目的在于吸引顾客为享受优惠而提前付款，缩短企业的平均收款期，降低应收账款余额，从而降低应收账款占用资金应计利息；另外，现金折扣也能招揽一些视折扣为减价出售的顾客前来购货，借此扩大销售量，达到延长信用期的效果。但是，现金折扣并不是无代价的，企业需要做出少收款项的代价。一般而言，现金折扣常用分数表示，如5/10、3/20、*N*/30。这3种符号的含义为：5/10表示10天内付款，可享受5%的价格优惠，即只需支付原价的95%，如原价为10 000元，只支付9 500元；3/20表示20天内付款，可享受3%的价格优惠，即只需支付原价的97%，若原价为10 000元，只需支付9 700元；*N*/30表示付款的最后期限为30天，此时付款无任何优惠。

企业采用什么程度的现金折扣，要与信用期间结合起来考虑，以获得增量收益为标

准。比如，要求顾客最迟不超过30天付款，若希望顾客20天、10天付款，能给予多大折扣？如果给予5%、3%的折扣，能吸引顾客在多少天内付款？无论是信用期间还是现金折扣，都可能给企业带来收益，但也会增加成本，即给顾客的价格折扣所带来的损失。当企业给予顾客某种现金折扣时，应当考虑折扣所能带来的收益与成本孰高孰低，当带来的收益大于新增加的成本时，就选择该现金折扣方案；反之亦然。

因为实际分析现金折扣问题时往往是与信用期间结合使用的，所以，确定折扣程度的方法实际上与前述确定信用期间的方法与程序一致，只不过要把所提供的延期付款时间和折扣综合起来，看各方案的延期与折扣能取得多大的收益增量，再计算各方案带来的成本变化，最终确定最佳方案。假设在例3的基础上加进现金折扣，看看现金折扣政策的应用。

【例5】沿用例3，假定该公司在放宽信用期的同时，为了吸引顾客尽早付款，提出了0.8/30，*N*/60的现金折扣条件，估计会有一半的顾客（按60天信用期所能实现的销售量计）将享受现金折扣优惠，销量没有明显的变化。

① 增加的收益：

收益的增加＝销售量的增加×单位边际贡献

$$=(120\ 000-100\ 000)\times(5-4)=20\ 000\text{（元）}$$

② 应收账款占用资金应增加的机会成本：

$$30\text{天信用期的机会成本}=\frac{500\ 000}{360}\times 30\times\frac{400\ 000}{500\ 000}\times 15\%=5\ 000\text{（元）}$$

$$\text{提供现金折扣的机会成本}=\left(\frac{600\ 000\times 50\%}{360}\times 60\times\frac{480\ 000\times 50\%}{600\ 000\times 50\%}\times 15\%\right)+\left(\frac{600\ 000\times 50\%}{360}\times 30\times\frac{480\ 000\times 50\%}{600\ 000\times 50\%}\times 15\%\right)$$

$$=6\ 000+3\ 000$$

$$=9\ 000\text{（元）}$$

机会成本增加＝9 000－5 000＝4 000（元）

③ 收账费用和坏账损失增加：

收账费用增加＝4 000－3 000＝1 000（元）

坏账损失增加＝9 000－5 000＝4 000（元）

④ 估计现金折扣成本的变化：

现金折扣成本增加＝新的销售水平×新的现金折扣率×享受现金折扣的顾客比例－旧的销售水平×旧的现金折扣率×享受现金折扣的顾客比例

$$=600\ 000\times 0.8\%\times 50\%-500\ 000\times 0\times 0$$

$$=2\ 400\text{（元）}$$

⑤ 提供现金折扣后的税前损益：

收益增加－成本费用增加＝20 000－(4 000＋1 000＋4 000＋2 400)

$$=8\ 600\text{（元）}$$

通过比较，采用现金折扣政策情况下，相对于没有提供现金折扣政策而言，企业获得了增量税前收益（8600元＞0），故应当放宽信用期，提供现金折扣。

四、应收账款的日常管理

（一）企业信用调查

对顾客的信用进行评价是应收账款日常管理的重要内容。只有正确地评价顾客的信用状况，才能合理地制定企业的信用政策。要想合理地评价顾客的信用，必须对顾客信用进行调查，搜集有关的信息资料。信用调查有两类。

1. 直接调查

直接调查是指调查人员直接与被调查单位接触，通过当面采访、询问、观看、记录等方式获取信用资料的一种方法。直接能保证搜集资料的准确性和及时性，但若不能得到被调查单位的合作，则会使调查资料不完整。

2. 间接调查

间接调查是以被调查单位以及其他单位保存的有关原始记录和核算资料为基础，通过加工整理获得被调查单位信用资料的一种方法。这些资料主要来自如下几个方面：

（1）财务报表。有关单位的财务报表是信用资料的重要来源。通过财务报表分析，基本上能掌握一个企业的财务状况和盈利状况。

（2）信用评估机构。许多国家都有信用评估的专门机构，定期发布有关企业的信用等级报告。例如，杜恩和布瑞德思特公司（Dun&Bradstreet）就是美国一家著名的信用评估机构。

我国的信用评估机构目前可分为3种形式：第一种是独立的社会评估机构，它们只根据自身的业务吸收有关专家参加，不受行政干预和集团利益的牵制，独立自主地开办信用评估业务；第二种是中国人民银行负责组织的评估机构，一般吸收专业银行和各部门专家进行评估；第三种是由专业银行组织的评估机构，由专业银行组织专家对其客户进行评估。

在评估等级方面，目前主要有两种：第一种采用三类九级制（即把企业的信用情况分为AAA、AA、A、BBB、BB、B、CCC、CC、C九等，AAA为最优等级，C为最差等级)。第二种采用三级制（即成AAA、AA、A)。专门的信用评估部门通常评估方法先进，评估调查细致，评估程序合理，可信度较高。

（3）银行。银行是信用资料的一个重要来源，因为许多银行都设有信用部，为其顾客提供服务。但银行的资料一般仅愿在同业之间交流，而不愿向其他单位提供。因此，如外地有一笔较大的买卖，需要了解顾客的信用状况，最好通过当地开户银行，向其咨询有关信用资料。

（4）其他。如财税部门、消费者协会、工商管理部门、企业的上级主管部门、证券交易部门等。另外，书籍、报刊、杂志等也可提供有关顾客的信用情况。

（二）企业信用评估

搜集好信用资料后，要对这些资料进行分析，并对顾客信用状况进行评估。信用评估的方法很多，这里介绍两种常见的方法：5C评估法和信用评分法。

1. 5C评估法

所谓5C评估法，是指重点分析影响信用的5个方面的一种方法。这5个方面英文

的第一个字母都是C，即：品质（Character）、能力（Capacity）、资本（Capital）、抵押（Collateral）和条件（Conditions），故称之为5C分析法。相关的每个指标的具体含义见信用标准部分。

2. 信用评分法

信用评分法是先对一系列财务比率和信用情况指标进行评分，然后进行加权平均，得出顾客综合的信用分数，并以此进行信用评估的一种方法。

（三）收款的日常管理

应收账款发生后，企业应采取各种措施，尽量争取按期收回款项，否则会因拖欠时间过长而发生坏账，使企业蒙受损失。这些措施包括对应收账款回收情况的监督、对坏账损失的事先准备和制定适当的收账政策。

1. 应收账款回收情况的监督

企业已经发生的应收账款时间有长有短，有的尚未超过收款期，有的则超过了收款期。一般来讲，拖欠时间越长，款项收回的可能性越小，形成坏账的可能性越大。对此，企业应实施严密的监督，随时掌握回收情况。实施对应收账款回收情况的监督，可以通过编制账龄分析表进行。

账龄分析表是一张能显示应收账款在外天数（账龄）长短的报告，其格式见表4－9。

表4－9　账龄分析表　　2005年12月31日

应收账款账龄	账户数量	金额（元）	百分率（%）
信用期内	180	80 000	50
超过信用期1～30天	80	40 000	25
超过信用期31～60天	40	20 000	12.5
超过信用期61～120天	20	20 000	12.5
合计	320	160 000	100

利用账龄分析表，企业可以了解到以下情况：

（1）有多少欠款尚在信用期内。表4－9显示，有价值80 000元的应收账款处在信用期内，占全部应收账款的50%。这些款项未到偿付期，欠款是正常的；但到期后能否收回，还要待时再定，故及时的监督仍是必要的。

（2）有多少欠款超过了信用期。超过时间长短的款项各占多少，有多少欠款会因拖欠时间太久而可能成为坏账。表4－9显示，有价值40 000元的应收账款已超过了信用期（信用期为30天），占全部应收账款的25%，这部分欠款收回的可能性很大；拖欠时间较长的（31～60天）有20 000元，占全部应收账款的12.5%，这部分欠款的回收有一定难度；拖欠时间很长的（60天以上）有20 000元，占全部应收账款的12.5%，这部分欠款有可能成为坏账。对不同拖欠时间的欠款，企业应采取不同的收账方法，制定出经济、可行的收账政策；对可能发生的坏账损失，则应提前作出准备，充分估计这一因素对损益的影响。

2. 收账政策的制定

企业对各种已过期账款的不同催收方式，包括准备为此付出的代价，就是它的收账政策。比如，对过期较短的顾客，不过多地打扰，以免将来失去这一市场；对过期稍长的顾客，可措词婉转地写信催款；对过期较长的顾客，频繁的信件催款并电话催询；对过期很长的顾客，可在催款时措词严厉，必要时提请有关部门仲裁或提起诉讼等等。

常见的收款方法有以下几种：

（1）讲理法。讨债人要有礼貌地说明理由。坚持说理，以理服人，无故拖欠货款是不应该的，已对债权人产生消极影响，造成经济损失。若不及时付款，引起法律纠纷，对双方都不利。

（2）恻隐术法。讨债人应讲清自己的困难，说明本身的危险处境，以打动债务人的恻隐之心，使债务人良心发现，按时付款。

（3）疲劳战法。抓住欠债企业的一两个领导人（如厂长、总会计、财务科长）长期软磨硬泡，坚持打持久战，不达目的决不罢休，总有一天，该领导人意志瓦解，终于同意付款。

（4）激将法。用语言刺激债务人，使其懂得若不及时付款将会损害他的形象和尊严，对方为了面子，不得不及时付款。

（5）软硬术法。软硬兼施，由两个人讨债，一人态度强硬，寸步不让；另一人态度和蔼，以理服人，如果二人配合得好，会收到较好效果。

催收账款要发生费用，某些催款方式的费用还会很高（如诉讼费）。一般说来，收账的花费越大，收账措施越有力，可收回的账款应越多，坏账损失也就越小。因此制定收账政策，又要在收账费用和所减少坏账损失之间作出权衡。制定有效、得当的收账政策很大程度上靠有关人员的经验；从财务管理的角度讲，也有一些数量化的方法可以参照。根据收账政策的优劣决定于应收款总成本是否最小化的道理，可以通过比较各收账方案成本的大小对其加以选择。

第四节　存货管理

一、存货管理的目标

存货是指企业在生产经营过程中为销售或者耗用而储备的物资，包括材料、燃料、低值易耗品、在产品、半成品、产成品、协作件、商品等。企业流动资产中，存货占的比重较大，一般约占流动资产的40%~60%。存货利用程度的好坏，对企业财务状况的影响极大。因此，加强存货的规划与控制，使存货保持在最优水平便成为财务管理的一项重要内容。

如果工业企业能在生产投料时随时购入所需的原材料，或者商业企业能在销售时随时购入该项商品，就不需要存货。但实际上，企业总有储存存货的需要，并因此占用或多或少的资金。这种存货的需要出自以下原因：

第一，保证生产或销售的经营需要。储存必要的原材料、在产品和产成品，可以保

证生产和销售的正常进行。实际上，企业很少能做到随时购入生产或销售所需的各种物资，即使是市场供应量充足的物资也如此。这不仅因为不时会出现某种材料的市场断档，还因为企业距供货点较远而需要必要的途中运输及可能出现的运输故障。一旦生产或销售所需物资短缺，生产经营将被迫停顿，造成损失。为了避免或减少出现停工待料、停业待货等事故，企业需要储存存货。

第二，出自成本的考虑。适当储存原材料和产成品，便于组织均衡生产，降低产品成本；有的企业生产的产品属于季节性产品，有的企业产品需求很不稳定。如果根据需求状况时高时低地进行生产，有时企业的生产能力可能得不到充分的利用，有时又出现超负荷生产，这些情况都会使企业的生产成本提高。为了降低生产成本，实行均衡生产，就要储备一定的产成品，也要相应地保持一定量的原材料存货。适当的批量采购可以享受供货方提供的各种商业优惠，从而降低采购成本。零购物资的价格往往较高，而整批购买在价格上常有优惠。

第三，留有各种存货的保险储备，可以防止意外事件造成的损失。采购、运输、生产和销售过程中，都可能发生意料之外的事故，保持必要的存货保险储备，可以避免或减少损失。

无论对何种企业，保持适当的存货是必要的，但是，过多的存货要占用较多的资金，并且会增加包括仓储费、保险费、维护费、管理人员工资在内的各项开支。存货占用资金是有成本的，占用过多会使利息支出增加并导致利润的损失，各项开支的增加更直接地使成本上升。进行存货管理，就要尽力在各种存货成本与存货效益之间作出权衡，达到两者的最佳结合，这也就是存货管理的目标。

二、存货决策

（一）存货相关成本分析

企业要加强对存货的管理，就要发生各种支出。这些支出就构成了存货管理的成本。为便于存货决策分析，在讨论存货的相关成本时，可采用成本形态分析方法，将总成本与特定业务量的关系划分为变动成本和固定成本。所谓变动成本是指在一定范围内与业务量成正比例的成本，它在规定的范围内随业务量的变化而变化，单位业务量的变动成本为一个固定值。所谓的固定成本是指在一定的范围内，总金额不随业务量变化而变化的成本，随着业务量的递增，单位业务量的固定成本呈递减状态变化。与储备存货有关的成本，根据业务性质的不同，可以划分为以下三种。

1. 取得成本

取得成本指为取得某种存货而支出的总成本，通常用 TC_a 来表示。根据业务性质，又将其分为订货成本和购置成本。

（1）订货成本。订货成本指为了取得订单而发生的成本，如办公费、差旅费、邮资、电报电话费等支出。在对订货成本进行成本性态分析时，把订货次数视为“业务量”，根据成本性态分析，订货成本中有一部分与订货次数（业务量）无关，如常设采购机构的基本开支等，称为订货的固定成本，用 F_1 表示；另一部分与订货次数有关，如差旅费、邮资等，称为订货的变动成本。每次订货的变动成本用 K（假设 K 值固定）表示；订货次数等于存货年需要总量 D 与每次进货量 Q 之商。订货成本的计算公式为：

$$订货成本 = F_1 + \frac{D}{Q}K$$

(2) 购置成本。购置成本指存货本身的价值，经常用数量与单价的乘积来确定。根据购置成本的含义可知，如果全年的需要量 D 确定、单价 U 确定，成本年需要量用 D 表示，单价用 U 表示，于是购置成本为 DU。

订货成本加上购置成本，就等于存货的取得成本。其公式可表达为：

取得成本 = 订货成本 + 购置成本

= 订货固定成本 + 订货变动成本 + 购置成本

$$TC_a = F_1 + \frac{D}{Q}K + DU$$

2. 储存成本

储存成本指为储存存货而发生的成本，包括存货占用资金所应计的利息（若企业用现有现金购买存货，便失去了现金存放银行或投资于证券等应取得的利息，称为“放弃利息”；若企业借款购买存货，便要支付利息费用，称为“付出利息”）、仓库费用、保险费用、存货破损和变质损失等，通常用 TC_c 来表示。

此外，我们视储存量为“业务量”对存货的储存成本进行性态分析，储存成本也分为固定成本和变动成本。固定成本与存货数量的多少无关，如仓库折旧、仓库职工的固定月工资等，常用 F_2 表示。变动成本与存货的数量有关，如存货资金的应计利息、存货的破损和变质损失、存货的保险费用等，单位成本用 K_c 来表示。则用公式表达的储存成本为：

储存成本 = 储存固定成本 + 储存变动成本

$$TC_c = F_2 + K_c\frac{Q}{2}$$

3. 缺货成本

缺货成本指由于存货供应中断而造成的损失，包括材料供应中断造成的停工损失、产成品库存缺货造成的拖欠发货损失和丧失销售机会的损失（还应包括需要主观估计的商誉损失）；如果生产企业以紧急采购代用材料解决库存材料中断之急，那么缺货成本表现为紧急额外购入成本（紧急额外购入的开支会大于正常采购的开支）。缺货成本用 TC_S 表示。

如果以 TC 来表示存货的总成本，它的计算公式为：

$$TC = TC_a + TC_c + TC_s$$

$$= F_1 + \frac{D}{Q}K + DU + F_2 + K_c\frac{Q}{2} + TC_s$$

企业存货的最优化，即上式 TC 值最小，即企业的存货既满足了生产和销售的需要，成本又最低。

(二) 存货经济批量决策

存货的采购决策涉及四项内容：决定进货项目（存货的种类）、选择供应单位、决定进货时间和决定进货批量。决定进货项目和选择供应单位是销售部门、采购部门和生

产部门决策的结果。财务部门要做的是决定进货时间和决定进货批量（分别用 T 和 Q 表示）。按照存货管理的目的，需要通过合理的进货批量和进货时间，既满足生产和销售的需要，又使存货的总成本最低，对应的这个批量叫做经济订货量或经济批量（用 Q^* 表示）。有了经济订货量，可以很容易地找出最适宜的进货时间和进货周期。

与存货总成本有关的变量（即影响总成本的因素）很多，为了解决比较复杂的问题，有必要简化或舍弃一些变量，先研究解决简单的问题，然后再扩展到复杂的问题。这需要设立一些假设，在此基础上建立经济订货量和基本模型。

1. 经济订货量的基本模型

在学习经济订货量基本模型之前，我们对该模型设定一些假设：

（1）企业能够及时补充存货，即需要订货时便可立即取得存货，市场不会出现断档。

（2）每次采购的货物能集中到货，而不是陆续入库。

（3）不允许缺货，即无缺货成本，TC_S 为零，这是因为良好的存货管理本来就不应该出现缺货成本。

（4）需求量稳定，并且能预测，即 D 为已知常量。

（5）存货单价不变，即 U 为已知常量。

（6）企业现金充足，不会因现金短缺而影响进货。

（7）所需存货市场供应充足，不会因买不到需要的存货而影响其他。

设立了上述假设后，存货总成本的公式可以简化为：

$$TC = F_1 + \frac{D}{Q}K + DU + F_2 + K_C\frac{Q}{2}$$

当 F_1、K、D、U、F_2、K_C 为常数量时，TC 的大小取决于 Q。为了求出 TC 的极小值，对其进行求导演算，可得出下列公式：

$$Q^* = \sqrt{\frac{2KD}{K_c}}$$

这一公式称为经济订货量基本模型，求出的每次订货批量，可使 TC 达到最小值。这个基本模型还可以演变为其他形式：

每年最佳订货次数公式：

$$N^* = \frac{D}{Q^*} = \frac{D}{\sqrt{\frac{2KD}{K_c}}} = \sqrt{\frac{DK_c}{2K}}$$

与批量有关的存货总成本公式：

$$TC_{(Q^*)} = \frac{KD}{\sqrt{\frac{2KD}{K_c}}} + \frac{\sqrt{\frac{2KD}{K_c}}}{2} \cdot K_c = \sqrt{2KDK_c}$$

最佳订货周期公式：

$$t^* = \frac{1}{N^*} = \frac{1}{\sqrt{\frac{DK_c}{2K}}}$$

公式中的“1”代表1年。

经济订货量占用资金公式：

$$i^* = \frac{Q^*}{2} \cdot U = \frac{\sqrt{\frac{2KD}{K_c}}}{2} \cdot U = \sqrt{\frac{KD}{2K_c}} \cdot U$$

【例6】某企业每年耗用某种材料3 600千克，该材料单位成本10元，单位存储成本为2元，一次订货成本25元。则：

$$Q^* = \sqrt{\frac{2KD}{K_c}} = \sqrt{\frac{2 \times 3600 \times 25}{2}} = 300\text{（千克）}$$

$$N^* = \frac{D}{Q^*} = \frac{3600}{300} = 12\text{（次）}$$

$$TC（Q^*）= \sqrt{2KDK_c} = \sqrt{2 \times 25 \times 3600 \times 2} = 600\text{（元）}$$

$$t^* = \frac{1}{N^*} = \frac{1}{12}\text{（年）} = 1\text{（月）}$$

$$i^* = \frac{Q^*}{2} \cdot U = \frac{300}{2} \times 10 = 1500\text{（元）}$$

经济订货量也可以用图解法求得：先计算出一系列不同批量下的成本，然后在图中计算出由各有关成本构成的订货成本、储存成本线和总成本线，总成本线的最低点（或者是订货成本和储存成本相等的交接点）相对应的批量，即为经济订货量。

根据例6计算出不同批量下的有关成本指标见表4－10。

表4－10　不同批量下的成本　　单位：元

订货批量	100	200	300	400	500	600
平均存量	50	100	150	200	250	300
储存成本	100	200	300	400	500	600
订货次数	36	18	12	9	7.2	6
订货成本	900	450	300	225	180	150
总成本	1 000	650	600	625	680	750

根据表中不同批量的有关成本变动情况及成本指标的计算中可以很清楚地看出，当订货批量为300千克时总成本最低，小于或大于这一批量都是不合算的。

【例7】某企业全年耗用A材料总金额50万元，每次订购费为700元，仓库保管费率为平均存货价值的10%，要求计算该种材料在当年的最优订购次数、每次最佳订购量、每次订购时间间隔。

① 求最佳订购次数：

$$N=\sqrt{\frac{DK_c}{2K}}=\sqrt{\frac{500000\times0.1}{2\times700}}=6\text{（次/年）}$$

② 每次最佳订购量：

$$Q=\frac{D}{N}=\frac{5\times10^4}{6}=8\ 333\text{（元）}$$

③ 每次订购时间间隔：

$$\frac{360}{6}=60\text{（天）}$$

2. 基本模型的扩展

经济订货量的基本模型是在前述各种假设条件下建立的，但现实生活中能够满足这些假设条件的情况十分罕见。为使模型更接近于实际情况，具有较高的适用性，需逐一放宽假设，同时改进模型。

（1）订货提前期。一般情况下，企业的存货不能做到随用随时补充，因此不能等存货用光再去订货，而需要在没有用完时提前订货。在提前订货的情况下，企业再次发出订货单时，尚有存货的库存量，称为再订货点，用 R 来表示。它的数量等于交货时间（L）和每日平均需用量（d）的乘积：

$$R=L\cdot d$$

以例 7 为例，如果企业的订货日至到货日的时间为 10 天，每日存货耗用量为 10 千克，那么：

$$R=L\cdot d=10\times10=100\text{（千克）}$$

即企业在尚存 100 千克存货时，就应当发出订货单，等到下批订货到达时（再次发出订货单 10 天后），原有库存刚好用完。此时，有关存货的每次订货批量、订货次数、订货间隔时间等并无变化，与瞬时补充时相同。这就是说，订货提前期对经济订货量并无影响，可仍以原来瞬时补充情况下的 300 千克为订货批量，只不过在达到再订货点（库存 100 千克）时即发出订货单罢了。

（2）存货陆续供应和使用。在建立基本模型时，是假设存货一次全部入库，故存货增加时存量变化为一次性增加。事实上，各批存货可能陆续入库，使存量陆续增加。尤其是产成品入库和在产品转移，几乎总是陆续供应和陆续耗用的。在这种情况下，需要对基本模型做一些修改。

【例 8】某零件年需用量（D）为 3 600 件，每日送货量（P）为 30 件，每日耗用量（d）为 10 件，单价（U）为 10 元，一次订货成本（生产准备成本）（K）为 25 元，单位储存变动成本（K_c）为 2 元。

设每批订货数为 Q，由于每日送货量为 P，故该批货全部送达所需日数为 Q/P，称之为送货期。

因零件每日耗用量为 d，故送货期内的全部耗用量为：$\frac{Q}{P}\cdot d$

平均存量则为：$\frac{1}{2}\left(Q-\frac{Q}{P}\cdot d\right)$

这样，与批量有关的总成本为：

$$TC(Q)=\frac{D}{Q}\cdot K+\frac{1}{2}(Q-\frac{Q}{P}\cdot d)\cdot K_c$$
$$=\frac{D}{Q}\cdot K+\frac{Q}{2}(1-\frac{d}{P})\cdot K_c$$

在订货变动成本与储存变动成本相等时，TC（Q）有最小值，故存货陆续供应和使用的经济订货量公式为：

$$\frac{D}{Q}\cdot K=\frac{Q}{2}(1-\frac{d}{P})\cdot K_c$$
$$Q^*=\sqrt{\frac{2KD}{K_c}\cdot\frac{P}{P-d}}$$

将这一公式代入上述 TC（Q）公式，可得出存货陆续供应和使用的经济订货量总成本公式：

$$TC(Q^*)=\sqrt{2KDK_c(1-\frac{d}{P})}$$

将上述例题数据代入，则：

$$Q^*=\sqrt{\frac{2\times25\times3600}{2}\times\frac{30}{30-10}}=367(\text{件})$$

$$TC(Q^*)=\sqrt{2\times25\times3600\times2\times(1-\frac{10}{30})}=490(\text{元})$$

陆续供应和使用的经济订货量模型，还可以用于自制和外购的选择决策。自制零件属于边送边用的情况，单位成本可能较低，但每批零件投产的生产准备成本比一次外购订货的订货成本可能高出许多。外购零件的单位成本可能较高，但订货成本可能比较低。要在自制零件和外购零件之间作出选择，需要全面衡量它们各自的总成本，才能得出正确的结论。这时，就可借用陆续供应或瞬时补充的模型。

【例 9】某生产企业使用 A 零件，可以外购，也可以自制。如果外购，单价 4 元，一次订货成本 10 元；如果自制，单位成本 3 元，每次生产准备成本 600 元，每日产量 50 件。零件的全年需求量为 3 600 件，储存变动成本为零件价值的 20%，每日平均需求量为 10 件。

下面分别计算零件外购和自制的总成本，以选择较优的方案。

① 外购零件的总成本：

$$Q^*=\sqrt{\frac{2KD}{K_c}}=\sqrt{\frac{2\times109\times3\ 600}{4\times0.2}}=300\ (\text{件})$$

$$TC\ (Q^*)\ =\sqrt{2KDK_c}=\sqrt{2\times10\times3\ 600\times4\times0.2}=240\ (\text{元})$$

$$TC=DU+TC\ (Q^*)\ =3\ 600\times4+240=14\ 640\ (\text{元})$$

② 自制零件的总成本：

$$Q^*=\sqrt{\frac{2KD}{K_c}\cdot\frac{P}{P-d}}=\sqrt{\frac{2\times600\times3\ 600}{3\times0.2}\times\frac{50}{50-10}}=3\ 000\ (\text{件})$$

$$TC(Q^*)=\sqrt{2KDK_c\cdot(1-\frac{d}{P})}=\sqrt{2\times600\times3\ 600\times3\times0.2\times(1-\frac{10}{50})}=1\ 440(\text{元})$$

$$TC = DU + TC\ (Q^*) = 3\ 600 \times 3 + 1\ 440 = 12\ 240\ (元)$$

由于自制零件的总成本（12 240 元）低于外购零件的总成本（14 640 元），故以自制零件为宜。

③ 保险储备：

以前讨论假定存货的供需稳定且已知，即每日需求量不变，交货时间也固定不变。实际上，每日需求量可能变化，交货时间也可能变化。按照某一订货批量（如经济订货批量）和再订货点发出订单后，如果需求增大或送货延迟，就会发生缺货或供货中断。为防止由此造成的损失，就需要多储备一些存货以备应急之需，称为保险储备（安全存量）。这些存货在正常情况下不动用，只有当存货过量使用或送货延迟时才动用。

假设某种材料的年需用量（D）为 3 600 件，已计算出经济订货量为 300 件，每年订货 12 次。又知全年平均日需求量（d）为 10 件，平均每次交货时间（L）为 10 天。为防止需求变化引起缺货损失，设保险储备量（B）为 100 件，再订货点 R 由此而相应提高为：

$$\begin{aligned} R &= 交货时间 \times 平均日需求 + 保险储备 \\ &= L \cdot d + B = 10 \times 10 + 100 = 200\ (件) \end{aligned}$$

三、存货日常管理

存货的分级分口控制，是加强存货日常管理的一种重要方法。这一管理方法包括如下 3 项内容：

1. 在厂长经理的领导下，财务部门对存货资金实行统一管理

企业必须加强对存货资金的集中、统一管理，促进供、产、销互相协调，实现资金使用的综合平衡，加速资金周转。财务部门的统一管理主要包括如下几方面工作：① 根据国家财务制度和企业具体情况制定企业资金管理的各种制度；② 认真核定各种资金占用数额，汇总编制存货资金计划；③ 把有关计划指标进行分解，落实到有关单位和个人；④ 对各单位的资金运用情况进行检查和分析，统一考核资金的使用情况。

2. 实行资金的归口管理

根据使用资金和管理资金相结合，物资管理和资金管理相结合的原则，每项资金由哪个部门使用，就归哪个部门管理。各项资金归口管理的分工一般如下：① 原材料、燃料、包装物等资金归供应部门管理；② 在产品和自制半成品归生产部门管理；③ 产成品资金归销售部门管理；④ 工具用具占用的资金归设备动力部门管理。

3. 实行资金的分级管理

各归口的管理部门要根据具体情况将资金计划指标进行分解，分配给所属单位或个人，层层落实，实行分级管理。具体分解过程可按如下方式进行：① 原材料资金计划指标可分配给供应计划、材料采购、仓库保管、整理准备各业务组管理；② 在产品资金计划指标可分配给各车间、半成品库管理；③ 成品资金计划指标可分配给销售、仓库保管、成品发运各业务组管理。

本章小结

随着企业财务管理职能的加强，企业营运资金管理在企业财务管理中的地位越来越重要，本章就现金、应收账款、存货3种流动资产的管理进行讲解。

（一）现金管理

1. 现金管理的目标

在保证需要的前提条件下，尽可能节约，降低现金的相关成本。

2. 最优现金持有量确定的方法

成本分析模式，以现金的成本最低为标准确定持有量的一种方法；存货模式，以存货批量采购模式分析现金持有量的一种方法；随机模式，在需求量等条件不确定的情况下，采用设定现金持有范围来处理现金持有金额的一种方法。

3. 现金的日常管理

严格遵守现金管理的有关规定；做好转账结算；加强银行存款的管理。

（二）应收账款管理

1. 应收账款管理的目标

通过修改应收账款信用政策来达到获得增量经济收益。

2. 应收账款管理成本包括机会成本、管理成本、坏账成本

应收账款的决策包括是否延长或缩短信用期的决策、信用标准的选择、现金折扣条件的确定等。

3. 应收账款日常管理包括对企业进行信用调查、信用评估以及收账政策的制定等。

（三）存货管理

1. 存货管理的目标是通过批量采购，寻找总成本最低对应的经济批量

2. 存货决策包括存货决策的基本模型、存货提前采购模型、陆续到货模型、缺货成本存在模型

3. 存货的日常管理要求对存货进行分级分口管理

第五章

项目投资管理

XIANG MU TOU ZI GUAN LI

目的要求：

项目投资的关键首先要正确确定投资带来的现金流量，其次，计算各种投资决策指标，并熟练运用各种指标进行评价。通过本章学习，学生应理解项目投资的概念、特点、一般程序；项目投资现金流量的概念、构成及估算方法。重点掌握现金流量的内容及计算，各种项目投资决策评价指标的计算方法及其优缺点，把握各种贴现指标之间的关系；熟练掌握项目投资决策评价方法的具体应用。

第一节 项目投资管理概述

一、项目投资的概念

项目投资是一种以特定项目为对象，直接与新建项目或更新改造项目有关的长期投资行为。通常包括一个项目中的固定资产投资、无形资产投资和流动资产投资等内容。

项目投资管理是指包括投资项目的论证、决策和实施等全过程的一系列管理，但本章将重点阐述项目投资决策过程的管理，其中又以投资项目的财务评价为主。

二、项目投资的类型

项目投资的对象简称项目，它是用于界定投资客体范围的概念。工业企业投资主要分为以新增生产能力为目的的新建项目投资和以恢复或改善原有生产能力为目的的更新改造项目投资两大类。显然，前者属于外延式扩大再生产的类型，后者属于简单再生产或内涵式扩大再生产的类型。

新建项目按其涉及的内容还可以进一步细分为单纯固定资产投资项目和完整工业投资项目。单纯固定资产投资项目简称固定资产投资，其特点在于在投资中只包括为取得固定资产而发生的垫支资本投入，而不涉及周转资本的投入。完整工业投资项目不仅包括固定资产投资，而且还涉及流动资产投资，甚至包括诸如无形资产等其他长期资产项目的投资。因此，不能简单地将项目投资理解为固定资产投资。

三、项目投资计算期

项目投资计算期是指投资项目从投资建设开始到最终清理结束整个过程所需要的全部时间，即该项目的有效持续时间，一般以年为计量单位。由于项目投资的规模往往较大，需要较长的建设时间，所以，常常将投资项目计算期分为建设期和生产经营期。其中建设期（记作 s，$s\geqslant0$）的第一年年初（记作第0年）称为建设起点，建设期的最后一年年末（第 s 年）称为投产日。项目计算期的最后一年年末（记作第 n 年）称为终结点，从投产日到终结点之间的时间间隔称为生产经营期（记作 p，$p>0$）。生产经营期包括试产期和达产期（完全达到设计生产能力）。项目计算期、建设期和生产经营期三者之间的关系可以表示为 $n=s+p$。项目投资计算期对评价结果将产生重大影响，所以，必须力求准确。

四、项目投资资金的确定及投入方式

原始总投资是反映投资项目所需现实资金的价值指标。从项目投资的角度看，原始总投资等于企业为使投资项目完全达到设计生产能力，开展正常经营而投入的全部现实资金。

投资总额是反映项目投资总体规模的价值指标，它等于原始总投资与建设期资本化利息之和。其中，建设期资本化利息是指在建设期发生的与构建项目所需的固定资产、无形资产等长期资产有关的借款利息费用。

从时间特征上看，项目投资的资金注入方式可分为一次投入和分次投入两种。一次投入方式是指投资行为集中一次发生在项目计算期第一个年度的年初或年末；如果投资行为涉及两个或两个以上年度，或虽只涉及一个年度但同时在该年的年初和年末发生，则属于分次投入方式。

五、项目投资的特点

项目投资是一种长期投资，相对于短期投资而言，项目投资一般具有以下特点：

（一）投资金额大

项目投资，特别是新建项目投资的规模往往较大，需要投入较多的资金，在企业总资产中占有相当大的比重。因此，项目投资一般对企业现金流量和财务状况有很大的影响。这就要求企业合理安排资金预算，适时筹集资金，尽可能减轻企业的财务负担。

（二）投资次数少

与流动资产投资相比，项目投资发生的次数不太频繁，特别是规模较大的项目投资，一般都要几年、几十年才发生一次，这就使财务人员有比较充足的时间对投资项目进行可行性研究。

（三）回收时间长

项目投资决策一经做出，便会在较长的时间内影响企业。一般的投资项目回收时间少则几年，多则几十年，因此是一种长期投资行为，并对企业今后长期的经济效益甚至对企业的前途和命运都有着决定性的影响。这就要求企业在进行项目投资时必须小心谨慎，认真进行可行性分析研究。

（四）变现能力差

项目投资一旦完成，要想改变是相当困难的，不是无法实现就是代价太大，这是因为厂房和机器设备等固定资产和其他长期资产不易改变用途，变现能力差，具有不可逆转性。

（五）投资风险大

项目投资的风险较大，一方面是由于项目投资的数额大、回收时间长和变现能力差，必然造成投资风险增加；另一方面是由于投资项目交付使用后的收益情况受到企业内、外部各种因素的影响，这些因素之间的相互关系又是错综复杂的，而且投资项目寿命长，影响企业的盈亏时间也长，因此，由于企业无法对未来各因素的变化作出完全准确的预测，投资风险往往会很大。所以，企业应采用专门的方法进行风险投资决策。

六、项目投资的一般程序

以上特点决定了项目投资具有相当大的风险，一旦决策失误，它对企业的财务状况和现金流量将会产生严重的影响。因此，项目投资是企业决策的重要组成部分，其制定和实施必须遵循特定的程序。项目投资的程序一般包括以下几个步骤：

（一）投资项目的提出

企业中各个部门、各个级别的管理人员都可以提出新的投资项目。一般而言，企业的高层领导提出的大多属于战略性投资项目，其方案由生产、市场、财务等各方面专家组成的专门小组拟定；中层或基层人员提出的主要是战术性投资项目，其方案由主管部门组织人员拟定。

（二）投资项目的评价

对投资项目进行评价的主要步骤有：一是计算有关投资项目的预计收入和成本，预测投资项目未来的现金流量；二是利用各种投资项目评价指标，把各项投资按可行性大小的顺序进行排队；三是写出评价报告，呈递有关部门批准。

（三）投资项目的决策

对投资项目进行评价后，企业领导者应作出最后决策。对于投资额较小的项目，有时中层经理就有决策权；投资额较大的项目一般由总经理决策；投资额特别大的项目，应由董事会甚至股东大会投票表决。无论由谁最后决策，都会产生以下几种可能：① 接受该项目，可以进行投资；② 拒绝该项目，不能进行投资；③ 返还给项目提出部门，重新进行调查研究后，再进入决策程序。

（四）投资项目的实施

决定对某项目进行投资后，首先，要制定项目投资计划，加强对工程进度、工程质量、施工成本等方面的控制，使投资项目按预算规定保质如期完成；其次，要积极筹措资金，以便顺利实施投资方案。

（五）投资项目的再评价

在投资项目的执行过程中，一旦出现原决策方案未预计到的国家政策、市场环境、企业内部环境等方面的重大变化，而导致原来可行的投资方案变得不合理，则要对投资决策是否中途停止作出决策或采取其他补救措施，力求减少损失。

第二节　现金流量

项目投资的上述特点决定了项目投资决策分析的重要性。一个重大的投资项目决策失误，可能将会对企业产生重大的影响，甚至因此破产倒闭，因此，在进行项目投资决策分析时，需要认真考虑并综合分析各种因素对项目投资的影响，以此作出正确的决策。影响项目投资决策的主要因素有：货币时间价值、投资风险价值、现金流量、资金成本等。其中，货币时间价值、投资风险价值、资金成本已在前面讲述。本章着重介绍项目投资需考虑的一个重要因素——现金流量。

一、现金流量的概念

项目投资决策对企业财务的实质性影响主要表现在现金流量方面。所谓现金流量，是指一个投资项目引起的现金支出和现金收入增加的数量。这里的“现金”是广义的现金概念，它不仅包括各种货币资金，而且还包括项目需要投入的企业现有的非货币资源的变现价值。例如，一个新建项目需要使用原有的厂房、设备等，则厂房、设备的变现价值也是评价这一新建项目时应考虑的相关现金流量。

现金流量可以动态地反映该投资项目的投入和产出的相对关系，这是计算项目投资决策评价指标的主要依据和重要信息，其本身也是评价项目投资是否可行的基础性数据。为方便确定现金流量的具体内容，简化现金流量的计算过程，首先作出以下假设：

1. 财务可行性分析假设

即假设项目投资决策从企业投资者的立场出发，只考虑该项目是否具有财务可行性，而不考虑该项目是否具有国民经济可行性和技术可行性。

2. 全投资假设

即假设在确定投资项目的现金流量时，只考虑全部投资的运动情况，而不具体考虑和区分哪些是自有资金，哪些是借入资金，即使是借入资金也将其视为自有资金处理。

3. 建设期间投入全部资金假设

即假设项目投资的资金都是在建设期投入的，在生产经营期没有发生投资。

4. 经营期和折旧年限一致假设

即假设项目投入的主要固定资产的折旧年限或使用年限与经营期相同。

5. 时点指标假设

为了便于利用资金时间价值的形式，将项目投资决策所涉及的价值指标都作为时点指标处理。其中，建设投资在建设期内有关年度的年初或年末发生；流动资金投资则在建设期末发生；经营期内各年的收入、成本、摊销、利润、税金等项目的确认均在年末发生；新建项目最终报废或清理所产生的现金流量均发生在终结点。

二、现金流量的构成

从内容上看，现金流量由现金流出量、现金流入量和现金净流量 3 个部分构成。

（一）现金流出量

现金流出量是指由于项目投资而引起的企业现金支出的增加额。主要包括投放在固定资产上的资金、项目建成投产后为正常生产经营活动而投放在流动资产上的资金，以及为使机器设备正常运转而投入的维修费用等。

（二）现金流入量

现金流入量是指由于项目投资而引起的企业现金收入的增加额。主要包括原有固定资产的变价收入、经营利润、项目终结时固定资产报废的残值收入和原垫支在各种流动资产上的资金的收回以及固定资产折旧费等。其中，由于计提的折旧费并没有发生实际的现金流出，因此，视其为一项现金流入。

（三）现金净流量

现金净流量（Net Cash Flow，NCF）是指一定期间内现金流入量和现金流出量的差额。这里所说的一定期间，可以按一年计，也可以按投资项目延续的整个年限计。当现金流入量大于现金流出量时，现金净流量为正值；反之，为负值。在进行项目投资决策时，应考虑不同时期的现金净流量，也就是要计算每年现金净流量，其计算公式为：

年现金净流量＝年现金流入量－年现金流出量

从时间上看，一个项目从准备投资到项目结束，经历了项目准备期及建设期、生产经营期和项目终结期3个阶段。因此，从这一角度看，投资决策中的现金流量，由初始现金流量、营业现金流量和终结现金流量3个部分构成。

1. 初始现金流量

初始现金流量是指开始投资时发生的现金流量，包括现金流入量和现金流出量，在项目的初始投资阶段，主要是现金的流出。一般由以下几个部分构成：

（1）固定资产投资，包括固定资产的购入或建造成本、运输成本和安装成本等。

（2）流动资产投资，包括投入的材料、工资、现金等。投资在流动资产上的资金一般在项目结束时将全部收回。

（3）其他方面的投资，包括与固定资产投资有关的职工培训费、注册费等。

（4）原有固定资产的变价收入，这主要是指固定资产更新时原有固定资产的变价收入。

初始现金净流量＝初始阶段的现金流入量－初始阶段的现金流出量

2. 营业现金流量

营业现金流量是指项目投入使用后，在其生产经营期间内所发生的现金流入和现金流出的数量。其中，现金流入一般是指营业现金收入，现金流出是指营业现金支出和缴纳的税金。假设一个投资项目的年营业收入均为现金收入，扣除折旧其他须摊销的费用后的营业成本均为现金支出（这部分成本称为付现成本，即每年需要实际支付现金的成本），则每年的营业现金净流量可以表示为：

年营业现金净流量（NCF）＝营业收入－付现成本－所得税

＝（营业收入－付现成本－折旧）×（1－所得税率）＋折旧

＝年净利润＋年折旧

3. 终结现金流量

终结现金流量是指投资项目完结时所发生的现金流量，主要包括：

(1) 固定资产的残值收入或变价收入。

(2) 原有垫支在各种流动资产上的资金的收回。

(3) 项目清理过程中发生的清理费。

终结现金净流量＝终结阶段的现金流入量－终结阶段的现金流出量

三、投资项目现金流量分析中应注意的问题

1. 在增量的基础上考虑现金流量

在项目投资决策评价中所提及的现金流量指的是相关现金流量，即由某个投资项目引起的现金流量，这些现金流量都与投资决策有关。如果一笔现金流量在没有某一投资项目时均会发生，那么它就不是相关的现金流量。

在确定投资项目的相关现金流量时，应遵循的基本原则：只有增量现金流量才是与项目相关的现金流量。所谓增量现金流量，是指接受或拒绝某个投资方案后，企业总现金流量因此发生的变动。只有那些因采纳某个项目所引起的现金流入增加额，才是该项目的现金流入；只有那些因采纳某个项目所引起的现金流出额增加额，才是该项目的现金流出。

在增量的基础上考虑现金流量是投资决策分析中一个非常重要的原则，因为，任何一个投资项目都不会是孤立发生的，它必然会对公司的其他业务及未来的市场份额产生影响。例如，新产品的推出不仅会带来相应的现金流入量，同时也会挤占公司老产品的市场份额，减少老产品的现金流入量。因此，在考虑新产品的现金流量时，要同时考虑其造成的老产品现金流量的损失，两者之差的净值才是新产品投资所产生的净现金流量。

2. 区分相关成本和非相关成本

相关成本是指与特定决策有关的、在分析评价时必须加以考虑的成本，例如差额成本、未来成本、重置成本、机会成本等。非相关成本是指与特定决策无关的、在分析评价时不必考虑的成本，例如沉没成本、历史成本、账面成本等。

例如，某公司在去年曾经打算投资一个项目，并请有关专家对此项目进行可行性研究，支付咨询费5万元。后来，因公司有一个更好的投资机会，该项目被搁置下来，第二年又再重新考虑投资该项目，那么该笔咨询费是否还是相关成本呢？答案是否定的。因为无论公司是否采纳建立这个项目的方案，该笔咨询费的支出已经无法收回，与公司未来的总现金流量无关，因此该笔咨询费支出应属于非相关成本。

如何正确对待投资决策中的非相关成本是投资决策中常常被忽略的问题。总体应把握的原则是：在进行投资决策时要考虑的是当前的投资是否有利可图，而不是过去花费多少钱。如果将非相关成本纳入投资方案的总成本，则会使一个有利的方案可能因此变得不利，一个较好的投资方案可能因此变得较差，从而造成决策的失误。

3. 不要忽视机会成本

在投资决策中，如果选择了某一个投资方案，则必定会放弃其他的投资机会，放弃其他投资机会可能会取得的收益，就是选择本方案所付出的代价，即该方案的机会成本。

例如，某公司计划兴建一座办公楼，该项目可使用公司原有的一块土地。在进行投资决策分析时，该土地的成本是否应考虑在内，回答是肯定的。因为公司如果不用这块土地兴建大楼，则可以把这块土地转作他用，并从中取得一定的收入（假设这块土地出售可得100万元），但公司将其用于投资需要后，就丧失了可能获得的出售收入。这部分损失，就是投资的机会成本，应作为现金流出在投资决策中予以考虑。

在分析机会成本时，应注意的是：机会成本与通常所说的成本不同，它不是一种支出或费用，而是一种机会损失，即失去的收益。尽管这种收益不是实际发生的，而是潜在的可能，但也应估计在内。

四、现金流量的计算

现金流量的计算可以根据现金流量的构成进行，现举例如下：

【例 1】A 公司准备购入一台设备以扩充生产能力，现有甲、乙两个方案可供选择。甲方案需投资 30 000 元，使用寿命为 5 年，采用直线法计提折旧，5 年后设备无残值，5 年中每年销售收入为 18 000 元，每年付现成本为 6 000 元。乙方案需投资 36 000 元，也采用直线法计提折旧，使用寿命为 5 年，5 年后有残值收入 6 000 元，5 年中每年销售收入为 24 000 元，付现成本第一年为 9 000 元，以后随着设备陈旧，每年递增修理费 1 200 元，另外在第一年垫支营运资金 9 000 元。假设所得税率为 30%，试计算该投资项目甲、乙两个方案的现金流量。

（1）计算两个方案每年的折旧额：

$$甲方案每年折旧额 = \frac{30\,000}{5} = 6\,000（元）$$

$$乙方案每年折旧额 = \frac{36\,000 - 6\,000}{5} = 6\,000（元）$$

（2）计算甲、乙两个方案的营业现金流量，计算过程及计算结果见表 5－1 所示。

表 5－1　投资项目营业现金流量计算表　　单位：元

	项目	1	2	3	4	5
甲方案	销售收入①	18 000	18 000	18 000	18 000	18 000
	付现成本②	6 000	6 000	6 000	6 000	6 000
	折旧③	6 000	6 000	6 000	6 000	6 000
	税前利润④＝①－②－③	6 000	6 000	6 000	6 000	6 000
	所得税⑤＝④×30%	1 800	1 800	1 800	1 800	1 800
	税后利润⑥＝④－⑤	4 200	4 200	4 200	4 200	4 200
	营业现金净流量⑦＝①－②－⑤＝③＋⑥	10 200	10 200	10 200	10 200	10 200
乙方案	销售收入①	24 000	24 000	24 000	24 000	24 000
	付现成本②	9 000	10 200	11 400	12 600	13 800
	折旧③	6 000	6 000	6 000	6 000	6 000
	税前利润④＝①－②－③	9 000	7 800	6 600	5 400	4 200
	所得税⑤＝④×30%	2 700	2 340	1 980	1 620	1 260
	税后利润⑥＝④－⑤	6 300	5 460	4 620	3 780	2 940
	营业现金净流量⑦＝①－②－⑤＝③＋⑥	12 300	11 460	10 620	9 780	8 940

（3）计算甲乙两个方案的全部现金流量，计算过程及计算结果见表 5－2 所示。

表 5-2 投资项目现金流量表 单位：元

项目		0	1	2	3	4	5
甲方案	固定资产投资	-30 000					
	营业现金流量		10 200	10 200	10 200	10 200	10 200
	现金流量合计	-30 000	10 200	10 200	10 200	10 200	10 200
乙方案	固定资产投资	-36 000					
	营运资金垫支	-9 000					
	营业现金流量		12 300	11 460	10 620	9 780	8 940
	固定资产残值						6 000
	营运资金收回						9 000
	现金流量合计	-45 000	12 300	11 460	10 620	9 780	23 940

在表 5-1 和表 5-2 中，$t=0$ 代表第一年年初或零年年末，$t=1$ 代表第一年年末，$t=2$ 代表第二年年末……（以后各例题中符号表示的含义相同）。在现金流量的计算中，为了简化计算，一般都假定各年投资在年初一次进行，各年营业现金流量在各年年末一次发生，终结现金流量在最后一年年末发生。

五、项目投资决策中采用现金流量指标的原因

传统的财务会计按权责发生制计算企业的收入和成本，并以收入减去成本后的利润作为收益，用以评价企业的经济效益。在长期投资决策中则不能采用这种方法作为评价投资项目经济效益高低的基础，而应以现金流入作为项目的收入，以现金流出作为项目的支出，以净现金流量作为项目的净收益，并在此基础上评价投资项目的经济效益。投资决策之所以要以按收付实现制计算的现金流量作为评价项目经济效益的基础，主要有以下几个方面的原因：

（1）采用现金流量有利于科学地考虑资金时间价值因素。会计利润的计算是以权责发生制为基础的，它与现金流量的含义完全不同，并没有考虑资金收付的时间。而科学的投资决策必须认真考虑资金的时间价值，因为不同时间的资金具有不同的价值，这就要求在决策时一定要弄清楚每笔预期收入款项和支出款项的具体时间，根据各投资项目寿命周期内各年的现金流量，按照资金成本，结合资金时间价值来衡量方案的优劣。

（2）会计利润的计算在一定程度上要受计提折旧的方法、存货的估价、费用的摊销等人为因素的影响。因而，利润的计算比现金流量的计算具有更大的主观随意性，作为决策的依据不太可靠。

（3）会计利润反映的是某一会计期间内的"应计"现金流量，而不是实际的现金流量，也就是说，有利润的年份并不一定能产生足够的现金流来进行其他项目的投资。因此，如果以未实际收到现金的收入作为收益，具有较大的风险，存在不科学、不合理的成分，应将投资期内的利润调整为现金流量才能客观地评价投资方案的优劣。

第三节　项目投资决策的基本方法

一、项目投资决策评价的主要指标及分类

（一）项目投资决策的评价指标

项目投资的金额大，影响的时间长，投资的风险大，一旦投资就难以改变或补救。因此，企业进行项目投资决策，必须在事前运用科学的方法进行分析和评价，并在此基础上进行决策。项目投资决策评价指标就是用于衡量和比较投资项目是否可行或优劣的标准，它是由一系列综合反映投资效益、投入产出关系的量化指标构成的。项目投资决策评价指标主要有投资回收期、投资利润（报酬）率、净现值、现值指数、内含报酬率等。

（二）项目投资决策评价指标的分类

1．按是否考虑资金时间价值分类

项目投资决策评价指标按其是否考虑资金的时间价值，可分为贴现评价指标和非贴现评价指标两大类。一类是非贴现评价指标，即在计算过程中没有考虑资金时间价值因素的指标，又称为静态指标，主要有投资回收期、投资利润（报酬）率等；另一类是贴现评价指标，即在计算过程中充分考虑了资金时间价值因素的指标，又称为动态指标，主要有净现值、现值指数、内含报酬率等。

2．按指标性质不同分类

项目投资决策评价指标按其性质不同，可分为在一定范围内越大越好的正指标和越小越好的反指标两大类。投资利润率、净现值、现值指数和内含报酬率等属于正指标；投资回收期属于反指标。

3．按指标数量特征分类

项目投资评价指标按其数量特征的不同，可分为绝对量指标和相对量指标。前者包括以时间为计量单位的投资回收期指标和以价值量为计量单位的净现值指标；后者包括投资利润率、现值指数、内含报酬率等指标，除现值指数以指数形式表现外，其余指标为百分比指标。

4．按指标重要性分类

项目投资评价指标按其在决策中所处的地位，可分为主要指标、次要指标和辅助指标。净现值、内含报酬率等为主要指标；投资回收期为次要指标；投资利润率为辅助指标。

5．按指标计算的难易程度分类

项目投资评价指标按其计算的难易程度，可分为简单指标和复杂指标。投资利润率、投资回收期、净现值和现值指数为简单指标；内含报酬率为复杂指标。

二、非贴现投资决策分析方法

（一）投资回收期法

投资回收期（简记为PP）是指在不考虑资金时间价值的情况下，收回全部初始投

资额所需要的时间。该指标一般以年为单位，根据企业营业现金净流量是否相等分为两种计算方法。

（1）如果每年的现金净流量相等，则投资回收期的计算公式为：

$$投资回收期（PP）=\frac{原始投资额}{每年NCF}$$

【例2】根据例1中A公司的资料（详见表5-2），计算甲方案的投资回收期。

$$甲方案投资回收期=\frac{30\ 000}{10\ 200}=2.94（年）$$

（2）如果每年的现金净流量不相等，则应先计算其各年尚未回收的投资额。

【例3】根据例1中A公司的资料（详见表5-2），计算乙方案的投资回收期。具体计算过程如表5-3所示。

表5-3　乙方案投资回收期计算表　　单位：元

年度	每年现金净流量	年末尚未收回的投资额
1	12 300	32 700
2	11 460	21 240
3	10 620	10 620
4	9 780	840
5	23 940	—

$$乙方案投资回收期=4+\frac{840}{23\ 940}=4.04（年）$$

其中，840元为尚未收回的投资额，23 940元为第5年的现金净流量，$\frac{840}{23\ 940}$表示收回840元投资额所需的时间。

投资回收期法的决策原则是：投资回收期越短，说明投入资金回收得越快，投资风险越小，投资效果越好。应用投资回收期法进行投资项目评价时，首先计算出该项目的投资回收期，然后与标准回收期进行比较。标准回收期是国家根据各行业、各部门具体情况规定的回收时间。例如，机械产品的标准回收期为7年，机床工具为4~6年，汽车为5年，电器设备为4年。企业也可以根据实际情况自己制定相应投资项目的标准回收期。如果备选项目的投资回收期大于标准回收期，则不宜采纳。在进行互斥性投资方案评价时，在满足前面可行性的情况下，应选择投资回收期较短的投资项目。

很明显，在例3中，甲方案的投资回收期较乙方案短，选择甲方案为优。

投资回收期法的优点有：①计算简便，选择标准直观，易于理解；② 将对现金净流量的预测重点放在“近期”，有利于控制投资风险。项目投资决策分析的主要依据——现金净流量，是预测出来的，而预测的准确性随时间的延长而快速降低。一般来说，五年以上预测的准确性就会很差。随着现代社会经济发展速度的日益加快，预测的有效期将进一步缩短。

投资回收期法的缺点是：① 没有考虑资金的时间价值；② 没有考虑回收期满后的

现金流量状况。它关心的只是投资回收的速度，并不反映项目的盈利能力，事实上，有战略意义的长期投资项目往往早期收益较低，而中后期收益较高，回收期法易导致决策者优先考虑短期内即可获利的项目，而放弃长期成功的方案。

现举例说明。

【例4】假设有两个投资方案的预计现金流量如表5-4所示，试计算投资回收期，比较两个方案的优劣。

表5-4　现金净流量资料表　　单位：万元

年份	现金净流量		
	甲方案	乙方案	丙方案
0	-500	-500	-500
1	100	50	80
2	200	160	300
3	200	290	120
4	150	100	500
5	200	100	750

从表中可以看到，3个方案的投资回收期相同，都是3年，因此直接用投资回收期法进行评价，这些项目是等同的，显然，投资回收期法不能对这3个方案加以区别。但是，该法忽视了投资回收期后的现金流量，实际上，我们从表中可以看出，丙方案是最优的方案，因为该方案现金流入的时间更早，且在总额上更大。

（二）投资利润率法

投资利润率又称投资报酬率（简记为ROI），是指投资项目寿命周期内的平均净利润与投资额之间的比率，一般以百分比表示。它在计算时直接使用会计报表中的会计利润和成本概念，其计算公式为：

$$\text{投资利润率（ROI）}=\frac{\text{年平均净利润}}{\text{原始投资额}}$$

【例5】根据例1中A公司的资料，计算甲方案和乙方案的投资利润率指标。

$$\text{甲方案投资利润率}=\frac{4\ 200}{30\ 000}\times 100\%=14\%$$

$$\text{乙方案投资利润率}=\frac{(6\ 300+5\ 460+4\ 620+3\ 780+2\ 940)\div 5}{45\ 000}\times 100\%$$

$$=10.27\%$$

投资利润率是一个非贴现的正指标，采用投资利润率法评价投资项目可行性的决策原则是：如果投资项目的投资利润率高于企业要求的最低报酬率或无风险报酬率，则该投资项目可行；如果投资项目的投资利润率低于企业要求的最低报酬率或无风险报酬率，则该项目不可行。在多个投资项目的互斥性决策中，项目的投资利润率越高，表明该投资项目的获利能力越大，应该选择投资利润率高的投资项目。

上例中，甲方案投资利润率达14%，而乙方案仅有10.27%，故应选择甲方案进行投资。

投资利润率法的优点是简明、易算，同时又克服了投资回收期法在投资期没有考虑全部现金净流量的缺点。投资利润率法的缺点是没有考虑资金的时间价值，将各年的利润简单地平均，不考虑现金流量指标，无法反映投资的真实效益，而且不便于对使用年限不同的投资方案进行比较。

以上两种非贴现的评价方法计算简单、直观，便于理解，较易被投资者接受，但由于评价投资方案时没有考虑资金的时间价值，所以评价的结果往往不准确，只能作为贴现法的辅助方法。

三、贴现投资决策方法

（一）净现值法

净现值（Net Present Value，NPV），是指投资项目投入使用后的净现金流量按企业设定的贴现率折算为现值，减去初始投资额现值以后的余额。净现值的计算公式为：

$$NPV = \sum_{t=1}^{n} \frac{NCF_t}{(1+i)^t} - C$$

式中，NCF_t——第 t 年的现金净流量；

i——贴现率；

n——项目预计使用年限；

C——初始投资额。

净现值的计算一般包括以下步骤：

（1）计算出投资项目各期的现金净流量。

（2）确定或选择适当的贴现率，将投资项目各期所对应的复利现值系数通过查表确定下来。

（3）将各期现金净流量与其对应的复利现值系数相乘计算出现值。

（4）计算未来现金净流量的现值或未来报酬的现值之和。

（5）将未来现金净流量的现值之和减去初始投资额的现值，求得投资项目的净现值。

净现值是贴现的绝对值正指标，采用净现值法评价投资项目的决策原则是：

第一，在只有一个备选方案的单项投资决策中，如果 $NPV \geqslant 0$，则接受该方案，反之，如果 $NPV < 0$，则拒绝该方案。

第二，在有多个备选方案的互斥投资决策中，在 $NPV \geqslant 0$ 的投资项目中，选择 NPV 最大的方案。

【例6】仍以例1中A公司的资料为例（详见表5－2），假设贴现率为10%。试计算甲、乙两方案的净现值并作出评价。

因甲方案每年的 NCF 相等，故计算如下：

$$\begin{aligned} NPV &= NCF \times (P_A,\ i,\ n) - C \\ &= 10\ 200 \times (P_A,\ 10\%,\ 5) - 30\ 000 \\ &= 10\ 200 \times 3.7908 - 30\ 000 \\ &= 8\ 666.16\ (\text{元}) \end{aligned}$$

乙方案的 NCF 不相等，其净现值的计算如表5－5所示。

表 5-5　乙方案净现值计算表　　　　单位：元

t	每年的 NCF ①	复利现值系数（P/F，i，n）②	现值 ③=①×②
1	12 300	0.909 1	11 181.93
2	11 460	0.826 4	9 470.54
3	10 620	0.751 3	7 978.81
4	9 780	0.683 0	6 679.74
5	23 940	0.620 9	14 864.35
未来现金净流量的总现值			50 175.37
减：初始投资额			45 000
净现值 NPV			5 175.37

从上面计算过程我们可以看出，两个方案的净现值均为正数，都是可取的，但是甲方案的净现值大于乙方案，故 A 公司应该选择甲方案投资。

净现值法是项目投资评价中常用的方法，其主要优点有：① 充分考虑了资金的时间价值，增强了投资项目经济评价的实用性；② 系统考虑项目计算期内全部现金流量，体现了流动性与收益性的统一；③ 考虑了投资风险，项目投资风险可以通过改变贴现率加以调整，因为贴现率的大小与风险大小有关，风险越大，贴现率就越高。

净现值也存在某些缺点，主要有：① 净现值是一个绝对数，不能从动态的角度直接反映投资方案本身所能达到的实际报酬率，在进行互斥性投资决策的情况下，当各项目投资额不等时，仅用净现值无法确定投资项目的优劣；② 净现值的计算需要有较准确的现金净流量的预测，并且要正确选择贴现率，而实际上现金净流量的预测和贴现率的确定都比较困难；③ 净现值的计算比较麻烦，且较难理解和掌握。

净现值法具有广泛的适用性，在理论上也比其他方法更完善。在运用净现值法进行项目投资评价中，正确选择贴现率非常重要，它直接关系到项目投资的评价结果。如果选择的贴现率过低，则会使本来不应该采纳的投资项目得以通过，这样一方面会浪费企业有限的资源，另一方面会加大企业的经营风险。如果选择的贴现率过高，则会导致一些经济效益较好的投资项目不能通过，从而会使有限的资源得不到充分的运用，同时会使企业失去有利的投资机会。在实务中，一般可以采取以下几种方法确定投资项目的贴现率：①以投资项目的资金成本作为贴现率；②以投资的机会成本作为贴现率；③根据不同阶段采用不同的贴现率，在计算项目建设期现金净流量时，以贷款的实际利率作为贴现率，在计算项目经营期现金净流量时，以全社会资金平均收益率作为贴现率；④以行业平均资金收益率作为项目贴现率。

（二）现值指数法

现值指数又称获利指数（Profitability Index，PI），是指投资项目的未来现金流入量的现值与其现金流出量现值之比，或者投资项目未来现金流入量现值与初始投资额现值之比，其计算公式为：

$$PI = \frac{\sum_{t=1}^{n} \frac{NCF_t}{(1+i)^t}}{C}$$

应当注意，公式中分母的初始投资额是指项目投资额一次性支付的情况，如果项目投资额分期支付，应按一定的贴现率计算投资额现值，以此作为现值指数计算公式的分母。

【例7】仍以例1中A公司的资料为例（详见表5－2），假设贴现率为10%。试计算甲、乙两方案的现值指数并作出评价。

甲方案的 $PI = \frac{38\ 666.16}{30\ 000} = 1.29$

乙方案的 $PI = \frac{50\ 175.37}{45\ 000} = 1.12$

现值指数是一个贴现的相对量评价指标，采用这种方法的决策原则是：在只有一个备选方案的投资决策中，如果 $PI \geqslant 1$，则接受该方案；反之，如果 $PI < 1$，则拒绝该方案；在有多个备选方案的互斥投资决策中，应选择 PI 超过1最多的投资方案。

从计算结果可以看出，甲、乙两个方案的现值指数都大于1，故两个方案都是可行方案，都可以进行投资，但因甲方案的现值指数更大，故应采用甲方案。

从现值指数法与净现值法的计算原理来看，这两种方法存在以下的联系：

（1）现值指数法与净现值法的本质相同，特别是在进行投资项目的可行性分析时，采用这两种方法将得到相同的结果，因为如果一个投资项目的 $NPV \geqslant 0$，则一定有 $PI \geqslant 1$。

（2）两者都着眼于现金净流量及其资金时间价值，都需要准确地预测投资项目有效期内的现金净流量。

（3）在原始投资额不同的两个投资方案之间进行决策分析时，采用现值指数法与净现值法进行评价，所得结果可能不一致。由于现值指数是相对指标，而净现值是绝对指标，所以，在一般情况下，应以现值指数法为准，选择现值指数较大的投资项目。但如果该投资项目所要求的收益率特别高，企业的资金充裕且无其他更好的投向时，则应以净现值法为准。

现值指数法的优点与净现值法的优点基本相同，但有一重要区别，现值指数法可以从动态的角度反映投资项目的资金投入与总产出之间的关系，可以弥补净现值法在投资额不同的项目之间不便比较的缺陷，使各种不同投资额的项目之间可以直接用现值指数进行对比。其缺点是无法直接反映投资项目的实际收益率，也不能体现各投资项目的获利额大小。

（三）内含报酬率法

内含报酬率（Internal Rate of Return，简称IRR）又称内部收益率，是指能够使投资项目未来现金流入量现值等于未来现金流出量现值的贴现率，或者说是使投资项目的净现值等于零的贴现率。

内含报酬率实际上反映了投资项目的真实报酬率，目前越来越多的企业使用该项指标对投资项目进行评价。内含报酬率的计算公式为：

$$NPV = \sum_{t=1}^{n} \frac{NCF_t}{(1+i)^t} - C = 0$$

内含报酬率的具体计算方法，因每期现金净流量是否相等而有所不同。

(1) 如果每年的 NCF 相等，则可按以下步骤计算：

第一，计算出净现值为零时的年金现值系数。

$$年金现值系数 = \frac{初始投资额}{每年的 NCF}$$

第二，查“年金现值系数表”，在相同的期数内，找出与上述所求年金现值系数相等的贴现率，则该贴现率即为所求的内含报酬率；如果无法找到相等的，则找出与上述所求年金现值系数相邻近的较大和较小的两个贴现率。

第三，根据上述两个相邻近的贴现率和已求得的年金现值系数，采用内插法计算出该投资方案的内含报酬率。

【例8】根据例1中A公司的资料（见表5-2），由于甲方案每年的现金净流量 NCF 相等，因此可采用如下方法计算内含报酬率。

$$年金现值系数 = \frac{初始投资额}{每年的 NCF} = \frac{30\ 000}{10\ 200} = 2.9412 = (P_A,\ i,\ 5)$$

查“年金现值系数表”，找 $n=5$ 时系数为 2.9412 所对应的贴现率，其结果是找不到正好为 2.9412 的系数值，所以只能找与 2.9412 相邻近的两个现值系数，它们分别为：

$(P_A,\ 20\%,\ 5) = 2.9906 > 2.9412$

$(P_A,\ 24\%,\ 5) = 2.7454 < 2.9412$

所以，$20\% < i < 24\%$。

用内插法确定乙方案的内含报酬率为：

折现率	年金现值系数
20%	2.9906
IRR	2.9412
24%	2.7454

$$\frac{IRR - 20\%}{24\% - 20\%} = \frac{2.9412 - 2.9906}{2.7454 - 2.9906}$$

解得 $IRR = 20.81\%$

也可以直接用公式求得

$$IRR = 20\% + \frac{2.9906 - 2.9412}{2.9906 - 2.7454} \times (24\% - 20\%) = 20.81\%$$

(2) 如果每年的 NCF 不相等，则需要采用“逐步测试法”计算内含报酬率，其计算步骤如下：

第一，先估计一个贴现率，并按此贴现率计算投资项目净现值。如果计算出的净现值等于零，则该贴现率即为投资项目的内含报酬率，计算终止；如果净现值大于零，则表明估计的贴现率小于该方案的实际内含报酬率，应提高贴现率再进行测算；如果净现值小于零，则表明估计的贴现率大于该项目的内含报酬率，应降低贴现率再进行测算。经过如此逐步测算，最终找到使净现值由正到负（或由负到正）并且比较邻近的两个贴现率。

第二，根据上述两个相邻近的贴现率，再采用内插法计算出该投资方案的内含报酬率。

【例9】根据例1中A公司乙方案的资料（见表5-2），由于乙方案每年的现金净流量 *NCF* 不相等，因此可采用“逐步测试法”计算内含报酬率。测算过程如下表5-6所示。

表5-6　乙方案内含报酬率测试表　　单位：元

t	*NCF*	测试12%		测试14%		测试15%	
		复利现值系数	现值	复利现值系数	现值	复利现值系数	现值
0	-45 000	1.0000	-45 000	1.0000	-45 000	1.0000	-45 000
1	12 300	0.8929	10 982.67	0.8772	10 789.56	0.8696	10 696.08
2	11 460	0.7972	9 135.912	0.7695	8 818.47	0.7561	8 664.906
3	10 620	0.7118	7 559.316	0.6750	7 168.5	0.6575	6 982.65
4	9 780	0.6355	6 215.19	0.5921	5 790.738	0.5718	5 592.204
5	23 940	0.5674	13 583.556	0.5194	12 434.436	0.4972	11 902.968
NPV	–	–	2 476.644	–	1.704	–	-1 161.192

在表5-6中，先按12%的贴现率进行测算，净现值为正数，说明它的实际内含报酬率大于12%，应提高贴现率进行测算；再按14%的贴现率进行第二次测算，净现值仍为正数，于是把贴现率提高到15%进行第三次测算，此时净现值为负数，说明该项目的内含报酬率一定在14%和15%之间。

现用内插法计算如下：

$$IRR = 14\% + \frac{1.704 - 0}{1.704 + 1\ 161.192} \times (15\% - 14\%) = 14.001\ 5\%$$

采用内含报酬率法进行投资决策的原则：将所测算的各投资方案与其资金成本对比，如果方案的内含报酬率大于其资金成本，则接受该方案；如果投资方案的内含报酬率小于其资金成本，则拒绝该方案。如果有多个投资项目的内含报酬率都大于其资金成本，且各投资方案的投资额相同，那么内含报酬率与资金成本之间差额最大的方案为最优；如果有多个投资项目的内含报酬率都大于其资金成本，但各投资方案的投资额不同，它的决策原则是“投资额×（内含报酬率-资金成本）”最大的方案为最优方案。

从上例甲、乙两个方案的内含报酬率计算结果可以看出，甲方案的内含报酬率较高，故甲方案的投资效益比乙方案好，选择甲方案投资。

内含报酬率法的优点：它考虑了资金的时间价值，可以从动态的角度直接反映投资项目的真实报酬率水平，且不受行业基准收益率高低的影响，比较客观。其缺点：计算过程比较复杂，特别是在投资项目每年现金净流量不相等时，一般要经过多次测算才能算出内含报酬率。

（四）折现指标之间的关系

净现值 NPV、现值指数 PI 和内含报酬率 IRR 指标之间存在以下数量关系：

当 $NPV>0$ 时，$PI>1$，$IRR>i$（i 为投资项目的资金成本，以下同）；

当 $NPV=0$ 时，$PI=1$，$IRR=i$；

当 $NPV<0$ 时，$PI<1$，$IRR<i$。

上述这些指标都会受到投资项目建设期的长短、投资方式以及各年净现金流量的数量特征的影响。所不同的是 NPV 为绝对量指标，其余为相对量指标，计算 NPV 和 PI 所依据的贴现率都是事先设定的行业基准贴现率（或企业确定的贴现率）i，而 IRR 的计算与 i 的高低无关，是一种比较特别的计算方法。从它们之间的关系可以看出，在进行单个项目投资决策时，使用不同的贴现方法得出的结论基本是一致的；然而，在进行多个项目的投资决策时，它们得出的结论却可能不一致；因此，需要根据实际情况加以选择。一般来说，净现值法是一种可取的方法。现在，大多数公司都将 NPV 法和 IRR 法作为首选方法，并且把投资回收期法作为辅助性的决策方法。使用回收期法主要是为了控制项目投资的风险，因为回收期法强调了项目早期的现金流量，这是比较重要且易于预测的现金流量。

第四节　项目投资决策评价方法的应用

一、独立投资方案决策分析

独立方案是指方案之间存在着相互依赖的关系，但又不能相互取代的方案。在只有一个投资项目可供选择的条件下，只需利用评价指标考查该独立项目是否具有财务可行性，从而做出接受或拒绝该项目的决策。

（1）如果某一投资项目的评价指标同时满足以下条件，则可以断定该项目具备财务可行性，应当接受该投资方案。这些条件是：

①净现值 $NPV \geqslant 0$；

②现值指数 $PI \geqslant 1$；

③内含报酬率 $IRR \geqslant$ 设定贴现率 i；

④投资回收期 $PP \leqslant$ 行业标准投资回收期 P_0；

⑤投资利润率 $ROI \geqslant$ 基准投资利润率（事先给定）。

（2）如果某一投资项目的评价指标同时不满足上述条件，即同时发生以下情况：$NPV<0$，$PI<1$，$IRR<i$，$PP>P_0$，$ROI<$ 基准投资利润率，就可以断定该投资项目无论从哪个方面看都不具备财务可行性，应当放弃该投资方案。

（3）当投资回收期或投资利润率这类辅助指标的评价结果与净现值等主要指标的评价结论发生矛盾时，应当以主要指标的结论为准。

【例 10】已知某固定资产投资项目的原始投资额为 100 万元，项目计算期为 10 年，基准投资利润率为 9%，行业基准贴现率为 10%，行业标准投资回收期为 4 年。有关投资决策评价指标分别为：$ROI=10\%$，$PP=6$ 年，$NPV=13.24$，$PI=1.1324$，$IRR=11.68\%$。

依题意：

$ROI=10\%>$基准投资利润率9%，$PP=6$年>标准投资回收期4年，

$NPV=13.24>0$，$PI=1.1324>1$，$IRR=11.68\%>$行业基准贴现率10%

计算结果表明，该方案各项主要评价指标均达到或超过相应标准，所以它具有财务可行性，只是投资回收期较长，并超过了行业标准投资回收期，具有一定风险。

二、互斥方案决策分析

项目投资决策中的互斥方案（相互排斥方案），是指在决策时涉及的多个相互排斥、不能同时实施的投资方案。互斥方案决策过程就是在每一个入选方案已具备财务可行性的前提下，利用具体决策方法比较各个方案的优劣，利用评价指标从各个备选方案中最终选出一个最优方案的过程。

在项目投资的多个互斥方案比较决策中，由于各个备选方案的投资额、项目计算期不相一致，因而要根据各个方案的使用期、投资额相等与否，采用不同的方法做出选择。互斥方案决策的方法主要有净现值法、差额投资内含报酬率法和年等额净回收额法等。

（1）净现值法适用于原始投资额相同且项目计算期相等的互斥方案比较决策，即选择净现值大的方案作为最优方案。举例说明如下：

【例11】某个固定资产投资项目需要原始投资1 000万元，有A、B、C、D4个相互排斥的备选方案可供选择，各方案的净现值指标分别为348.19万元，276.48万元，462.79万元，320.60万元。按净现值法进行比较决策如下：

因为A、B、C、D每个备选方案的NPV均大于零，所以这些方案均具有财务可行性。

又因为462.79万元>348.19万元>320.60万元>276.48万元，

所以C方案最优，其次为A方案，再次为D方案，最差为B方案。

（2）差额投资内含报酬率法和年等额净回收额法适用于原始投资额不相等的多方案比较。

所谓差额投资内含报酬率法（ΔIRR），是指在计算两个原始投资额不相等的投资项目的差量现金净流量的基础上，计算出差额内含报酬率，并据以判断这两个投资项目孰优孰劣的方法。在此方法下，当差额内含报酬率指标大于或等于基准收益率或设定贴现率时，原始投资额大的方案较优；反之，则投资少的项目为优。ΔIRR的计算过程同IRR一样，只是所依据的是ΔNCF。

也可选择差额净现值法来评价方案的好坏，如果投资额与项目使用期都不相等的互斥方案比较决策，可采用年回收额法，也就是计算年均净现值，哪个方案年均净现值大，哪个方案就最优。

【例12】某企业有甲、乙两个可供选择的投资项目的差量现金净流量如表5-7所示。假设行业基准贴现率为10%。要求就以下两种不相关情况作出投资选择。

表5－7　投资项目差量现金净流量表　单位：万元

	0	1	2	3	4	5
甲方案的现金净流量	－460	140	140	140	140	140
乙方案的现金净流量	－350	110	110	110	110	110
ΔNCF	－110	30	30	30	30	30

根据资料可知，

$$(P_A,\ \Delta IRR,\ 5)=\frac{110}{30}=3.6667$$

因为，$(P_A,\ 10\%,\ 5)=3.7908$

$(P_A,\ 12\%,\ 5)=3.6048$

所以，$10\%<\Delta IRR<12\%$

且 $\Delta IRR=10\%+\dfrac{3.7908-3.6667}{3.7908-3.6048}\times(12\%-10\%)=11.33\%$

如果该企业的行业基准贴现率为8%，则 $\Delta IRR>8\%$，应选择甲方案；

如果该企业的行业基准贴现率为12%，则 $\Delta IRR<12\%$，应选择乙方案。

(3) 年等额净回收额法是指根据所有投资项目的年等额净回收额指标的大小来选择最优项目的一种投资决策方法。该法尤其适用于原始投资额不同且项目计算期不同的多方案比较决策。若某方案净现值为 NPV，设定贴现率或基准收益率为 i，项目计算期为 n，则年等额净回收额可按下式计算：

$$NPV=A\times(P_A,\ i,\ n)$$

$$A=NPV\times\frac{1}{(P/A,\ i,\ n)}$$

上式中：A 为该项目的年等额净回收额；$(P_A,\ i,\ n)$ 为 n 年，贴现率为 i 的年金现值系数。采用年等额净回收额的方法是在所有投资项目中，以年等额净回收额最大的项目为优。

【例 13】某企业拟投资新建一条生产线。现有 3 个方案可供选择：甲方案的原始投资为 200 万元，项目计算期为 8 年，净现值为 160 万元；乙方案的原始投资为 150 万元，项目计算期为 6 年，净现值为 115 万元；丙方案的原始投资为 300 万元，项目计算期为 9 年，净现值为－2.15 万元。行业基准贴现率为 10%。按年等额净回收额法进行决策分析如下：

因为甲方案和乙方案的净现值均大于零，所以这两个方案具有财务可行性。因为丙方案的净现值小于零，所以该方案不具有财务可行性，只需对甲、乙两方案进行评价即可。

$$甲方案的年等额净回收额=甲方案的净现值\times\frac{1}{(P/A,\ 10\%,\ 8)}$$

$$=160\times\frac{1}{5.3349}=29.99\ (万元)$$

$$乙方案的年等额净回收额 = 乙方案的净现值 \times \frac{1}{(P/A,\ 10\%,\ 6)}$$

$$= 115 \times \frac{1}{4.3553} = 26.40\ (万元)$$

因为29.99>26.40，所以甲方案优于乙方案。

三、固定资产更新决策

固定资产更新是对技术上或经济上不宜继续使用的固定资产，用新的资产更换，或用先进的技术对原有设备进行局部改造。固定资产更新决策所要解决的问题是继续使用旧设备还是购置新设备，下面举例说明固定资产更新决策评价方法。

【例14】A公司正在考虑用一台全自动化的新设备来代替半自动化的旧设备，以提高生产效率，增加收益。旧设备原购置成本为50 000元，预计可使用10年，已使用5年，假定使用期满后无残值。如果现在销售可得价款20 000元，如果继续使用该设备每年可获收入60 000元，每年的付现成本为45 000元。若采用新设备，购置成本为70 000元，估计可使用5年，期满后残值为10 000元，使用新设备后，每年收入可达到92 000元，每年付现成本为60 000元。假设所得税率为30%，该公司所要求的最低投资报酬率为15%，新旧设备均采用直线法计提折旧。试分析评价A公司是否该用新设备代替旧设备。

解：本例中，一个方案是继续使用旧设备，另一个方案是出售旧设备并购置新设备，两个方案的生产经营期相同，因此，我们可以计算两个方案各自的净现值，通过比较其净现值的大小确定两个方案的优劣。

①分别计算两个方案每年的营业现金净流量，如表5-8所示。

表5-8 投资项目每年营业现金净流量计算表 单位：元

项　目	继续使用旧设备	更换新设备
销售收入	60 000	92 000
付现成本	45 000	60 000
折旧	5 000	12 000
税前利润	10 000	20 000
所得税	3 000	6 000
税后净利	7 000	14 000
营业现金净流量	12 000	26 000

其中，折旧额的计算方法如下：

$$继续使用旧设备年折旧额 = \frac{25\,000}{5} = 5\,000\ (元)$$

$$更换新设备年折旧额 = \frac{70\,000 - 10\,000}{5} = 12\,000\ (元)$$

②计算两个方案的全部现金流量，如表5-9所示。

表 5－9　投资项目现金流量计算表　　　　单位：元

项目	0	1	2	3	4	5
继续使用旧设备						
初始投资	－20 000					
营业现金净流量		12 000	12 000	12 000	12 000	12 000
现金流量合计	－20 000	12 000	12 000	12 000	12 000	12 000
更换新设备						
初始投资	－70 000					
营业现金净流量		26 000	26 000	26 000	26 000	26 000
残值						10 000
现金流量合计	－70 000	26 000	26 000	26 000	26 000	36 000

③计算两个方案各自的净现值。

使用旧设备的 $NPV=12\ 000\times(P_A,\ 15\%,\ 5)-20\ 000$

$=12\ 000\times 3.3522-20\ 000$

$=20\ 226.4$（元）

采用新设备的 $NPV=26\ 000\times(P_A,\ 15\%,\ 5)+10\ 000\times(P/F,\ 15\%,\ 5)-70\ 000$

$=26\ 000\times 3.3522+10\ 000\times 0.4972-70\ 000$

$=22\ 129.2$（元）

上述计算结果表明，更换新设备方案的净现值大于继续使用旧设备方案的净现值，故企业应采纳更换新设备方案。

需要指出的是，上述继续使用旧设备与更换新设备的互斥评价决策也可以看作一个采纳与否的独立方案——更换新设备是否可行的评价决策。这时，我们应采用差量分析法来计算更换新设备后差量现金流量，所有增减额均用“Δ”表示。

下面，我们计算更换新设备后的差量现金流量。

首先，分别计算初始投资、销售收入、付现成本与折旧的差量：

Δ初始投资 $=70\ 000-20\ 000=50\ 000$（元）

Δ销售收入 $=92\ 000-60\ 000=32\ 000$（元）

Δ付现成本 $=60\ 000-45\ 000=15\ 000$（元）

Δ年折旧额 $=12\ 000-5\ 000=7\ 000$（元）

其次，计算各年营业现金流量的差量，如表 5－10 所示。

表 5-10 营业现金净流量差量计算表 单位：元

项目	第1年至第5年
Δ销售收入①	32 000
Δ付现成本②	15 000
Δ折旧③	7 000
Δ税前利润④=①-②-③	10 000
Δ所得税⑤=④×40%	3 000
Δ税后净利⑥=④-⑤	7 000
Δ营业现金净流量⑦=⑥+③=①-②-⑤	14 000

第三，计算两个方案现金流量的差量，如表 5-11 所示。

表 5-11 投资项目现金流量差量计算表 单位：元

项目	0	1	2	3	4	5
Δ初始投资	-50 000					
Δ营业现金流量		14 000	14 000	14 000	14 000	14 000
Δ终结现金流量						10 000
Δ现金流量合计	-50 000	14 000	14 000	14 000	14 000	24 000

最后，计算净现值的差量：

$$\Delta NPV = 14\,000\times(P_A,\ 15\%,\ 5) + 10\,000\times(P/F,\ 15\%,\ 5) - 50\,000$$
$$= 14\,000\times3.3522 + 10\,000\times0.4972 - 50\,000$$
$$= 1\,902.8\ (元)$$

由以上计算结果可看出，设备更新后有净现值 1 902.8 元，是上述分别计算的两个方案净现值的差（22 129.2 - 20 226.4）。故更换新设备方案是可行的，即应更新设备。

四、资本限量决策

资本限量是指企业资金有一定限度，不能投资于所有可接受的项目。当企业有很多获利项目可供投资，但无法筹集到足够的资金时，企业会面临资本限量的投资决策。

在资金有限量的情况下，为了使企业获得最大的利益，应投资于一组使净现值最大的项目。

投资决策的具体步骤如下：

（1）计算所有项目的现值指数和净现值，并列出每一个项目的初始投资。

（2）将各方案按现值指数大小由高到低排序，逐项计算累计投资额，并与限定投资总额进行比较。

（3）当截止到某投资项目的累计投资额恰好达到限定投资额时，则第一项到第 j 项的项目组合为最优的投资组合。

（4）若在排序过程中未能直接找到最优投资组合，则在资本限量内，对所有项目进行各种可能组合，计算出各种组合的净现值总额，接受净现值总额最大的项目组合。

【例15】假设A公司有5个可供选择的投资项目A、B、C、D、E，公司能够提供资金的最大限量为500万元，有关资料如下表所示。请根据资料作出投资方案组合决策。各投资项目的投资额、现值指数和净现值如表5－12所示。

表5－12　投资项目投资额、现值指数和净现值表　　单位：万元

投资项目	初始投资额	现值指数	净现值
A	200	1.45	90
B	400	1.50	200
C	100	1.40	40
D	300	1.47	140
E	200	1.35	70

首先，将各方案按现值指数由大到小排队，并计算累计净现值。如表5－13所示。

表5－13　投资项目排列表　　单位：万元

投资项目	初始投资额	累计投资额	现值指数	净现值
B	400	400	1.50	200
D	300	700	1.47	140
A	200	900	1.45	90
C	100	1 000	1.40	40
E	200	1 200	1.35	70

其次，由于根据排序情况无法直接找到最优投资组合，故列出在资本限量范围内的所有可能的投资组合，并比较各种投资组合的累计净现值之和，如表5－14所示。

表5－14　项目投资组合的净现值之和比较表　　单位：万元

投资项目组合	投资总额	净现值之和
A＋D	500	230
B＋C	500	240
C＋D	400	180
D＋E	500	210
A＋C＋E	500	200

从上表分析可以看出，B＋C方案组合的净现值240万元是所有可行方案中最大的，故该组合为最优投资组合。

五、风险投资决策

项目投资决策涉及的时间较长，因而对未来收益和成本都很难进行准确预计，或者说，项目投资都有不同程度的不确定性或风险性。在前面讨论投资决策时，我们假定现金流量是确定的，即避开了投资风险问题。实际上，风险是客观存在的，因此，在进行投资决策时，风险问题不容忽视，必须小心处理。项目投资决策中考虑风险进行决策分析的方法一般有以下几种：

（一）风险调整贴现率法

所谓风险调整贴现率法，是指将投资项目有关的风险报酬加入到资金成本或企业要求达到的报酬率中，构成按风险调整的贴现率，并据以进行投资决策分析的方法。

风险调整贴现率法的基本思路：对于高风险的投资项目，应采用较高的贴现率去计算净现值，对于低风险的投资项目，应采用较低的贴现率去计算净现值，然后根据净现值法的决策原则来确定投资方案。使用这一方法，关键是要确定投资方案的风险程度及其对应的贴现率。通常情况下，在没有通货膨胀的情况下，一项投资的风险调整贴现率是无风险报酬率与风险报酬率之和，而风险报酬率取决于投资风险程度和风险报酬系数，即：

$$K = K_F + b \cdot Q$$

式中，K——风险调整贴现率；

K_F——无风险报酬率；

b——风险报酬系数；

Q——标准离差率。

下面举例说明用风险调整贴现率进行投资的基本程序。

【例 16】A 公司有甲、乙、丙 3 个投资方案可供选择，其投资额与各年净现金流量及风险概率如表 5－15 所示。公司要求的最低投资报酬率为 5%。试分析评价 3 个投资方案的优先顺序。

表 5－15　各方案的现金流量及其风险概率表　　单位：元

年份	甲方案		乙方案		丙方案	
	现金流量	概率	现金流量	概率	现金流量	概率
0	－16 000	1	－15 000	1	－15 000	1
1	10 000	0.25				
	6 000	0.5				
	4 000	0.25				
2	12 000	0.2				
	9 000	0.6				
	6 000	0.2				
3	8 000	0.3	30 000	0.2	15 000	0.1
	6 000	0.4	20 000	0.6	25 000	0.8
	4 000	0.3	18 000	0.2	30 000	0.1

根据表 5－15 所示资料，该公司应采用风险报酬模型来调整贴现率，并用调整后的贴现率对投资方案的现金流量进行折现，通过比较净现值的大小确定投资方案的优先顺序，具体步骤如下：

第一步，计算风险程度 Q。

计算风险投资方案的现金净流量的期望值 E。

甲方案：

第一年现金流量期望值 $E_1 = 10\ 000 \times 0.25 + 6\ 000 \times 0.5 + 4\ 000 \times 0.25 = 6\ 500$（元）

第二年现金流量期望值 $E_2 = 12\ 000 \times 0.2 + 9\ 000 \times 0.6 + 6\ 000 \times 0.2 = 9\ 000$（元）

第三年现金流量期望值 $E_3 = 8\ 000 \times 0.3 + 6\ 000 \times 0.4 + 4\ 000 \times 0.3 = 6\ 000$（元）

乙方案：

$E_{乙} = 30\ 000 \times 0.2 + 20\ 000 \times 0.6 + 18\ 000 \times 0.2 = 21\ 600$（元）

丙方案：

$E_{丙} = 15\ 000 \times 0.1 + 25\ 000 \times 0.8 + 30\ 000 \times 0.1 = 24\ 500$（元）

计算每年现金流量的标准差。

甲方案每年现金流量标准差为：

$$d_1 = [(10\ 000 - 6\ 500)^2 \times 0.25 + (6\ 000 - 6\ 500)^2 \times 0.5 + (4\ 000 - 6\ 500)^2 \times 0.25]^{\frac{1}{2}} = 2\ 179(元)$$

$$d_2 = [(12\ 000 - 9\ 000)^2 \times 0.2 + (9\ 000 - 9\ 000)^2 \times 0.6 + (6\ 000 - 9\ 000)^2 \times 0.2]^{\frac{1}{2}} = 1\ 897(元)$$

$$d_3 = [(8\ 000 - 6\ 000)^2 \times 0.3 + (6\ 000 - 6\ 000)^2 \times 0.4 + (4\ 000 - 6\ 000)^2 \times 0.3]^{\frac{1}{2}} = 1\ 549(元)$$

乙方案现金流量标准差为：

$$d_{乙} = [(30\ 000 - 21\ 600)^2 \times 0.2 + (20\ 000 - 21\ 600)^2 \times 0.6 + (18\ 000 - 21\ 600)^2 \times 0.2]^{\frac{1}{2}} = 4\ 271(元)$$

$$d_{丙} = [(15\ 000 - 24\ 500)^2 \times 0.1 + (25\ 000 - 24\ 500)^2 \times 0.8 + (3\ 000 - 24\ 500)^2 \times 0.1]^{\frac{1}{2}} = 3\ 500(元)$$

计算风险程度。

甲方案各年的期望值和标准差均不相同，为了综合各年的风险程度，需要采用综合标准离差率来描述：

$$Q = \frac{D}{E} = \frac{综合标准差}{综合期望值}$$

综合标准差是项目寿命周期内各年现金流量标准差按无风险报酬率贴现的现值平方和的平方根，即：

$$D = \sqrt{\sum_{t=1}^{n} \frac{{d_t}^2}{(1+i)^{2t}}}$$

综合期望值是项目寿命周期内各年现金流量期望值按无风险报酬率贴现的现值之和，即：

$$\overline{E} = \sum_{t=1}^{n} \frac{E_t}{(1+i)^t}$$

甲方案的综合标准离差率计算如下：

$$\text{综合标准差 } D = \sqrt{\sum_{t=1}^{n} \frac{d_t^2}{(1+i)^{2t}}} = \sqrt{\frac{2\ 179^2}{(1+5\%)^2}+\frac{1\ 897^2}{(1+5\%)^4}+\frac{1\ 549^2}{(1+5\%)^6}}$$

$$=3\ 010\text{（元）}$$

$$\text{综合期望值 } \overline{E} = \sum_{t=1}^{n} \frac{E_t}{(1+i)^t} = \frac{6\ 500}{(1+5\%)^1}+\frac{9\ 000}{(1+5\%)^2}+\frac{6\ 000}{(1+5\%)^3}$$

$$=19\ 536\text{（元）}$$

所以，综合标准离差率 $Q_{甲} = \dfrac{D}{\overline{E}} = \dfrac{3\ 010}{19\ 536} = 0.154$

乙方案和丙方案只有一年的现金流量的期望值和标准离差，故：

$$\text{标准离差率}Q_{乙} = \frac{d}{E} = \frac{4\ 271}{21\ 600} = 0.198$$

$$Q_{丙} = \frac{d}{E} = \frac{3\ 500}{24\ 500} = 0.143$$

第二步，确定风险报酬系数 b。

假定中等风险程度投资项目的标准离差率为 0.5 时，通常要求的含有风险报酬的最低报酬率为 12%，无风险报酬率为 5%，则：

$$b = \frac{12\% - 5\%}{0.5} = 0.14$$

第三步，确定风险调整贴现率。

$$K_{甲} = R_F + b \cdot Q_{甲} = 5\% + 0.14 \times 0.154 = 7.16\%$$

$$K_{乙} = R_F + b \cdot Q_{乙} = 5\% + 0.14 \times 0.198 = 7.77\%$$

$$K_{丙} = R_F + b \cdot Q_{丙} = 5\% + 0.14 \times 0.143 = 7\%$$

第四步，根据风险调整贴现率计算甲方案净现值。

$$NPOV_{甲} = \frac{6\ 500}{(1+7.16\%)^1}+\frac{9\ 000}{(1+7.16\%)^2}+\frac{6\ 000}{(1+7.16\%)^3}-16\ 000$$

$$=2\ 779\text{（元）}$$

$$NPOV_{乙} = \frac{21\ 600}{(1+7.77\%)^3}-15\ 000$$

$$=2\ 257\text{（元）}$$

$$NPOV_{丙} = \frac{24\ 500}{(1+7\%)^3}-15\ 000$$

$$=4\ 999\text{（元）}$$

可见，3 个风险投资方案的优劣次序为丙、甲、乙。

风险调整贴现率法认为风险大的投资方案应采用高的贴现率进行折现，风险小的投资方案应采用低的贴现率进行折现，比较符合逻辑，得到广泛的认可和使用。但它将时间价值与风险价值合在一起对现金流量进行贴现，其风险程度会随着时间推移大大增加，可能与事实不符，夸大了远期现金流量的风险。

（二）肯定当量法

在风险投资决策中，由于各年的现金流量具有不确定性，因此要对各年现金流量按风险程度进行调整。所谓肯定当量法，就是把不确定的各年现金流量，按照一定的系数（通常称为肯定当量系数）折算为大约相当于确定的现金流量的数量，然后，利用无风险贴现率计算项目的净现值，再以净现值的评价标准来评价投资项目的决策分析方法。其计算公式为：

$$NPV = \sum_{t=0}^{n} \frac{a_t \times \text{现金流量期望值}}{(1+i)^t}$$

式中：a_t——t 年现金流量的肯定当量系数，在 0 ~1 之间。

肯定当量系数是指把不肯定的、有风险的一元现金流量期望值调整为相当于肯定的也即无风险的现金流量金额的系数，即为肯定的现金流量与不肯定的现金流量期望值之间的比值。其计算公式为：

$$a_1 = \frac{\text{肯定的现金流量}}{\text{不肯定的现金流量期望值}}$$

所谓肯定当量法，就是按照一定的系数（即肯定当量系数）把有风险的每年现金流量调整为相当于无风险的净现金流量，然后根据无风险的报酬率计算净现值，并据此评价风险投资项目的决策方法。

但在实际工作中，肯定当量系数往往是在估计风险程度的基础上凭借经验确定的，所以，又可以说它是一个经验系数。反映风险程度的标准差系数与肯定当量系数之间的经验关系如表 5 - 16 所示。

表 5 - 16　风险程度与肯定当量系数的经验关系表

变异系数	肯定当量系数
0. 00 ~0. 07	1
0. 08 ~0. 15	0. 9
0. 16 ~0. 23	0. 8
0. 24 ~0. 32	0. 7
0. 33 ~0. 42	0. 6
0. 43 ~0. 54	0. 5
0. 55 ~0. 70	0. 4

当肯定当量系数确定后，决策分析就比较容易了。

【例 17】以上例计算的 A 方案各年现金流入的变异系数为：

① 计算甲方案各年现金流量的风险程度系数：

$$q_1 = \frac{d_1}{E_1} = \frac{2\ 179}{6\ 500} = 0.34$$

$$q_2 = \frac{d_2}{E_2} = \frac{1\ 897}{9\ 000} = 0.21$$

$$q_3 = \frac{d_3}{E_3} = \frac{1\ 549}{6\ 000} = 0.26$$

查表得：

$$a_1 = 0.6,\ a_2 = 0.8,\ a_3 = 0.7$$

② 计算甲方案的净现值：

$$NPV_{甲} = \frac{0.6 \times 6\ 500}{(1+5\%)^1} + \frac{0.8 \times 900}{(1+5\%)^2} + \frac{0.7 \times 6\ 000}{(1+5\%)^3} - 16\ 000$$

$$= -2\ 127.28\ (元)$$

③ 同理，可求得：

$$NPV_{乙} = \frac{0.8 \times 21\ 600}{(1+5\%)^3} - 15\ 000 = -73.54\ (元)$$

$$NPV_{丙} = \frac{0.9 \times 24\ 500}{(1+5\%)^3} - 15\ 000 = 4\ 046.79\ (元)$$

从以上计算可以看出，丙方案为最优方案，乙方案次之，甲方案最差。

风险调整贴现率法是通过调整净现值公式中的分母来考虑风险因素，肯定当量法则是通过调整净现值公式中的分子来考虑风险因素，采用肯定当量法对现金流量进行调整，克服了风险调整贴现率法将资金时间价值与风险价值混在一起的缺点，但要准确、合理地确定肯定当量系数具有一定的难度。

本章小结

在一定时期内，企业资金是有限的，如何将有限的资金投入到风险较小但能取得丰厚回报的项目上，是企业项目投资管理的重要内容。本章首先介绍了项目投资的概念、特点、一般程序以及项目投资决策中现金流量的确定。然后，介绍了常用的投资决策评价指标，包括非贴现评价指标和贴现评价指标，并通过比较它们的优缺点及其相互关系，全面分析了企业投资决策指标的应用。最后，阐述了在考虑风险因素的情况下，项目投资决策的具体方法包括风险调整贴现率法和肯定当量法。

第六章

证券投资管理

ZHENG QUAN TOU ZI GUAN LI

目的要求：

通过本章学习，要求学生掌握证券及证券投资的概念、种类、证券投资的目标及风险；重点掌握债券投资及股票投资管理的基本知识；债券和股票价值的计算与衡量和影响债券和股票价值的主要因素及投资决策。

第一节 概 述

一、证券投资的概念

证券在一般意义上是指用以证明持有者有权按其所载明取得相应收益的各类权益凭证。包括证据证券、所有权证券和有价证券3类。

证券投资是指购买以国家或者其他单位公开发行的有价证券的投资行为，它是企业投资的重要组成部分。科学地进行证券投资管理，能增加企业收益，降低风险，有利于企业财务管理目标的实现。

证券投资活动是整个经济运行系统中的一个子系统，投资的成败在很大程度上取决于投资者能否适应经济运行的变化，并做出相应的投资决策。

事实上，经济运行中的任何细微的变化，都会在证券市场上有所反应，所以，人们常将证券市场称为经济运行的“晴雨表”。影响证券投资的因素是错综复杂的，有经济因素，也有政治、社会、文化、心理等非经济因素。投资的宏观分析必须对这些因素与证券市场运行之间的关系作出全局性和长期性的分析。

二、证券的种类

金融市场上的证券很多，但概括起来，主要分为以下3大类：

（一）证据证券

证据证券是单纯证明某种事实的凭证。如借据、收据等。

（二）所有权证券

所有权证券是用以认定持有人是某种财产所有权的合法享有者，证明对持有人所履行的义务是有效的文件，如存单、存折、土地所有权证书等。

（三）有价证券

有价证券是证明某项财产权利的凭证，如支票、汇票、债券、股票等。有价证券按其所表明的财产权利的不同性质，又可分为3类：商品证券、货币证券和资本证券。商品证券是证明某种商品所有权的凭证。商品证券是一种物权。这里的物权指占有一定空间，有一定使用价值和交换价值，并且可以由民事主体所支配，以满足人们生产或生活需要的一切物质资料。商品证券作为某种商品物权的凭证，其对该证券上所载明的商品享有合法权利，如提货单、运货单等。货币证券是证明某种商品的所有权转化为对货币的索取权的凭证。这种证券因商品交易而产生，代表着索取与某种商品价值相符的货币的权利，如期票、汇票、支票等。资本证券是证明投资这一事实以及投资者拥有相应权

利的凭证，如股票、债券、认股权证、基金券、期货、期权等。在证券市场上交易的证券基本上就是资本证券。详见图6-1。

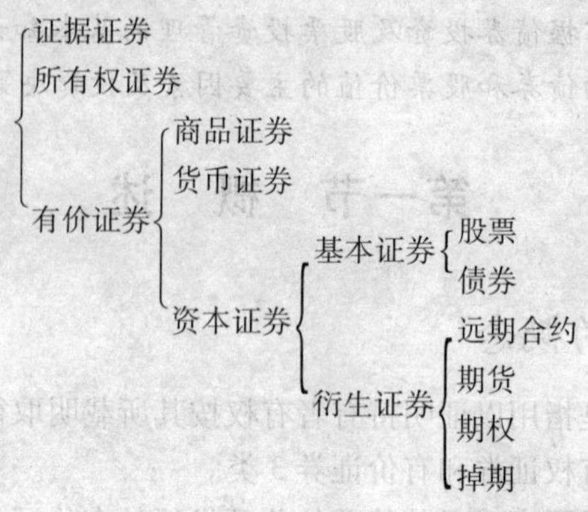

图6-1 资本证券结构图

三、证券投资的种类

证券是多种多样的，因此，证券投资的种类也是多种多样的。按不同的标准，也可对证券投资进行不同的分类。下面根据证券投资的对象，将证券投资分为股票投资、债券投资和组合投资3大类。

（一）股票投资

股票是股份有限公司发行的，表示其股东按其持有的股份享受权益，承担义务的可转让的凭证，是股本、股份、股权的具体体现。股本是投资人为获得参与公司利润分配等权利投入公司的资金。股东是获得上述公司权利的投资人。股权是股东按其股本在公司总股本中所占比重拥有的相应权利。股票投资是指企业将资金投向其他企业发行的股票的投资行为。这种投资具有较大风险，但也会取得较高收益。

（二）债券投资

债券是一种确定债权债务关系的凭证，或者说是借款人向贷款人出具的对长期债务承担还本付息义务的凭证。债券所规定的资金借贷的权责关系主要包括3点：一是面值，每张债券所含的本金数额，基本上是所借贷的某种货币的数额，但不完全等同；二是期限，债券从发行日起到约定的偿还日止的时间；三是利息和利率，债券发行人向债券持有人借入资金而付给债券持有人的报酬即利息，每年债券利息数额通常用相当于本金的一定百分比来表示，该百分比即为债券的利率。债券投资是指企业将资金投向各种各样的债券的投资行为，包括投向国库券、公司债券和短期融资券等。与股票相比，债券投资能获得稳定的收益，投资风险较低。

（三）组合投资

组合投资是指企业将资金同时投资于多种证券，例如既投资于国库券，又投资于企业债券，还投资于企业股票等。这种投资方式可以有效地分散企业投资风险，是企业和个人投资时常用的投资方式。

四、证券投资管理的目标

(一) 存放闲置资金

出于预防动机，大多数企业为防止银行信用短缺，都将持有一定量的有价证券，以替代较大量的非盈利的现金余额，并在现金短缺时，将有价证券售出以增加现金。

(二) 降低投资风险

证券投资具有较高风险，在我国，很多投资者出于投机的目的，使证券投资风险显得更高。加强对证券投资的管理，可以在一定程度上预防或者规避证券投资风险，减少投资者的损失。

(三) 获取较高收益

一般情况下，投资者投资债券的主要目的是获取投资收益，特别是在我国，很少有战略投资者，绝大多数投资者是为了获取短期价差收益，所以，加强证券投资管理可以使投资者在风险一定的情况下，获得更多的投资收益。

(四) 获得相关控制权

某些企业从战略上考虑要控制另外一些企业，这可以通过股票投资实现。例如，一家纺织企业欲控制一家电子元件生产企业，以便分散投资风险，并获得稳定的材料供应。这时便可用企业一定资金来购买该电子元件生产企业的股票，直到其所拥有的股权能控制这家电子元件生产企业。

五、证券投资的风险与收益

(一) 证券投资风险

证券投资风险有来自经济的、政治的，也有来自道德的、法律的及其他方面的，其中最为主要的是经济方面的风险。经济方面的投资风险大致分为7种：市场风险、利率风险、购买力风险、企业信用风险、企业经营风险、企业财务风险、政策风险等。

1. 市场风险

市场风险是指证券市场价格波动对证券投资者造成损失的可能性。主要由市场因素的变动决定。市场风险之所以产生是由于证券市场价格（行情）的变幻莫测造成的。市场风险通常可由证券市场价格指数的变化来衡量。市场风险就其产生的机制看，归根结底来自于投资者自身的封闭决策。众多的投资者虽然能达成极小范围的共谋决策，而整个市场却是由无数单一决策者构成的集体倾向，是集体倾向决定价格趋势，而非单个人的决策。

2. 利率风险

利率风险是指市场利率的变动导致证券投资者收益的不确定。由于利率决定于货币市场信息的供求状况，而市场供求常因各种原因经常变动，市场利率也就变动不定。证券的价格和收益与市场利率的关系非常密切。对于债券、普通股票而言，其市场价格与市场利率呈反向变化，但影响程度有所差异。

3. 购买力风险

由于通货膨胀而使证券到期或出售时所获得的货币资金的购买力降低的风险，称为购买力风险。在通货膨胀时期，购买力风险对投资者有重要影响。一般而言，随着通货膨胀的发生，变动收益证券比固定收益证券要好。因此，普通股票被认为比公司债券和其他有固定收入的证券能更好地避免购买力风险。

4. 企业信用风险

企业信用风险又叫违约风险，指证券发行人在证券到期时无法还本付息而使投资者遭受损失的风险。一般而言，政府发行的证券违约风险较小，金融机构发行的证券次之，工商企业发行的证券风险较大。造成企业证券违约的原因有以下几个方面：一是政治、经济形势发生重大变动；二是发生自然灾害；三是企业经营管理不善、成本高、浪费大；四是企业在市场竞争中失败，主要顾客消失；五是企业财务管理失误，不能及时清偿到期债务。

5. 企业经营风险

企业经营风险指企业的决策人员与管理人员在经营管理过程中出现的失误导致企业亏损、破产而使投资者遭受损失的可能性。经营风险来自内部和外部两个方面：内部因素包括项目决策失误、产品周期、技术更新等；外部因素包括产品关联企业的不景气、竞争对手、政府政策调整等。

6. 企业财务风险

企业财务风险指由于企业财务结构不合理形成的风险。形成财务风险的因素主要包括：资本负债比例、资产与负债的期限、债务结构、债务的币种结构等。企业借债的规模过大、企业用短期负债投资于长期项目、长短期债务搭配不合理等，都会给企业经营带来较大的财务风险。

7. 政策风险

政策风险是由于政府政策的变动或不确定性而给投资者造成收入的不确定性的风险。政府政策通常意义上包括产业政策、财政政策、货币政策、收入分配政策等政策。任何政策的变动都会对证券市场的供求关系产生影响，造成证券价格的波动。在我国，政府作为证券市场的培育者，直接决定着证券市场供求关系，是影响证券市场价格变化的直接力量。

（二）证券投资收益

企业进行证券投资最主要的目的是获得投资收益。证券投资收益一般包括价差收入、股利收入和利息收入3部分。证券投资收益有绝对数和相对数两种表示方法。在财务管理中，一般常用相对数，即用投资收益率（投资收益额占投资额的百分比）来表示证券投资收益的高低。由于证券投资有短期投资和长期投资之分，在计算证券投资收益率时，应分别计算。

1. 短期证券投资收益率的计算

短期证券投资是指持有证券的时间不超过一年的投资。由于短期证券投资的时间短，在计算收益率时，一般不考虑资金的时间价值。直接算出投资收益与投资额的比率。计算公式如下：

$$E=\frac{S_1-S_0+P}{S_0}\times 100\%$$

上式中，E为短期证券投资收益率，S_1为短期证券的出售价，S_0为短期证券的购买价，P为短期证券持有期间获得的收益（股利或利息）。

【例1】 A公司2005年2月2日以每股15元的价格购买了B公司的股票1 000股，支付现金15 000元，3月25日每股分得现金股利0.5元，12月10日，公司以每股20元

的价格出售，收取现金 20 000 元。则 A 公司对该股票的投资收益率为：

$$E = \frac{20-15+0.5}{15} \times 100\% = 36.67\%$$

2. 长期证券投资收益率的计算

长期证券投资是指证券持有时间超过一年的投资。由于长期证券投资占用资金的时间长，机会成本高，在计算收益率时需考虑资金的时间价值。

【例 2】A 公司 2005 年 1 月 2 日溢价购买了 B 公司面值为 1 000 元，两年期，到期一次还本付息的债券，年利率为 10%，支付现金 1 100 元，公司准备持有至到期日，根据前述资金时间价值的计算方法，A 公司对该债券持有至到期日的投资收益率为：

$$1\ 100 = (1\ 000 + 1\ 000 \times 10\% \times 2) \times (P/F, 1, 2)$$

$$(P/F, 1, 2) = 1\ 100 \div 1\ 200 = 0.9167$$

查系数为 0.9167，期限为 2 的普通复利现值系数表得：

$$I \approx 5\%$$

3. 证券组合投资期望收益率的计算

期望收益率是未来所有可能获得的收益率的加权平均数。其权数就是每种可能获得的收益率的概率。因此，期望收益率也就是数学中所说的“收益的数学期望值”。其基本计算公式为：

$$E(r) = \sum_{i=1}^{n} r_i p_i$$

式中，$E(r)$ 为期望收益率；

r_i 为第 i 种证券投资的收益率；

p_i 为第 i 种证券投资占总投资的比例或其他权数。

【例 3】某投资者欲将 20 万元资金用于股票投资，有关资料见下表 6-1 所示。

表 6-1 股票投资资料表

股票名称	股票代码	投资金额（万元）	预计收益率（%）
中国石化	600028	2	5
海信电器	600060	4	6
重庆啤酒	600132	6	10
中集集团	000039	1	3
延边公路	000076	3	18
中关村	000931	4	12

根据以上资料，可将各项投资额与总投资额的比重作为权数计算，具体计算如下：

$$期望收益率\ E(r) = 5\% \times \frac{2}{20} + 6\% \times \frac{4}{20} + 10\% \times \frac{6}{20} + 3\% \times \frac{1}{20} + 18\% \times \frac{3}{20} + 12\% \times \frac{4}{20}$$

$$= 0.005 + 0.012 + +0.03 + 0.0015 + 0.027 + 0.024$$

$$= 9.95\%$$

第二节 债券投资管理

一、债券投资的特点和目的

（一）债券的概念

所谓债券，它指借款人为了筹集资金向债权人承诺按一定利率和一定时期支付利息并在特定日期偿还本金，而从债权人处取得资金的书面证明。它是一种债务凭证，是借款人和贷款人之间的一个合约，是一种确定债权债务关系的凭证，或者说是借款人向贷款人出具的对长期债务承担还本付息义务的凭证。债券所规定的资金借贷的权责关系主要包括4点：

（1）发行额度。它根据发行者所需资金的数量、发行者的信誉、债券种类以及市场承受能力等因素决定。

（2）期限。它根据发行人使用资金的时间、市场利率的发展趋势、流通市场的发达程度及投资人的投资意向等确定。

（3）票面利率。它根据债券的期限、债券的信用级别、利息的支付方式以及投资者的接受程度等因素确定。

（4）发行价格。它与票面利率成反比。

（5）偿还方式。它决定债券的实际偿还期限。

（二）债券的种类

一般来说，债券按其发行主体的不同，分成3种类型，即政府债券、企业债券和金融债券。

政府债券是由中央和地方政府发行的债券，在各类债券中信誉最高，资信可靠，投资风险较小，还本付息按时可靠，无需考虑到期的偿还能力。因风险小、信誉高，因此，一般情况下，它的实际收益率略低于其他债券，但我国例外。我国中央政府发行的债券有国库券、国家重点建设债券、国家建设债券、财政债券、保值公债、特种债券等，期限短则半年、1年，长则5年、8年。地方政府发行的债券也有几种形式，如上海曾发行过几期浦东建设债券，其期限和收益率与国家建设债券基本相同。此外，地方政府的一些职能部门，经政府与银行同意，也发行过一些特殊债券，如上海市住房公积金管理中心近年来每年发行的住房建设债券，这种债券由建设银行发行、市政府作担保。其特点是：期限长，一般为5年；收益率低，票面年利率3.6%，只及国债收益率的1/3；发行具有强制性，凡新分住房的住户必须购买。政府债券的收益一般免缴个人收入调节税。

企业债券是由企业或企业集团为筹集资金而发放的债券。这类债券信誉低于政府债券与金融债券，因此，发行企业支付的利率要高于政府债券与金融债券的利率。至于企业发行债券的实际支付利率的高低，要根据不同企业的不同信誉状况而定。企业信誉低，发行的债券利率就高；信誉高，利率就低。我国目前发行过的企业债券有：重点企业债券、地方企业债券、企业内部债券和企业短期融资券等。投资企业债券的个人投资者所获的投资收益应缴纳20%的个人收入调节税。

金融债券是由金融机构发行的债券，可分为全国性的金融债券与地方性金融债券两种，前者由各银行的总行在全国范围内发行，后者为地方金融机构在一定地区内发行。金融债券的信誉高于企业债券低于政府债券，因此，利率介于两者之间。根据我国目前税收规定，金融债券免纳个人收入调节税。

（三）债券投资的特点

（1）投资的对象是债券。

（2）投资的目的不是为了获得另一企业的剩余资产，而是为了获取高于银行储蓄存款利率的利息，并保证到期收回本金和利息。

（四）债券投资的目的

企业进行短期债券投资的目的主要是为了配合企业对资金的要求，调节现金余额，使现金余额达到合理水平。当企业现金余额太多时，便投资于债券，使现金余额降低；反之，当现金余额太少时，则出售原来投资的债券，收回现金，使现金余额提高。企业进行长期债券投资的目的主要是为了获得稳定的收益。

（五）债券投资的计价

债券投资在取得时，应按取得时的实际成本作为初始投资成本。详见表6－2。

表6－2　初始投资成本及其构成

取得长期债券投资	初始投资成本的确定
以现金购入	按实际支付的全部价款（包括税金、手续费等相关费用）减去已到付息期但尚未领取的债券利息，作为初始投资成本。
以债务重组方式取得（不涉及补价）	按应收债权的账面价值，加上应支付的相关税费，作为初始投资成本。
以债务重组方式取得（收到补价）	按应收债权的账面价值减去补价，加上应支付的相关税费，作为初始投资成本。
以债务重组方式取得（支付补价）	按应收债权的账面价值加上支付的补价和应支付的相关税费，作为初始投资成本。
以非货币性交易取得（不涉及补价）	按换出资产的账面价值加上应支付的相关税费，作为初始投资成本。
以非货币性交易取得（收到补价）	按换出资产的账面价值加上应确认的收益和应支付的相关税费减去补价后的余额，作为初始投资成本。
以非货币性交易取得（支付补价）	按换出资产的账面价值加上应支付的相关税费和补价，作为初始投资成本。

（六）债券的发行与销售

（1）债券的发行主体。债券的发行者即资金的需求者，通常称为债务人。债券的认购者即资金的供给者，通常称为债权人。承销者即代办发行者办理债券发行和销售业务的中介人。

（2）债券的发行方式。私募发行是指筹资者面向少数的特定认购人发行，主要是定向发行。公募发行是指发行者公开向范围广泛的非特定投资者发行债券的一种方式。

（3）债券的交易方式。

现货交易：债券的买卖双方同意于成交时即进行清算交割的交易方式。

期货交易：在债券成交后，买卖双方按契约中规定的价格在将来的一定日期（如3个月或半年）后进行交割清算的交易方式。

回购交易：债券的买卖双方按预先签订的协议约定在卖出一笔债券后，过一段时间再以约定的价格买回这笔债券，并按商定的利率付息的交易方式。

二、债券投资的原则及风险规避

（一）债券投资的原则

投资债券既要获得收益，又要控制风险，因此，根据债券收益性、安全性、流动性的特点，我们总结了以下债券投资的原则。

1．收益性原则

不同种类的债券收益大小不同，投资者应根据自己的实际情况选择。例如，国债是以政府的税收作担保的，具有充分安全的偿付保证，一般认为是没有风险的投资；而企业债券则存在着能否按时偿付本息的风险，作为对这种风险的报酬，企业债券的收益性必然要比政府债券高。当然，实际收益情况还要考虑税收成本。

2．安全性原则

投资债券相对于其他投资工具要安全得多，但这仅仅是相对的，其安全性问题依然存在，因为经济环境有变、经营状况有变、债券发行人的资信等级也不是一成不变。因此，投资债券还应考虑不同债券投资的安全性。例如，就政府债券和企业债券而言，政府债券的安全性是绝对高的，企业债券则有时面临违约的风险，尤其企业经营不善甚至倒闭时，偿还全部本息的可能性不大，因此企业债券的安全性不如政府债券。对抵押债券和无抵押债券来说，有抵押品作偿债的最后担保，其安全性相对要高一些。

3．流动性原则

债券的流动性强意味着能够以较快的速度将债券兑换成货币，同时债券价值在兑换成货币后不因过高的费用而受损，否则，意味着债券的流动性差。影响债券流动性的主要因素是债券的期限，期限越长，流动性越弱，期限越短，流动性越强。另外，不同类型债券的流动性也不同。如国债、金融债，在发行后就可以上市转让，故流动性强；企业债券的流动性则相对较差。目前，我国的企业债发行后再到交易所申请上市，债券是否上市的流动性差别很大，上市前后债券的流动性差别很大，上市后债券的流动性还受到该债券发行主体资信情况的影响。

而在债券投资的具体操作中，投资者应考虑影响债券收益的各种因素，在债券种类、债券期限、债券收益率（不同券种）和投资组合方面作出适合自己的选择。

根据投资目的的不同，个人投资者的债券投资方法可分为以下3种：

（1）完全消极投资（购买持有法），即投资者购买债券的目的是储蓄，获取较稳定的投资利息。这类投资者往往不是没有时间对债券投资进行分析和关注，就是对债券和市场基本没有认识，其投资方法就是购买一定的债券，并一直持有到期，获得定期支付的利息收入。适合这类投资者投资的债券有凭证式国债、记账式国债和资信较好的企业债。如果资金不是非常充裕，这类投资者购买的最好是容易变现的记账式国债和在交易所上市交易的企业债。这种投资方法风险较小，收益率波动性较小。

（2）完全主动投资，即投资者投资债券的目的是获取市场波动所引起的价格波动带来的收益。这类投资者对债券和市场有较深的认识，属于比较专业的投资者，对市场和个券走势有较强的预测能力，其投资方法是在对市场和个券作出判断和预测后，采取低买高卖的手法进行债券买卖。如预计未来债券价格（净价，下同）上涨，则买入债券等到价格上涨后卖出；如预计未来债券价格下跌，则等到价格下跌后将手中持有的该债券出售，并在价格下跌时再购入债券。这种投资方法债券投资收益较高，但也面临较高的波动性风险。

（3）部分主动投资，即投资者购买债券的目的主要是获取利息，但同时把握价格波动的机会获取收益。这类投资者对债券和市场有一定的认识，但对债券市场关注和分析的时间有限，其投资方法就是买入债券，并在债券价格上涨时将债券卖出获取差价收入；如债券价格没有上涨，则持有到期获取利息收入。该投资方法下债券投资的风险和预期收益高于完全消极投资，但低于完全主动投资。

（二）债券投资风险及其规避

1. 购买力风险

购买力风险是指由于通货膨胀而使货币购买力下降的风险。通货膨胀期间，投资者实际利率应该是票面利率扣除通货膨胀率。

规避方法：对于购买力风险，最好的规避方法就是分散投资，以分散风险，使购买力下降带来的风险能为某些收益较高的投资收益所弥补。通常采用的方法是将一部分资金投资于收益较高的投资品种上，如股票、期货等，但带来的风险也随之增加。

2. 利率风险

利率是影响债券价格的重要因素之一，当利率提高时，债券的价格就降低，此时便存在风险。

规避方法：应采取的防范措施是分散债券的期限，长短期配合。如果利率上升，短期投资可以迅速的找到高收益投资机会，若利率下降，长期债券却能保持高收益。

3. 经营风险

经营风险是指发行债券的单位管理人员与决策人员在其经营管理过程中发生失误，导致资产减少而使债券投资者遭受损失的风险。

规避方法：为了防范经营风险，选择债券时一定要对公司进行调查，通过对其报表进行分析，了解其盈利能力、偿债能力和信誉等。由于国债的投资风险极小，而公司债券的利率较高但投资风险较大，所以，需要在收益和风险之间作出权衡。

4. 变现能力风险

变现能力风险是指投资者在短期内无法以合理的价格卖掉债券的风险。

规避方法：针对变现能力风险，投资者应尽量选择交易活跃的债券，如国债等，便于得到其他人的认同，冷门债券最好不要购买。

5. 再投资风险

再投资风险是指购买短期债券，而没有购买长期债券，会有再投资的风险。例如，长期债券利率为14%，短期债券利率为13%，为减少利率风险而购买短期债券。但在短期债券到期收回现金时，如果利率降低到10%，就不容易找到高于10%的投资机会，还不如当期投资于长期债券，仍可以获得14%的收益，归根到底，再投资风险还是一个利率风险问题。

规避方法：对于再投资风险，应采取的防范措施是分散债券的期限，长短期配合，如果利率上升，短期投资可迅速找到高收益投资机会，若利率下降，长期债券却能保持高收益。也就是说，要分散投资，以分散风险，并使一些风险能够相互抵消。

6. 违约风险

违约风险是指发行债券的公司不能按时支付债券利息或偿还本金，而给债券投资者带来损失的风险。

规避方法：违约风险一般是由于发行债券的公司经营状况不佳或信誉不高带来的风险，所以在选择债券时，一定要仔细了解公司的情况，包括公司的经营状况和公司的以往债券支付情况，尽量避免投资经营状况不佳或信誉不好的公司债券，在持有债券期间，应尽可能对公司经营状况进行了解，以便及时做出卖出债券的抉择。同时，由于债券的投资风险较低，保守的投资者应尽量选择投资风险低的债券。

总之，债券投资虽然能分散及减低投资于其他组合的风险，但不论是债券或债券投资人在做投资决定之前，都必须了解个人风险承受能力以及搭配均衡的投资组合，切忌盲目追随市场潮流。

（三）挑选债券产品应遵循的原则

（1）匹配性原则。它是指投资者必须根据本单位资金的金额、投资期限、资金的稳定程度等特点选择不同的债券投资方式。

（2）分散投资原则。它是指不要把所有的鸡蛋放在同一个篮子里。

（3）组合投资原则。它是指投资收益与风险程度是成正比的，投资者必须在确定自己的预期收益后将风险分散到不同的投资组合中，以获得较高的综合收益。

投资者在选择产品时，不能光看产品收益率的高低，要将产品的收益率、期限、结构和风险度作一个综合的判断。这个世界上没有最好的投资产品，只有适合自己的投资产品。投资者应该清晰地了解自己的风险承受能力和自己将来的资金使用计划，在确定自己的预期收益水平下选择适合自己的债券产品。

债券专家建议投资者应该从自身情况来考虑。风险承受能力较低的投资者，建议依次选择凭证式债券、交易所挂牌交易的债券等。对资金流动性要求高的投资者，建议依次选择凭证式债券、交易所挂牌交易的债券、企业债券及各种融资债券产品。从收益稳定程度来考虑，建议依次选择凭证式债券、交易所挂牌交易的债券等。

此外，投资者还应充分了解与掌握信息。对国债，需分析经济宏观形势，了解政策动向，跟踪利率、通胀率的变化情况；对企业债券，需把握产业政策、了解行业动态，并对发行企业的整体状况进行分析。另外，两者都需了解债券市场的整体情况。

三、债券的估价

企业进行债券投资，债券价格的高低是投资者必须考虑的重要因素，因此，投资者在进行债券投资分析时，应正确估计所投资的债券的价格，以便作出正确的选择。现介绍几个最常见的债券估价模型。

（一）一般情况下的债券估价模型

一般情况下的债券估价模型是指按复利方式计算的债券价格的估价公式。其一般计算公式为：

$$P = \frac{F}{(1+K)^n} + \sum_{t=1}^{n} \frac{i \times F}{(1+K)^t}$$

$$= F \times (P/F, K, n) + I \times (P/A, K, n)$$

上式中：P 为债券价格；i 为债券票面利率；F 为债券面值；I 为每年利息；K 为市场利率或投资人要求的必要收益率；n 为付息总期数。

【例 4】 某债券面值为 1 000，票面利率为 8%，期限为 3 年，某企业要对这种债券进行投资，当前的市场利率为 14%，问债券价格为多少时才能进行投资？

根据公式得：

$$P = 1\,000 \times (P/F, 14\%, 3) + 1\,000 \times 8\% (P/F, 14\%, 3)$$

$$= 1\,000 \times 0.675 + 80 \times 2.5771$$

$$= 881.17 \text{（元）}$$

即这种债券的价格必须低于 881. 17 元时，该投资者才能购买。

（二）一次还本付息且不计复利的债券估价模型

我国很多债券属于一次还本付息且不计复利的债券，其估价计算公式为：

$$P = \frac{F + F \times i \times n}{(1+K)^n} = (F + F \times i \times n) \times (P/K, K, n)$$

公式中符号含义同前式。

【例 5】 某企业拟购买另一家企业发行的利随本清的企业债券，该债券面值为1 000元，期限 3 年，票面利率为 8%，不计复利，当前市场利率为 6%，该债券发行价格为多少时，企业才能购买？

根据题意可得：

$$P = (F + F \times i \times n) \times (P/F, K, n)$$

$$= \frac{1\,000 + 1\,000 \times 8\% \times 3}{(1+6\%)^3}$$

$$= 1\,041 \text{（元）}$$

即债券价格必须低于 1 041 元时，企业才能购买。

（三）折现发行时债券的估价模型

有些债券以折现方式发行，没有票面利率，到期按面值偿还。这些债券的估价模型为：

$$P=\frac{F}{(1+K)^n}=F\times(P/F,K,n)$$

公式中符号含义同前式。

【例 6】某债券面值为 1 000 元，期限 3 年，以折现发行方式发行，期内不计利息，到期按面值偿还，当时市场利率为 6%，其价格为多少时，企业才能购买？

根据题意可得：

$$P=1\,000\times(P/F,6\%,3)$$
$$=1\,000\times0.8396=839.6\text{（元）}$$

该债券的价格只有低于 839.6 元时，企业才能购买。

四、债券投资的优缺点

（一）优点

1. 本金安全性高

与股票相比，债券投资风险较小。政府发行的债券有国家财力作后盾，其本金的安全性非常高，通常视为无风险证券。企业债券的持有者拥有优先求偿权，即当企业破产时，优先于股东分得企业资产，因此，其本金损失的可能性小。

2. 收入稳定性强

债券票面一般都标有固定利息率，债券的发行人有按时支付利息的法定义务。因此，在正常情况下，投资于债券都能获得比较稳定的收入。

3. 市场流动性好

许多债券都具有较好的流动性，政府及大企业发行的债券一般都可以在金融市场上迅速出售，流动性很好。

（二）缺点

1. 购买力风险较大

债券的面值和利息率在发行时就已确定，如果投资期间的通货膨胀率比较高，则本金和利息的购买力将不同程度地受到侵蚀，在通货膨胀率非常高时，投资者虽然名义上有收益，但实际上却有损失。

2. 没有经营管理权

投资于债券只是获得收益的一种手段，无权对债券发行单位施以影响和控制。

第三节　股票投资管理

一、股票投资的特点和目的

（一）股票的概念

股票是股份公司发给股东作为已投资入股的证书与索取股息的凭证。股票像一般的商品一样，有价格，能买卖，可以作抵押品。股份公司借助发行股票来筹集资金，而投

资者可以通过购买股票获取一定的股息收入。

（二）股票的特点

1. 权责性

股票作为产权或股权的凭证，是股份的证券表现，代表股东对发行股票的公司所拥有的一定权责。股东通过参加股东大会，行使投票权来参与公司经营管理；股东可凭其所持股票向公司领取股息，参与分红，并在特定条件下对公司资产具有索偿权；股东以其所持股份为限对公司负责。股东的权益与其所持股票占公司股本的比例成正比。

2. 时间性

购买股票是一项无确定期限的投资，不允许投资者中途退股。

3. 价格波动性

股票价格受社会诸多因素影响，股价经常处于波动起伏的状态，正是这种波动使投资者有可能实现短期获利的希望。

4. 投资风险性

股票一经买进就不能退还本金，股价的波动就意味着持有者的盈亏变化。上市公司的经营状况直接影响投资者获取收益的多少。一旦公司破产清算，首先受到补偿的不是投资者，而是债权人。

5. 流动性

股票虽不可退回本金，但流通股却可以随意转让出售或作为抵押品。

6. 有限清偿责任

投资者承担的责任仅仅限于购买股票的资金，即便是公司破产，投资者也不负清偿债务的责任，不会因此而倾家荡产，最大损失也就是股票形同废纸。

（三）股票投资的目的

企业投资股票的目的主要有两种：一是获利，即作为一般的证券投资，获取股利收入及股票买卖的价差。在这种情况下，企业仅将某种股票作为它证券组合的一个组成部分，不应冒险将大量资金投资于某一企业的股票上。二是控股，即通过购买某一企业的大量股票达到控制该企业的目的。在这种情况下，企业应集中资金投资于被控企业的股票上，这时考虑更多的不应是目前利益——股票投资收益的高低，而应是长远利益——占有多少股权达到控制的目的。本书重点讲解第一种投资目的下的股票投资决策。

二、股票投资的优缺点

（一）优点

股票投资是一种最具有挑战性的投资，其收益和风险都比较高。股票投资的优点主要有以下几点：

1. 投资收益高

普通股票的价格虽然变动频繁，但从长期看，优质股票的价格总是上涨的居多，只要选择得当，都能取得优厚的投资收益。

2. 购买力风险低

普通股的股利不固定，在通货膨胀率比较高时，由于物价上涨，股份公司盈利增加，股利的支付也随之增加，因此，与固定收益证券相比，普通股能有效低降低购买力风险。

3. 拥有经营控制权

普通股股东属股份公司的所有者，有权监督和控制企业的生产经营情况，因此，欲控制一家企业，最好是收购这家企业的股票。

（二）缺点

1. 求偿权居后

普通股对企业资产和盈利的求偿权均居于最后。企业破产时，股东原来的投资可能得不到全额补偿，甚至一无所有。

2. 价格不稳定

普通股的价格受众多因素影响，很不稳定。政治、经济因素，投资人心理因素，企业的盈利情况，风险情况等都会影响股票价格，这也使股票投资具有较高的风险。

3. 收入不稳定

普通股股利的多少，视企业经营状况和财务状况而定，其有无、多少均无法律上的保证，其收入的风险也远远大于固定收益证券的收入风险。

三、股票投资决策

（一）股票的价值

从本质上讲，股票仅仅是一种凭证，其作用是用来证明持有人的财产权利，而不像普通商品一样包含有使用价值，所以股票自身并没有价值，也不可能有价格。但当持有股票后，股东不但可参加股东大会，对股份公司的经营决策施加影响，且还能享受分红和派息的权利，获得相应的经济利益，所以股票又是一种虚拟资本，它可以作为一种特殊的商品进入市场流通转让。而股票的价值，就是用货币的形式来衡量股票作为获利手段的价值。所谓获利手段，即凭借股票持有人可取得的经济利益。利益愈大，股票的价值就愈高。

股票的价值有面值、净值、清算价值、市场价值和内在价值等5种。

1. 股票的面值

它是股份公司在所发行的股票上标明的票面金额，它以元/股为单位，其作用是用来表明每一张股票所包含的资本数额。股票的面值一般都印在股票的正面且基本都是整数，如百元、十元、一元等。在我国上海和深圳证券交易所流通的股票，其面值都统一定为一元，即每股1元。股票票面价值的最初目的是在于保证股票持有者在退股之时能够收回票面所标明的资产。随着股票的发展，购买股票后将不能再退股，股票面值现在的作用一是表明股票的认购者在股份公司投资中所占的比例，作为确认股东权利的根据，如某上市公司的总股本为1 000万元，持有一股股票就表示在该股份公司所占的股份为千万分之一；二是在首次发行股票时，将股票的面值作为发行定价的一个依据。

一般来说，股票的发行价都将会高于面值。当股票进入二级市场流通后，股票的价格就与股票的面值相分离了，彼此之间并没有什么直接的联系，投资者爱将它炒多高，它就会有多高，如前些年上海股市有些股票的价格曾达到80多元，但其面值也就仅为

1 元。

2. 股票的净值

它又称为账面价值，也称为每股净资产，指用会计方法计算出来的每股股票所包含的资产净值。其计算方法是将公司的注册资本加上各种公积金和累积盈余，也就是通常所说的股东权益，将净资产再除以总股本就是每股的净值。股票的账面价值是股份公司剔除了一切债务后的实际家产，是股份公司的净资产。

由于账面价值是财务会计算的结果，其数字准确程度较高，可信度较强，所以它是股票投资者评估和分析上市公司经营实力的重要依据之一。股份公司的账面价值高，则股东实际所拥有的财产就多；反之，股票的账面价值低，股东拥有的财产就少。股票的账面价值虽然只是一个会计概念，但它对于投资者进行投资分析具有较大的参考作用，也是产生股票价格的直接根据，因为股票价格愈贴近每股净资产，股票的价格就愈接近于股票的账面价值。

在股票市场中，投资者除了要关注股份公司的经营状况和盈利水平外，还需特别注意股票的净资产含量。净资产含量愈高，公司自己所拥有的本钱就越大，抗拒各种风险的能力也就越强。

3. 股票的清算价值

它是指股份公司破产或倒闭后进行清算之时每股股票所代表的实际价值。从理论上讲，股票的每股清算价值应当与股票的账面价值相一致，但企业在破产清算时，其财产价值是以实际的销售价格来计算的，而在进行财产处置时，其售价一般低于实际价值，所以股票的清算值就与股票的净值不相一致，一般都要小于净值。股票的清算价值只是在股份公司因破产或因其他原因丧失法人资格而进行清算时才被作为确定股票价格的根据，在股票发行和流通过程中没有什么意义。

4. 股票的市场价值

它又称为股票的市值，是指股票在交易过程中交易双方达成的成交价。股票的市值直接反映着股票市场行情，是投资者买卖股票的依据。由于受众多因素的影响，股票的市场价值处于经常性的变化之中。股票的市场价值是与股票价格紧密相连的，股票价格是股票市场价值的集中表现，前者随后者的变化发生相应的波动。在股票市场中，投资者是根据股票的市场价值（股票行市）的高低变化来分析判断和确定股票价格的，所以通常所说的股票价格也就是股票的市场价值。

5. 股票的内在价值

它是指在某一时刻股票的实际价值，也是股票的投资价值。计算股票的内在价值需用折现法。

由于上市公司的寿命期、每股税后利润及社会平均投资收益率等都是未知数，所以股票的内在价值较难计算，在实际应用中，一般都是取预测值。

（二）股票价值的计算

1. 优先股价值的计算

优先股价值是优先股未来股息按投资必要收益率折现的现值。通常优先股没有到期日，优先股股东只要不出让优先股股份，它就可以永远持有股票并收得股息。如果未来

股息预期不变，优先股可以看做一种永续年金。其计算公式如下：

$$P_0=\frac{D_p}{R_p}$$

式中，P_0 代表优先股价值；D_p 代表优先股股息；R_P 代表优先股投资必要收益率。

【例7】明星电力股份有限公司2005年度优先股股息为每股0.20元，市场平均投资必要收益率为8%，试计算该公司优先股的价值。

根据题意可得：

$$P_0=\frac{D_P}{R_P}=\frac{0.2}{8\%}=2.5\text{（元/股）}$$

【例8】某股份公司2005年度优先股价值为4元/股，每股股息为0.3元，试计算该公司优先股的必要收益率。

根据题意可得：

$$R_P=\frac{D_P}{P_0}=\frac{0.3}{4}=7.5\%$$

2. 不同类型普通股价值的计算

（1）零增长股价值的计算：如果公司每年均发放固定的股利给股东，即预期股利增长为零，这种股票称之为零增长股。此时各年股利 D 均为一固定常数，其股票价值可按永续年金折现公式计算：

$$P_0=\frac{D_p}{R_s}$$

式中，P_0 代表普通股价值；D_p 代表普通股股息；R_s 代表普通股投资必要收益率。

（2）固定增长股价值的计算：如果某种股票的股利按照一个常数 g 增长，那么未来第 t 期的预期股利为：

$$D_t=D_0\ (1+g)^t$$

式中，D_0 是指 $t=0$ 时的股利。股票价值计算如下：

$$P_0=\sum_{t=1}^{\infty}\frac{D_0\times(1+g)^t}{(1+R_s)^t}$$

假设必要收益率 R_s 大于股利增长率 g（否则现值是无限的），上式可简化为：

$$P_0=\frac{D_1}{R_s-g}$$

在公式中，股票价值与预期股利、必要收益率和股利增长率3个因素的关系如下：每股股票的预期股利越大，股票价值越大；必要收益率越小，股票价值越大；股利增长率越大，股票价值越大。

【例9】假设某投资者正考虑购买A公司的股票。该股票从今天起的一年里将按每股3元支付股利，该股利预计在可预见的将来以每年8%的比例增长，投资者基于对该公司的风险评估，认为应得的收益率为12%，那么，该公司每股股票的价值是多少？

根据题意可得：

$$P_0=\frac{D_1}{R_s-g}=\frac{3\times(1+8\%)}{12\%-8\%}=81\text{（元）}$$

以上的计算说明，当该股票的价格在 75 元以下时，企业才能购买，才能保证获得 12% 的收益率。

（三）经营业绩与股价

炒股票，虽然有各种各样的题材，但总的来说，一般都是炒经营业绩或与经营业绩相关的题材。所以在股市上，股票的价格与上市公司的经营业绩呈正相关关系，业绩愈好，股票的价格就愈高；业绩差，股票的价格就要相应低一些。但这一点也不绝对，有些股票的经营业绩每股可能几分钱，但其价格可能高于业绩几倍或几十倍，这在股市上是非常正常的。

由于股票的价格是由竞争决定，只要投资者愿意，有足够的资金，且在股票交易过程中遵纪守法，其最后的成交价就由出价最高的一方决定。

从理论上来讲，经营业绩对股价的影响通常用两个公式来表达，一个是股价的静态计算公式，另一个是动态计算公式，静态的计算公式如下：

$$P=\frac{L}{i}$$

式中，P 是股票的价格；L 是每股股票的税后利润；i 是投资者进行其他投资时可取得的平均投资利润率，一般用储蓄利率代替，因为储蓄是当前投资者所能从事的最普通和最便利的投资方式。

这个公式的意义是：当投资者从事其他投资每元可获得收益 i 时，若在投资股票时要取得收益 L，投资者所必须支付的资金量就为 P，此时，投资股票的收益就与其他投资相等。

如一年期定期储蓄存款利率为 10.98%，现某只股票的税后利润为每股 0.66 元，按上述公式计算，则该股票的价格就为 6.01 元。此时，将 6.01 元投资于股票或将其存银行，其投资收益都一样。

在上式中，股票的价格与经营业绩成正比，与其他投资的平均利润率成反比。如果上市公司的经营业绩提高或储蓄的利率降低，都将会导致股票的价格上升。如 1996 年 5 月后，中国人民银行两次调低居民储蓄利率，就导致上海股市股票价格上涨一倍多。

但用这个公式来计算股价并不准确。事实上，股票市场上的股价也不是因此而确定的，影响股票价格变化的因素也不仅仅是经营业绩和平均投资利润率两项。另外，上市公司的经营业绩也会随着经营环境及产品市场的竞争而变化。上例中，如果下一年上市公司的经营业绩降到每股 0.55 元，按此公式计算，其股票价格就会下跌到 5 元。如果投资者在本年度就预测到上市公司下年度的业绩会降低，则就不会用每股 6.01 元的价格去购买股票，而只会用 5 元的价格去购买这只股票。

上面这种计算股票价格的方法是一种静态法，它假定所选用的参数如股票的税后利润及储蓄利率是一成不变的，其结果肯定会有相当大的误差。

虽然股票的价格难以用一个精确的公式来表示，但有一点是肯定的，即它总是和上市公司的业绩即税后利润成正比或成正相关关系的。税后利润愈大，投资者的投资收益就高，相应的，股票的价格就愈高。

（四）平均利润率与股价

平均利润率是关于资金流动的一条客观定律，其大意为：当两个部门间投资利润率存在差别时，资金就会从利润率低的部门向利润率高的部门流动，直到两部门的投资利润率基本相等。用一句通俗的话来表述平均利润率规律就是：水往低处流，资金向利润率高的地方走。

股票的价格是直接受资金的供给情况影响的，当进入股市的资金增加时，股票的价格就会上涨，如利多消息出台时，外围资金就纷纷进入股市，从而引起股票价格的上涨。

1994 年 7 月底公布“三大政策”及 1995 年 5 月 17 日公布暂停国债期货的消息后，诱使了大量资金入市，不同程度地导致了股市的暴涨。而当股市资金向外撤时，股价就会下跌。

当某个领域的投资利润率发生变化时，股市和该领域间的投资利润率就会产生一个位差。根据平均利润率规律，股市和该投资领域之间就会出现资金的流动，而资金流动的结果就会引起股票的价格发生变化。

投资者投资于股市，其期望就是获得超额利润，即获得超过社会平均投资利润率水平的收益。而投资者在股市中的一切操作（买进和卖出）都是平均利润率规律的集中表现。综合起来，平均利润率规律对股票价格的影响有以下 4 个方面。

1. 给股价定位

绝大部分投资者购买股票的动机就是认为股价会上涨，且一年之内的涨幅肯定要高于自己能涉足的投资领域，要不然，投资者会将资金投入到其他利润率高的领域。而投资者将资金源源不断地投入股市的结果，就会驱使股价逐步攀升，从而导致股价收益率的下降。当资金运动的结果使股价收益率接近于其他领域的平均水平时，投资者购买股票与进行其他投资的收益就基本相等，此时资金的流动就会趋向于平缓，股价就会维持在一个相当的水平，既不上涨，也不下跌。所以，平均利润率规律有给股价定位的作用。

对于普通市民来说，其资金实力较小，又要兼顾工作，其在现阶段的主要投资渠道也就是银行储蓄、购买债券和股票投资。由于银行储蓄几乎无风险可言，又不耗费多少时间和精力，所以银行储蓄是一般市民的首选投资工具。若要进行股票投资，一般都会将银行利率作为股票投资的预期收益。当投资于股票的收益大于银行存款利率时，人们将选择股票；反之，当银行存款利率高于股票的投资收益率时，人们将会选择储蓄。所以，当一个股市的投资者较为理性和成熟时，股市的投资收益基本上就会与所在地一年期的储蓄利率相等，因而其股价也就稳定在与此相适应的水平。

衡量一个股市的投资利润率通常是用股价收益率的倒数——股市的平均市盈率，由于股市的投资利润率与平均市盈率之间是倒数关系，当股价收益率与银行一年期的储蓄利率相等时，也就有：

$$\text{股市的平均市盈率} \times \text{一年期银行存款利率} = 1$$

当银行的存款利率确定以后，股市的市盈率也就稳定在一个相对应的水平，股票价格也随之确定。

$$\text{股市的平均市盈率} = \frac{1}{\text{一年期银行存款利率}}$$

2. 引起股价涨跌

根据平均利润率规律，当股市周边领域的投资利润率发生变化时，资金总是要从利润率低的部门向利润率高的部门流动，从而导致资金的转移。在现阶段，影响股市资金的主要领域是银行储蓄、债券市场、期货市场、房地产等，另外，商贸、实业投资及收藏业对股市也有一定的影响。

(1) 银行储蓄和债市。当储蓄和债券的利率调整时，股市与储蓄或债券市场上的收益平衡就会打破，资金就会转移以追逐较高的利润。具体就是当储蓄或债券发行利率上调时，股市的投资价值会相应降低，投资者就会抛售股票而将资金投向储蓄或债券，从而引起股票价格的下跌；反之，当储蓄或债券的发行利率下调时，人们就会从储蓄或债券市场抽出资金投入股市，最终导致股票价格的上升。

在我国居民所拥有的金融资产中，占90%以上的为储蓄存款，其次为债券，这两个领域吸收的资金量最大，所以，银行利率或债券发行利率的调整对股票价格的影响是最大的。

(2) 期货。由于期货具有高风险和高收益的特点，所以我国的期货市场也吸收了大量的游资，且我国的证券营业部门中许多都代理期货业务，资金在股市与期货之间的转移极其方便。

当期货市场行情火爆的时候，它往往将股市的资金吸引过去，从而导致股市的低迷和股价的下行；而当期货市场行情冷清的时候，股市的资金就比较充盈，股价就比较坚挺。如1995年5月18日中国证监会宣布暂停一切国债期货业务时，大量的资金就迅速涌入股市，最终导致了股市的暴涨，沪深股市在这一天分别上扬了31%和23.5%。

(3) 当股市周边的房地产业、收藏业、商贸及实业投资等领域比较兴旺时，由于高利润率的诱惑，这些领域也会从股市吸引一些资金。如我国的温州地区，由于当地居民擅长于商贸及实业投资，且在这些行业能取得较高的利润率，即使在行情火爆时，相对于其他城市，其证券买卖业务也较为冷清。

(4) 股市内部资金的转移也可导致股价的涨跌。当投资者认为某只股票具有投资价值时，相当多的资金便会涌入该股票，从而促使其价格的上扬；而当一只股票的前景不佳时，投资者便会抛售该股票而从中抽出资金，从而导致该股票价格的下跌。如1996年的中期年报公布时，某只股票的业绩为每股亏损0.70元以上。在信息披露的当天，其价格便下跌了30%左右。

3. 导致股价的回归

当一个股市的股价上涨过快时，股票的价差收益就会明显超过其地领域。在高额利润的诱惑下，外围的资金就会纷纷涌入，从而进一步抬高股价，推动股指的上涨。而由于涌入资金的惯性，股指往往会涨到一个相对高点。此时，进入股市的资金已相对过剩，市盈率偏高，过高的股价对资金已不再具有吸引力。相对于周边投资市场，股市的投资收益率已明显偏低。这时，平均利润率规律又将作用于股市，它将引导资金从股市向其他投资市场流动，一些较为理智的投资者就会率先撤出资金，股价开始下跌，从而引起连锁反应，最终导致股市的暴跌，使股指又回到一个与周边领域投资利润率相适应的水平，这也就是股票市场暴涨之后必有暴跌的原因所在。反之，当股市暴跌而出现股价过低时，股价收益率提高，市盈率降低，股票的投资价值就会明显高于其他投资市场。此时，在平均利润率的作用下，资金又会从周边市场向股市转移，导致股价的回升。

20 世纪 80 年代后期的日本东京股市，其上涨幅度连续几年超过 30%，股市的价差收益远远高过其他行业，于是进入股市的资金像雪球式的越滚越大，将日经指数从 1986 年的 13 000 多点推向 1989 年 39 000 多点的最高峰，其市盈率达 100 倍左右，造成了严重的泡沫经济。在其后的几年里，东京股市一蹶不振而进入艰难的调整阶段。1995 年，日经指数曾跌到 14 000 多点，只及最高点的 38%，几乎从终点又回到了起点。同样，香港股市在 1993 年的涨幅曾超过 100%，在 1994 年初创下 12 000 多点的高峰，但今天的恒生指数却依然在 12 000 点上下徘徊。而我国股市 5 年来的历程也基本如此，沪深股市分别从 1990 年 12 月和 1991 年的 4 月开始计点，由于受炒股发财效应的影响，我国居民在短短的两年内向股市倾注了大量的资金，从而导致了股票价格的暴涨。至 1992 年年底，上证指数和深证指数就从 100 点分别涨到了 780 和 241 点，其平均年涨幅分别达 179% 和 68%，而在 1993 年上半年沪深股市的股票指数达到历史的最高水平 1 558 点和 368 点后，股市便进入调整阶段，四年后的今天，虽深证综合指数再创新高，但上证指数却仍在 1 558 点之下徘徊。

（五）净资产与股价

股票的净资产是上市公司每股股票所包含的实际资产的数量，又称股票的账面价值或净值，指的是用会计的方法计算出的股票所包含的资产价值。它标志着上市公司的经济实力，因为任何一个企业的经营都是以其净资产数量为依据的。如果一个企业负债过多而实际拥有的净资产较少，它意味着其经营成果的绝大部分都将用来还债，如负债过多导致资不抵债，企业将会面临着破产的危险。

股票投资与银行储蓄有所不同。因为储蓄的利息率是事先固定的，所以储蓄的收益是与储蓄额成正比的，存得愈多，获利越大。而股票投资的收益不与所持股票的多寡成正比，投入的多并不意味着收获就大，即使投资者投入的资金量相同，但由于所购股票数量不等，其投资收益就有可能差异很大。

由于股票的收益决定于股票的数量而非股票的价格，且每股股票所包含的净资产决定着上市公司的经营实力，决定着上市公司的经营业绩，每股股票所包含的净资产就对股价起决定性的影响。

股票价格与每股净资产之间的关系并没有固定的公式。因为除了净资产外，企业的管理水平、技术装备、产品的市场占有率及外部形象等都会对企业的最终经营效益产生影响，而净资产对股票价格的影响主要来自平均利润率规律的作用。

前一节已表述，由于平均利润率规律的作用，企业的净资产收益率都会围绕一个平均水平上下波动。对于上市公司来说，由于经过了较为严格的审查，且经营机制较为灵活，管理水平比一般企业要高，所以其盈利能力普遍要高于普通企业。

如最近几年，我国企业的平均利润率约在 10% 左右，而上市公司 1993 年的平均净资产收益率为 16%，1994 年为 13.5%，1995 年宏观经济趋紧，工业企业的经营收益较低，但上市公司的净资产收益率仍然接近 11%。

研究表明，各国上市公司的平均净资产收益率虽然普遍都高于当地的平均投资利润率，但都不会超过150%这个范围。

所以，只有当股票的平均价格不超过每股净资产的1.5倍时，投资于股市的收益才能和银行储蓄或其他投资的平均值相当。而当股价超过上市公司平均净资产值的1.5倍以后，购买股票的收益就不如其他投资收益了。

以上结论是相对股市的整体平均而言的，对一个或少量几个上市公司并不适用。如果某个上市公司管理水平出众、产品的市场占有率较高且能长期稳定、生产手段和技术装备比较先进，则对其股价当然可看高一线，但也不宜超过净资产的三倍。从1994年的统计资料来看，上市公司净资产收益率超过36%以上的只有2家，超过平均水平达3倍以上的还不到总数的1%，1995年的情况也基本如此。

通过净资产含量也可确定股票价格的下限。只要一个上市公司经营范围不属于国家政策限制发展的产业或夕阳产业，当其股价降到其净资产含量以下时，购买这种股票就物有所值了。当股价降到净资产含量以下时，上市公司就面临着一个被收购和兼并的问题。对于投资家来说，与其用同样的资金建设一个与这种上市公司规模相当的企业，还不如在股市上收购来得方便，它不但省去许多的项目前期工作如申报、选址、可行性研究等，还可节省建设所用时间，且上市公司还有现成的员工、销售网络可以利用等。上市公司被购并后，收购企业还可对其生产进行重组，如通过调整管理人员和产品结构等措施来迅速提高其经营效益。由此可以认为，股票的最低价格可定在每股净资产的80%以上。

对于理性的投资者来说，购买股票的平均价格可控制在平均净资产值的80%与150%之间，即：

$$0.8 \times \text{平均每股净资产} < \text{股票的平均价格} < 1.5 \times \text{平均每股净资产}$$

在这个范围内，购买股票将具有较高的投资价值。超出这个范围，购买股票将具有较大的风险，市场的投机气氛可能要浓厚一些，被套牢的可能性就会高一些。

而对于个股来说，如上市公司经营确实有方，对其股价可看高一线，但最高价还是应限定在每股净资产的3倍以内。

$$0.8 \times \text{每股净资产} < \text{股票价格} < 3 \times \text{每股净资产}$$

由于我国的资产评估工作还存在着不少的问题，在挂牌以前，有些上市公司的净资产含量明显是被高估了的，比如一些上市公司的净资产收益率连年都在10%以下，明显低于行业水平。这种企业的净资产含量就可能包含有较大的水分，投资者在选股时应加以注意。

（六）心理因素与股价

投资者的心理活动对其投资决策具有很大的影响，其中有些心理倾向对股价有着明显的不利影响。

1. 从众心理

服从多数是现代社会生活及经济生活的一项准则，在证券市场上，绝大部分投资者都认为多数的决定是合理的，于是就在自己毫不了解市场行情及股票情况的状况下，盲目依从他人跟风操作和追涨杀跌，这就是股市中的从众心理。从众心理对股价主要起着

放大的作用。在牛市阶段，有些投资者看见别人购进股票，就轻易地认为股票行情一定看好，唯恐落后，失去获利的机会，在对市场前景毫无把握的情况下就急忙购进，从而导致股票价格的上涨。而由于买入股票盈利的影响，越来越多的投资者受他人的影响，也不管实际的宏观经济形势如何，对上市公司的经营也不作分析研究，就开始买进股票，推动股价的进一步上涨。随着炒股发财效应的逐渐扩大，入市的投资者就越来越多，最后连一些平常对股市和金融都漠不关心的市民都入市了，从而将股价推向一个不合理的高度，形成了一个短期牛市。在牛市向熊市转换阶段，一些较为理智的投资者会率先将资金从股市上撤出，引起股价的下跌，其他投资者看见别人卖出股票，又认为股市行情一定看跌，生怕自己遭受损失，跟着别人立刻做出售出的决定。随着股票下跌幅度的进一步加深，越来越多的投资者就跟着卖出股票，最后引起股市的暴跌。

2. 预期心理

预期心理是指投资者对未来股价走势以及各种影响股价的因素变化的心理预期。在股市低迷时，股价已跌至相当低的水平，大部分都跌至每股净资产以内，但绝大多数投资者都无动于衷，持谨慎观望态度，致使股价进一步下跌。而一旦行情翻转，投资者在预期心理的作用下，却愿以较高的价格竞相买入股票，必然促使股价一路上扬。相反，在股价的顶部区域，投资者都不愿出售，等待股价的进一步上涨，而当股价开始下跌时，又认为股价的下跌空间很大，便纷纷加入抛售队伍。

由于投资者对股价的未来走势过于乐观，就可能将股价抬高到空中楼阁的水平，比如将股价抬高到平均净资产的3倍甚至5倍的水平，使股价明显脱离其内在价值。

3. 偏好心理

偏好心理是指投资者在投资的股票种类上，总是倾向于某一类或某几种股票，特别是倾向于自己喜欢或经常做的股票。当机构大户偏好某种股票时，由于其购买力强或抛售的数量多，就会造成股票的价格脱离大势，呈现剧烈震荡现象。如沪市某些股票，其每年的税后利润也就0.1元左右，由于一些机构大户的偏好，就将股价拉到接近30元的价格，而一旦大户出货，其价格便大幅下跌，导致一些跟风的散户惨遭损失。

4. 博傻心理

在股市上有一种流行的说法，就是股票交易是傻子与傻子竞技，不怕自己稀里糊涂以高价买进或低价卖出，只要有人比自己更傻，愿意以更高价买走或更低价抛售，自己就能有所盈利，这种心理就是博傻心理。由于博傻心理，许多投资者并不研究上市公司的财务状况和股票的投资价值，只要有人买就跟着买，有人卖就跟着卖，造成股价的大幅震荡，市场风险极大。如我国的沪深股市，由于我国投资者尚不成熟，追涨杀跌之风盛行，股价常常出现大幅震荡，这就是投资者的博傻心理在作怪，只要我买，就会有人出更高的价格买走我的股票；只要我卖，就会有人在更低的价格出售，使自己能在低价补进。

（七）股市操纵与股价

上面几节所述股价与上市公司经营业绩、股价与平均利润率、股价与净资产含量的关系都是股价变动的理性动因。因为这些动因，投资者才会调动资金买入股票或抛售股票以追求更高的投资收益。但实际上，股票的涨跌是由于资金运动的结果，有了某些动因以后，才有人买进或者卖出，引起供求关系的变化，从而导致股价的涨跌。在股市上，有些机构大户干脆就利用自己雄厚的资金实力来拉抬或打压股价，这就是股市的操纵。其主要做法是通过大批量的买进或抛出，引起某只股票资金供应量的变化，导致股价的急剧涨跌。

在股市上，只要投资者拥有的资金或股票的数量达到一定的比例，就能令股价的走势随心所欲，从而控制住股价以从中渔利。如沪市的某上市公司曾经在一天之内将自己的股价炒高了一倍，而更有甚者，深市的一家券商在临收市前的几分钟之内就将某只股票的价格拉高一倍多，所以，股价是某时段内资金实力的体现，散户投资者对股市的这种操纵行为应多加提防，而不宜盲目跟风，以免吃亏上当。

机构大户操纵股价的行为能以得逞，其原因就是中小散户的直线思维，即看到股票价格上涨以后就认为它还会涨，而看到股价下跌时认为它还会跌。而机构大户将股票炒到一定价位必然要抛，将股价打压到一定程度后必然要买。

在股市中，机构大户操纵股价的常用手段有以下几种：

1. 垄断

机构大户为了宰割散户，常以庞大的资金收购某种股票，使其在市面上流通的数量减少，然后放出谣言，引诱散户跟进，使市场形成一种利多气氛，哄托市价，待股价达到相当高度时，再不声不响地将股票悉数抛出，从中牟利。而由于机构大户持有的股票数量较多，一旦沽出，必定导致股价的急剧下跌，造成散户的套牢。另一种方式就是机构大户先卖出大量股票，增加市面股票筹码，同时放出利空消息，造成散户的恐慌心理，跟着大户抛售，形成跌势，此时大户再暗中吸纳，高出促进，获取利润。

2. 联手

两个以上的机构大户在私下串通，同时买卖同一种股票，来制造股票的虚假供求关系，以影响股票价格的波动。

联手通常有两种方式：一是联手的大户同时拿出大量的资金购入某种股票或同时抛出某种股票以使价格上涨或下跌；二是以拉锯方式进行交易，即几个大户轮流向上拉抬价格或向下打压价格。如大户 A 先以 10 元价格买进，大户 B 再以 11 元的价格买进，然后大户 A 再以 12 元的价格买进，将价格轮流往上拉。

3. 对敲

两个机构大户在同一只股票上作反向操作，一方卖，另一方买，从而控制股价向自己有利的方向发展，当股价到达其预定的目标时，再大量买进或抛出，以牟取暴利。

4. 转账

一个机构大户同时在多个券商处设立账户，一个账户卖，另一个账户就买。通过互相对倒的方法进行虚假的股票交易，制造虚假的股市供求关系，从而提高股票价格予以出售或降低股票价格以便买进。

5. 声东击西

机构大户先选择易炒作的股票使其上涨，带动股市中大量的股票价格上升，从而对不易操作的股票施加影响，使其股价上涨。

6. 套牢

机构大户散布有利于股票价格上升的假消息，促使股票价格上涨，诱使众多的股票散户盲目跟进，而机构大户在高价处退出，导致股票价格无力支持而下跌。反之，空头大户用套杀多头的方法，又可使股票价格一再上涨。

(八) 股价分析的两种理论

1. 道氏理论

道氏理论，也称道氏方法，是指以道·琼斯股价平均数作研究对象，来观察和预测股价走势的一种股价分析理论。这种理论是技术分析的先驱。其基本原理是认为股价的运动有 3 种趋势：基本趋势、次级趋势和日常趋势，并且这 3 种趋势只有在互证的情况下，才能明确地显示出来。

(1) 3 种趋势论。

第一种趋势是基本趋势。基本趋势又叫长期趋势，是指股价全面、普遍地上升或下降，其幅度超过 20%，持续时间达一年或一年以上的变动情形。基本趋势对证券市场的股价影响力最大，同时也是道氏方法的核心和精华所在。基本趋势，又包括长期上涨趋势即多头市场和长期下跌趋势即空头市场。

多头市场。当股价的基本趋势呈持续上扬态势时，便形成了多头市场。具体来说，多头市场又可分为 3 个阶段：

第一阶段为低档盘整阶段。这一阶段的股价一般都较低，由于以前股价的下降，加上上市公司的财务状况也很一般，所以广大投资者对股票的买卖不感兴趣，股票交易比较清淡，股市处在低迷阶段。在此阶段，只有极少数有远见的投资者开始购进股票，同时，一部分持股者也看到股价上涨的苗头，惜股不卖，从而使成交量减少，一般只有正常成交量的 20% 左右。这样，股价开始复苏并缓慢地上涨。

第二阶段为上升阶段。由于企业盈利进一步增加，经济形势好转，前景逐渐明朗，从而促进股票价格开始持续、稳定地上升，并导致成交量的增加。

第三阶段为高涨阶段。在这一阶段，所有的消息都对股市极其有利，都被理解为利多消息。投资者争先购买股票，股市的上涨，使投机盛行，而投机反过来又推波助澜地使股价扶摇直上。这时的股票，不仅投资价值高的涨到了相当的高度，而且原来价格很低的冷门股，也由于投机的因素而身价倍增。这种情形的持续发展，酝酿着一场风暴，使股市进入空头市场。

空头市场。空头市场是股价呈不断下跌趋势的市场，它也分为 3 个阶段：

第一阶段为高档盘整阶段。这一阶段，股价在较高的点位上盘整，并逐渐呈现下降的趋势。这一阶段起着承前启后的作用，它实际上在多头市场的最后阶段就已经开始。在这一阶段，就成交量来说并未减少，甚至略有增加，但股价的涨幅已日趋缩小，直至最后结束。因此，整个股市的购买气氛已经冷却下来。

第二阶段为恐慌阶段。股市下跌的迹象已越来越明显，多空双方的力量对比已发生了方向性的逆转，空方已占明显优势，股价开始急剧下跌。为了避免更大的损失，持股者竞相抛售股票，以致出现多杀多的现象。到了这一阶段的后期，由于股价下跌幅度过大、过快，持股者反而宁愿套牢，也不愿低价脱手，从而使股市的供求关系得到缓解。因此，股价可能会反弹，但由于股市前景暗淡，股价在反弹后又开始继续下跌。

第三阶段为持续阶段。进入这一阶段后，各种股票的价格都在争相下跌，但其程度不一。一般来说，绩优股下跌得比较平稳，但投资价值较低的投机股则跌得很惨。这个阶段，由于股价在继续下跌，购买者很少，又由于股价过低，持股者惜售，因而交易量

不大，有的股票甚至出现在正常交易日里无成交记录的现象。这样，当股价下跌到足够低的水平时，一些投资者又入市重新购买，从而使股价出现逆转，重新进入多头市场。

第二种趋势是次级趋势。次级趋势也叫中期趋势，是指连续3周以上，半年以内的股价变动情形。次级趋势和基本趋势有着比较密切的关系：

次级趋势的变动幅度，一般是基本趋势的1/3或2/3。

当次级趋势下跌时，若谷底比上次高，则表明基本趋势是上升的；当次级趋势上升时，若其顶峰比上次低，则表明基本趋势是下跌的。

第三种趋势是日常趋势。日常趋势又叫短期趋势，是指连续6天左右的股价变动情形。它可能是人为操纵而形成的，也可能是其他偶然性因素所引起的，因此，日常趋势很难预测。日常趋势与次级趋势的关系是：3个或3个以上的日常趋势就构成一个次级趋势。

(2) 3种趋势的互证法。

两种趋势（即股票指数）同时出现新的高峰或新的谷底，则可看出基本趋势是进入了多头市场还是空头市场。当两种股票指数都出现高峰，且在同一时间内，两者的新高峰都高过以前的旧高峰时，则表示多头市场已经来到。反之，在两种股价指数都出现了低谷，且股价节节下挫，即为进入空头市场的兆头。但是，若两种股票指数背道而驰，则无法判断股价走势。

两种趋势（即股票指数）在盘整一段时期后，突然上升或下降，则可看出次级趋势的发展。当两种股票指数都在某一狭窄范围内盘旋，其波动幅度不超过5%，期间则可能持续数星期。当两种股票指数突然同时穿透这一范围往上升时，则股价将会上涨，否则，股价将会下跌。同样，若两者变动方向相反，也无法判断其股价走势。

2. 空中楼阁理论

空中楼阁理论的倡导者是约翰·梅纳德·凯恩斯，他认为股票价值虽然在理论上取决于其未来收益，但由于进行长期预期相当困难和不准确，故投资大众应把长期预期划分为一连串的短期预期。而一般大众在预测未来时都遵守一条成规：除非有特殊理由预测未来会有改变，否则假定现状将无定期继续下去。于是，投资者不必为不知道10年以后其投资将值多少而失眠，他只要相信这条成规不被打破，使他常有机会在时间过得不多、现状改变还不太大时就可以修改其判断，变换其投资，由于他觉得他的投资在短期间内相当安全，因此，在一连串的短期内（不论有多少)，其投资也相当安全。一般投资者如此，专业投资者也只好如此，这些专业人士最关心的，不是比常人在预测某一投资品在其整个寿命中产生的收益如何上高出一筹，而在于比一般大众稍早一些预测在此成规下市场对新的变化有什么反应。

凯恩斯把此种行为比作选美比赛：报上发表一百张美女照片，要求参赛者选出其中最美的六个，并给命中率最高的参赛者颁奖，这与我国电影的百花奖有点类似。在这种竞赛规则下，为了获胜，每一参赛者都不会根据自己的审美标准来评议，而会根据他对别人审美观点的推断来选美，只有这样，参赛者自己才能获奖。所以，为了获奖，参赛者都必须服从大众的偏好。

同样在股票投资中，专业人要想在投资中获利，也必须了解并遵从一般投资大众的思维方式，一项投资对投资者来说值一定的价格，是因为他期望能以更高的价格卖给别人，于是股票投资就成了博傻游戏，每个人购买股票时都不必研究该股票到底值多少钱，或能为其带来多少长期收益，而只关心有没有人愿意以更高的价格向他买进。所以，在股市中，每个人在购买股票时都必须且愿意充当暂时的傻瓜，只要他相信会有更傻的人来接替他的傻瓜职务，使其持有的股票能卖出，他就可晋升为聪明人了。这种游戏一直持续下去，像击鼓传花一样。但当鼓声一停，最后的一棒就成了真正的傻瓜。此时股价开始下跌，于是傻瓜们又开始了"割肉比赛"。

基于上述分析，凯恩斯认为，"股票价格乃代表股票市场的平均预期，循此成规所得的股票价格，只是一群无知无识群众心理之产物，当群意骤变时，股价自然就会剧烈波动"。

目前，空中楼阁理论在各投资领域都很有市场，其要点可归纳为：

（1）股票价格并不是由其内在价值决定的，而是由投资者心理决定的，故此理论被称为空中楼阁理论，以示其虚幻的一面。

（2）人类受知识和经验所限，对长期预期的准确性缺乏信心，加上人生短暂造成的短期行为，使一般投资大众用一连串的短期预期取代长期预期。

（3）占少数的专业人士面对占绝大多数的一般投资大众的行为模式只好采取顺应的策略，这就是通常所说的顺势而为，股票价格取决于投资者的平均预期。

（4）心理预期会受乐观和悲观情绪的影响而骤变，从而引起股票价格的剧烈波动。

（5）投资者想要在股市中取胜，必须先发制人，智夺群众，而斗智的对象，不是预期股票能带来多少长期收益，其投资价值有几何，而在于预测短期之后，股价会因投资者的心理预期变化而有何变化。

（6）只要投资者认为未来价格上涨，他就可不必追究该股票的投资价值而一味追高买进，而当投资者认为未来价格会下跌时，他也不顾市场价格远低于内在价值而杀低抛出。所以，股票投资往往成为博傻游戏，成为投机者的天堂。

本章小结

证券投资是指购买以国家或者其他单位公开发行的有价证券的投资行为。它分为股票投资、债券投资和组合投资三大类。

证券投资管理的内容主要是通过对证券的估价和对投资风险的衡量来作出是否投资的决策，其目标是：存放闲置资金、降低投资风险、获取较高收益、获得相关控制权。

债券按其发行主体的不同，分为政府债券、企业债券和金融债券；债券投资的风险主要有购买力风险、利率风险、经营风险、变现能力风险、再投资风险、违约风险；债券价格的高低是投资者必须考虑的重要因素，因此，投资者在进行债券投资分析时，应正确估计所投资的债券的价格，以便作出正确的选择。债券的估价有三种类型。

股票是股份公司发给股东作为已投资入股的证书与索取的凭证；企业投资股票的目的主要有两种：一是获利，二是控股；股票投资就是要正确估计股票的实际价值，并将其与发行价格比较，确定是否购买。

第七章

收入与利润管理

SHOU RU YU LI RUN GUAN LI

收入的管理

利润形成及其分配的管理

目的要求：

通过本章的学习，要求学生掌握收入的构成及特点，收入管理的内容和方法；重点掌握利润的构成、计算、利润分配的政策、方法等。

第一节　收入的管理

一、收入的含义、分类及意义

（一）收入的含义

收入是企业在销售商品、提供劳务及让渡资产使用权等日常活动中所形成的经济利益的总流入。因其是在生产经营过程中取得的，所以又叫营业收入。收入主要有以下4个特点：

（1）收入从企业的日常活动中产生，而不是从偶发的交易或事项中产生。

（2）收入可能表现为企业资产的增加，如货币资金或应收账款的增加；也可能表现为企业负债的减少，如以商品或劳务抵偿债务；或者二者兼而有之。

（3）收入能导致企业所有者权益的增加。

（4）收入只包括本企业经济利益的流入，不包括代收的款项。

（二）收入的分类

营业收入由主营业务收入和其他业务收入两部分构成。主营业务收入是企业从事最基本的主要营业活动所取得的收入，包括销售商品产品、半成品、提供劳务等。它在企业的营业收入中占有较大比重，直接影响着企业的经营成果；其他业务收入是企业从事主营业务以外的其他营业活动所取得的收入，其他营业活动是非经常发生的，包括销售材料、出租包装物、出租固定资产、代购代销等业务活动，其他业务收入在企业营业收入中通常只占有较小比重。企业应把主营业务收入作为营业收入管理的重点，确保目标利润的实现。

（三）收入的意义

企业及时取得营业收入，具有重要意义。

首先，收入是企业简单再生产和扩大再生产的资金来源，因此，及时地取得营业收入才能保证企业再生产过程得以不断进行。如果企业不能及时取得收入或根本不能取得收入，已消耗和转移的价值就得不到补偿，企业资金运动的总量就会减少，导致企业的简单再生产无法正常进行，扩大再生产更是无从谈起。

其次，及时取得营业收入也是加速资金周转的重要环节。收入是企业流动资金周转额的体现，企业只有及时取得收入并不断扩大收入，才能使一定量的流动资金周转次数增多，周转速度加快。

最后，及时取得营业收入是企业实现盈利的根本前提。

二、影响收入的因素

收入是销售量与销售单价的乘积，在销售价格不变的前提下，销售量的多少直接影响收入；同样，在销售量不变时，销售单价的高低决定了收入的多少。由此看出，影响收入的直接因素是销售量和销售单价。但在实际工作中，一些特殊情况下的因素与收入有关，并且对收入有不同程度的影响。这些因素主要有：

1．折扣

折扣分为商业折扣和现金折扣两类。

商业折扣，又称价格折扣，是指企业为促进销售而在商品标价上给予的折扣。商业折扣主要是为了鼓励顾客进行大量大批购买，或为了处理冷背、残次的商品而实行的一种促销行为。例如，企业规定某商品销售单价100元，购买100件以上给予5%的商业折扣，则当客户购买数量超过100件时，销售单价为95元。存在商业折扣会使企业单位产品的收入减少，但总销售收入会因有折扣而增加。

现金折扣是指企业以赊销方式销售商品或提供劳务后，为了鼓励客户及早偿付货款，规定客户在不同的期限内付款可享受不同比例的折扣。现金折扣一般用符号“折扣/付款期限”表示。例如，10天内付款给予2%的折扣；第11天至20天付款给予1%的折扣；第21天至30天付款，则不给折扣，必须支付全款，这一现金折扣条件用符号表示则为“2/10，1/20，*N*/30”。

现金折扣和商业折扣相比，主要有两点区别：

第一，目的不同。商业折扣是为了鼓励顾客进行大宗购买而给予的价格折扣，而现金折扣是为了鼓励客户提前付款而给予的债务扣除。

第二，发生折扣的时间不同。商业折扣在销售时即已发生，实际上是确定最终售价的一种方式，企业销售实现时，只要按扣除商业折扣后的净额确认营业收入即可，不需对商业折扣作专门的账务处理；而现金折扣在商品销售后发生，企业在确认营业收入时不能确定相关的现金折扣，销售后现金折扣是否发生取决于买方的付款时间，在现金折扣实际发生时作为当期的财务费用。

2．折让

销售折让是指企业因售出商品的质量、规格等与要求不符等原因而在售价上给予的减让。企业将商品销售给买方后，如买方发现商品在质量、规格等方面不符合要求，可能要求卖方在价格上给予一定的减让。

3．销售退回

销售退回是指商品售出后，买方以所购商品质量、规格等不符合合同规定要求为由，将商品退回给企业的事项。通常，销售退回事项有两种处理方式，一种是由企业调换符合要求的同种商品，这种情况下，收入不受销售退回事项的影响，另一种则是由企业将相应货款退回给买方，这种处理方式则减少了已确认的收入。

三、收入的管理

收入管理工作主要由销售部门和财务部门共同负责。收入管理的目标是广开销售渠道，扩大销售量，增加销售收入。而对收入的管理主要是对销售量和销售价格的管理。

（一）正确预计销售量，选择适当的推销方式，增加销售收入

销售是企业经营管理的龙头，企业各方面的工作成果，都要集中在产品销售后才能

实现，所以，认真做好销售预测工作具有十分重要的作用：便于以销定产，使企业的生产经营活动有计划地进行；也有利于提高销售工作的质量。

销售预测的方法很多，有定性分析法和定量分析法。定量分析法中主要有趋势预测法、回归发行法、因果分析法等，下面介绍几种简单的预测分析方法。

1. 算术平均法

算术平均法是根据过去若干期的实际销售量或销售额的历史数据，以简单的算术平均数作为未来期的销售预测数。其计算公式为：

$$\underline{x} = \frac{\sum_{i=1}^{n} x_i}{n}$$

式中，$\underline{x}$为销售预计数；

n 为历史期数；

x 为每期的销售量。

【例 1】某企业准备预测某产品在 2006 年的销售量。该产品 2000 年至 2005 年的销售资料如表 7－1 所示。

表 7－1　有关资料

年份	2000	2001	2002	2003	2004	2005	合计
销售量/件	1 000	900	1 200	1 100	1 300	1 400	6 900

将有关数据代入上式，得

$$\underline{x} = \frac{1\,000 + 900 + 1\,200 + 1\,100 + 1\,300 + 1\,400}{6} = 1\,150 \text{（件）}$$

即 2006 年的预计销售量为 1 150 件。

利用算术平均法预测销售量，方法简单，计算工作量不大。但它把各期的销售情况同等看待，将历史差异平均化，没有考虑远期销售和近期销售对未来期的影响，所以预测值与实际值相比可能误差较大，故此法只适用于各期销售比较稳定的产品。

2. 移动加权平均法

移动加权平均法也是根据过去若干期的实际销售资料，求其平均数。但其平均数不是简单的平均数，而是按其距计划期的远、近分别加权后的加权平均数。其计算公式为：

$$\underline{x} = \frac{(\sum_{i=1}^{n} x_i W_i)}{(\sum_{i=1}^{n} W_i)}$$

式中，W_i（$i=1，2，\cdots,$）为各期权数。

确定各观察期的权数的原则是：近期权数大，远期权数小，目的是加强近期数据在预测中的影响程度。如令 $\sum W_i = 10$，则可取 $W_1 = 2, W_2 = 3, W_3 = 5$。

【例2】资料见表7-1，令 $\sum W_i = 21, W_1 = 1, W_2 = 2, W_3 = 3, W_4 = 4, W_5 = 5, W_6 = 6$，这时，2006年的预计销售量为

$$x = \frac{1\,000 \times 1 + 900 \times 2 + 1\,200 \times 3 + 1\,100 \times 4 + 1\,300 \times 5 + 1\,400 \times 6}{(1+2+3+4+5+6)}$$

$$=1\,224 \text{（件）}$$

移动加权平均法注意了不同历史时期的销售对预测值的影响，所以在取权数时，近期权数大，远期权数小，这样预测的结果更符合实际。

3．趋势平均法

趋势平均法是根据过去若干期的实际销售资料，分段计算出该段的销售平均值，然后将相邻两个平均值相比较，计算出变动趋势，再分段计算出各段变动趋势的平均值，最后以趋势平均值预计产品销售量的一种预测分析方法。其计算步骤如下：

（1）分段计算该段的平均值，如以每五期资料为一段，每段计算出算术平均销售量为：

$$\underline{x} = \frac{(\sum x_i)}{n(n\text{为每段的期数})}$$

（2）计算平均值的变动趋势：

每段平均值变动趋势＝下段平均值－上段平均值

（3）计算变动趋势的平均值，其公式为：

$$\text{变动趋势的平均值} = \frac{\sum \text{变动趋势}}{n}$$

（4）计算计划期销售量值：

计划期销售量值＝最后段销售平均值＋最后段的趋势平均值×距预测期的期数

【例3】某企业经营甲产品，要求根据2005年的资料预测2006年1月份的销售量。2005年1～12月份的销售情况如表7-2所示。

表7-2　2005年各月的销售情况

月份	销售量/万元	月份	销售量/万元
1	16	7	28
2	18	8	22
3	20	9	26
4	23	10	24
5	22	11	25
6	25	12	30

根据上述资料，采用趋势平均法计算的有关数据如表7-3所示。

表 7－3 有关数据

月份	销售量	五期销售平均值	变动趋势	三期趋势平均值
1	16	—	—	—
2	18	—	—	—
3	20	19.8	—	—
4	23	21.6	1.8	—
5	22	23.6	2	1.40
6	25	24	0.4	1
7	28	24.6	0.6	0.47
8	22	25	0.4	0.33
9	26	25	0	0.27
10	24	25.4	0.4	—
11	25	—	—	—
12	30	—	—	—

根据表 7－3 的计算数据，预计 2006 年 1 月份的销售预测值为：

$(25.40+0.27\times3)=26.21$ 万元

或 $(25+0.27\times4)=26.08$ 万元

（二）正确制定产品价格，增强产品的市场竞争力

在市场经济的条件下，价格是商品竞争的重要因素。产品价格的高低，完全取决于市场的供求关系，由市场来调节。因此，每个企业都面临着定价问题。目前，我国价格改革正在向更深的层次发展，产品价格的开放，使企业对自己的产品有了定价权，定价更成为企业至关重要的决策问题。

1．影响产品价格的因素

（1）产品价值。产品价值是指为生产该种产品的物化劳动和活劳动的总和。它包括已消耗的劳动资料的价值（折旧），生产该种产品所消耗的劳动对象的价值（如各种材料费）；劳动者为自己劳动所创造的价值，劳动者为社会劳动所创造的价值。产品价值是构成产品价格的基础，产品价格是产品价值的货币表现。所以，产品价值的大小，在很大程度上决定着产品价格的高低。产品的实际价格总是在产品价值的基础上上下波动。

（2）市场供求关系。市场供求关系就是该种产品在市场上的供应量与需求量的关系。一般说来，供求关系的改变，将直接影响产品的价格。产品供应量大于需求量，市场对该产品的需求达到饱和，这时产品价格就可下跌，甚至有时产品价格要低于产品价值。如果市场对该产品的需求量大于供应量，产品在市场走俏，为了调整供求关系，这时产品价格可以偏高。所以，在定价时，必须了解产品在市场上的供需情况，并注意供

需的弹性。有些产品供需弹性较大，价格稍有变动就会引起产品需求发生大的变动；而有些产品供需弹性较小，价格稍有变动不会影响市场对该产品的需求。在调整产品价格时一定要注意这一点，防止适得其反。

（3）市场竞争。企业为了生存，就得积极参与竞争，竞争的焦点必然是市场。企业只有用合适的销售方式和质量高、品种全、式样好的产品赢得顾客，才能在市场中占有一席之地。竞争中的主要方式就是价格，它是使企业在竞争中取胜的一个重要条件。在质量、品种大致相同的条件下，价格低，销售量就会增加；价格高，销售量就减少。在竞争中，企业应根据产品的自身情况，认真考虑其价格是低于其他企业同类产品，还是高于其他企业同类产品。如果企业的产品质量高、信誉高、群众喜欢，价格就可略高于其他同类产品；反之，为了争取市场，价格就应稍低于其他同类产品。

2. 产品定价方法

（1）变动成本定价。变动成本定价的特点是以预计的单位产品变动成本为依据，在这基础上考虑一定的贡献毛利，作为该种产品售价。其计算公式为：

$$产品单价 = 单位变动成本 \times （1 + 加成率）$$

加成率一般是按在预期正常产销量的情况下，贡献毛利与变动成本之比。其计算公式为：

$$加成率 = \frac{CM}{b} \quad 或 \quad 加成率 = \frac{a+P}{bx}$$

式中，CM 为贡献毛利（销售收入与变动成本的差）；b 为单位变动成本；a 为固定成本总额；P 为利润。

【例4】某厂生产的A产品全年预计正常的产量为15 000件，单位变动成本为3.5元，其中原材料为1.5元，直接人工为1.2元，变动制造费为0.8元。固定成本总额为30 000元，预期利润为16 500元，则其定价方法如下：

$$加成率 = \frac{30\ 000 + 16\ 500}{3.5 \times 15\ 000} \times 100\% = 88.57\%$$

$$产品单价 = 3.5 元 \times （1 + 88.57\%） = 6.60 元$$

变动成本定价法可用于新产品的定价。以这种定价方法确定的价格既能保证生产产品所耗的成本得到补偿，又能使目标利润得到实现。但在定价时，要注意这样确定的价格，是否会影响产品的销售。

（2）完全成本定价。完全成本定价是按照产品的全部成本（包括变动成本和固定成本）加上一定百分比的利润来确定产品价格的方法。其计算公式为：

$$\begin{aligned} 单价 &= 单位产品完全成本 + 单位利润 \\ &= 单位产品完全成本 \times （1 + 成本利润率） \\ &= \frac{全部产品完全成本总额 + 目标利润}{产品数量} \end{aligned}$$

【例5】某企业生产甲种产品，全年预计产销量为10 000件，预计单位变动成本为5元，固定成本总额为20 000元，预计成本利润率为2%，则甲产品的单位售价为

$$单价 = \frac{（10\ 000 \times 5 + 20\ 000） \times （1 + 2\%）}{10\ 000} 元 = 7.14 元$$

或　　单价 $= (5+\frac{20\,000}{10\,000})$ 元 $\times (1+2\%) = 7.14$ 元

(3) 特殊产品的定价。

①利用剩余生产能力而不影响正常销售量的产品定价。

前面介绍的两种定价方法，都适用于那些正常渠道销售的正常生产能力的产品。实际工作中，企业在满足正常渠道的销售后，生产能力尚有富余。有时也会遇到一些出价特别低的产品；同时，有的企业产品在销售上比较困难，这时也会遇到低价订货的情况。由于这些订单的出价往往接近甚至低于产品的生产成本，从财务会计角度看，这种价格往往是不会接受的，但从管理会计角度看，这些定价不一定就不能接受。一般说来，只要特殊订货的价格不会对企业正常渠道的销售产生影响，只要该价格能提供贡献毛利，该项订货就能接受。

【例6】某公司生产A产品的正常生产能力为10 000件，正常销售价格为21元/件。其单位成本资料为：

直接材料费：6元

直接人工费：7元

变动制造费：3元

固定制造费：4元

共计单位生产成本：20元

预计明年A产品通过正常销售渠道，只能销售7 000件产品，还有3 000件不能售出。现有一外商要求对不能售出的3 000件产品降低售价为18元/件（售价降低3元），这样，外商就能全部购买。

要不要接受外商的这一订货，企业应考虑两个方面的问题：一是这种特殊订货对企业正常销售渠道有无影响；二是该定价有无贡献毛利。若这一特殊订货对企业正常渠道的销售无影响，就可以接受订货。

从资料可以看出，增加生产3 000件产品对正常产销的原7 000件产品无任何影响，且该3 000件产品产生的收入为3 000×18元=54 000元，而所发生的变动成本只有3 000×16元=48 000元，如果接受外商的订货，会为企业增加6 000元（54 000－48 000）的贡献毛利。

所以，企业应接受该批订货，这样可增加利润6 000元。

任何特殊情况下的定价，无论是成熟产品或衰退产品或营业额下降期间的各种产品，只要客户出价能高于变动成本而创造贡献毛利，冲抵掉一部分固定成本，就应接受订货。

②利用剩余生产能力暂时减少部分正常销售的产品定价。如果企业生产能力有余，可以生产正常销售产品以外的产品，并且有一特殊订货，其订货量大于剩余生产能力所能承受的生产部分正常销售的产品生产，而转向生产这批特殊订货的产品。很明显，这批特殊订货的价格比正常销售价格低。若接受这批订货，在企业生产能力不变（即不增加固定成本）的情况下，只要符合下列条件就可接受订货：

$$\text{特殊订货价格} > \text{单位变动成本} + \frac{\text{减少正常销售而减少的贡献毛利}}{\text{特殊订货量}}$$

式中，因减少正常销售而减少的贡献毛利在决策中视为与决策有关的机会成本。

【例7】某企业生产甲产品，正常生产能力为5 000件，正常销售量为4 500件，尚有500件的剩余生产能力。固定成本总额为40万元，正常销售价格为350元，单位变动成本为250元。这时有一港商前来订货1 000件，最高只能出价310元。企业该不该接受这批订货？即每件310元的价格能不能接受？根据资料得：

特别价格：310元

变动成本：250元

单位产品负担的机会成本：50元

注：单位产品负担的机会成本＝［500×（350－250）］/1000＝50元

因特殊订货价格310元大于单位变动成本250元与机会成本50元的和，故可以接受这批订货。这时的利润计算结果如表7－4所示。

表7－4　甲产品有关资料　　单位：元

项目	正常销售	特别订货	合计
销售收入	1 400 000	310 000	1 710 000
变动成本	1 000 000	250 000	1 250 000
贡献毛利	400 000	60 000	460 000
固定成本	400 000	—	400 000
净利	—	60 000	60 000

3．产品定价策略

前面讲了几种定价的方法。事实上，产品的定价并不是一成不变的。由于市场情况千变万化，供需关系也在不断发展变化，且在定价时，对有些因素往往难以把握，或难以预计，因而用定量的分析方法来确定的产品价格，不一定就是这种产品在市场上的最佳价格，因此在定价时，除用上述方法确定价格外，还应根据市场情况和消费者的心理，采用灵活的策略，随机应变，这样才能在市场竞争中取胜。

下面介绍西方企业定价时常用的几种策略：

（1）高价策略。它就是按高于产品价值去定价。这种定价策略可用于新产品的定价和高档名贵商品的定价。这是因为，新产品刚上市，还没有与之竞争的产品，这时采用偏高定价，可以在新的竞争者出现以前，尽快收回投资，减少风险，并在较短时期内获得高额利润。另外，新产品的这种定价也有可行性，因为总有人愿意出高价去首先尝试和使用新产品，并以此为荣，以新产品来表现自己的“独特”。所以，以高价刺激顾客的这种心理是可行的。

（2）质量信誉定价。利用消费者对产品质量追求的心理，实行高价定价，这种定价的关键是在信誉。有了信誉的产品，购买者就会把价格和质量等同起来。所以，如果企业产品的质量确实高于同类产品的质量，并且在消费者心中的信誉已树立起来，则对这种产品，可以略抬高产品价格。实际上，略抬高价格，消费者有这个承受能力，并且他多花一点钱购买质量高、花色品种好的产品也是值得的，这也符合按质论价的规律。

（3）估计竞争对手情况定价。在市场竞争中，要想取得优势，首先就要对自己的竞争对手作透彻的分析了解，然后根据竞争对手的情况，确定自己的价格。如竞争对手实力还比较弱，则可先采用低价销售，以便击败竞争对手，占领市场，然后再提价销售；如对手实力较强，则不宜在价格上多下工夫，而只需采取对方提价我提价，对方降价我降价的办法。至于要击败强劲的对手，还可以从其他途径想办法。如竞争对手势力相当，双方应采取“和平共处”的原则，与对方订立价格协议，共同遵守。

（4）供求定价。当产品在市场供不应求时，可以适当抬高价格；当供过于求时，就应降低价格销售，即所谓薄利多销。

（5）心理定价策略，它又包括下面两种：

第一种：尾数定价策略。在确定产品价格时，根据消费者的心理，价格中保留尾数比整数好。如0.99元与1元的价格，仅一分之差，但前者在“角”的区域，而后者已上升为“元”，显然，前者更符合消费者的心理状况，也给人一种真实感。这种定价适用于价格较低的商品。

第二种：整数定价策略。它适用于高价商品，一个整数看起来很潇洒，不用找零钱，既方便了自己，也方便了顾客。

（三）收入的日常管理

1. 加强促销工作

这项工作由销售部门完成。通过适当、有效的促销活动，诱导需求、创造需求，发掘潜在的需求，从而尽可能地扩大销售，不断增加企业收入。

2. 及时确认和正确计量收入

权责发生制要求，任何一个项目的确认，都应以权利与（或）责任的发生与否为标志。对收入而言，其责任或义务是指收入的赚取过程已经完成，如工业企业的商品生产完工并销售出去、服务性企业的劳务提供过程已经完成等等；而权利就是收取酬金的权利。

收入的计量是指确定收入的金额。要正确计量收入必须正确处理上述几个影响收入的因素。

3. 严格销售合同的管理工作

企业销售商品，应该与客户签订销售合同，明确规定销售商品的品名、规格、数量、质量、价格、发货日期、结算方式以及违约责任等。企业财务部门应配合销售部门，组织销售合同的签订和执行。合同签订后，企业必须严格执行，按合同要求组织商品的发运。企业不履行合同或不适当履行合同，一方面会影响订货单位生产经营活动的正常进行，对其造成经济损失，另一方面会造成企业本身的经济损失（失去了本该实现的收入以及承担客户按合同规定追究的责任）和信誉损失（这一点才是至关重要的）。因此，销售合同的管理工作不仅影响企业当期的收入，而且影响到企业未来取得收入的能力。

4. 强化货款的结算管理工作

货款的结算工作通常由财务部门统一负责办理，货款结算应及时，若货款到期未能及时收回，应尽快与欠款单位联系，查明原因，妥善处理。

第二节 利润形成及其分配的管理

一、利润的管理

（一）利润的构成

利润是企业在一定时期开展生产经营活动的最终成果，它主要反映企业生产经营活动各方面的效益，是企业最终的财务成果，是衡量企业生产经营管理状况的重要综合指标。就其来源，既有通过对内投资进行生产经营而取得的利润，也有对外进行投资活动而获得的投资收益，还有与生产经营无直接关系的事项所引起的盈亏。利润总额为正数，表示企业盈利；利润总额为负数，则表示企业亏损。企业利润总额一般包括营业利润、投资收益（减投资损失），以及营业外收支净额。其计算公式为：

利润总额 = 营业利润 + 投资净收益 + 营业外收入 − 营业外支出

净利润是指企业缴纳所得税后的利润。其计算公式如下：

净利润 = 利润总额 − 所得税

公式中可以看出，企业的利润由营业利润和非营业利润构成。

1. 营业利润

营业利润是指企业从事日常经营活动所取得的利润，通常是企业利润总额的主要来源，它是企业一定期间内的主营业务利润加上其他业务利润，减去期间费用后的余额。其计算公式如下：

营业利润 = 主营业务利润 + 其他业务利润 − 管理费用 − 营业费用 − 财务费用

主营业务利润是企业从事主要生产经营活动所取得的利润，是营业利润的主要组成部分。其计算公式为：

主营业务利润 = 主营业务收入 − 主营业务成本 − 主营业务税金及附加

其他业务利润是企业从事主要生产经营活动之外的其他业务活动而取得的利润。其计算公式为：

其他业务利润 = 其他业务收入 − 其他业务支出

2. 非营业利润

非营业利润主要包括投资净收益、营业外收支净额等。

投资净收益，是指企业对外投资所取得的收益抵减投资损失后的净额。投资收益包括从被投资企业分回的利润、股利、债券利息、股票或债券投资的资本利得，以及按权益法核算的长期股权投资在被投资单位增加的净资产中所拥有的份额等。投资损失包括股票或债券投资的资本利失以及按权益法核算的长期股权投资在被投资单位减少的净资产中所应承担的份额等。

企业的营业外收入与营业外支出是指与企业生产经营无直接关系的各项收入和支出。

营业外收入是指与企业营业收入相对应的，与企业生产经营活动没有直接关系的各项收入。包括固定资产的盘盈和出售净收益、罚款收入，教育费附加的返还款等。

营业外支出是相对于经营性耗费支出而言，是指企业发生的与其生产经营活动无直接关系的各项支出，包括固定资产盘亏、报废、毁损和出售的净损失，非季节性和非大修理期间的停工损失，非常损失，公益救济性捐赠，赔偿金，违约金等。

（二）利润的预测

利润是企业重要的经济指标，也是企业的奋斗目标，加强利润管理，努力增加利润，对企业、国家都是十分重要的。而加强利润管理，重要的是做好利润的预测工作，正确的利润预测是可以为企业未来的生产经营确定出奋斗目标，也为考核企业及内部各部门的经营业绩考核提供了依据。

在利润总额中，营业利润占的比重大，可以说，营业利润是利润的主要来源渠道，因此利润预测主要就是对营业利润的预测。预测营业利润的方法很多，主要有以下几种基本方法。

1．本量利分析法

它是根据成本、业务量与利润三者之间的关系来预测利润的一种预测分析方法。这种方法首先是预测盈亏平衡点，在此基础上来预计利润。

（1）预测盈亏平衡点。盈亏平衡点也称损益平衡点或保本点。它是企业销售收入与销售成本正好相等时的销售量或销售额，这时企业正处于不盈不亏的状态。

确定盈亏平衡点就是确定企业在何种业务量水平时处于不盈不亏状态，即利润为零时的销售量或销售额。计算公式为：

$$x=\frac{a}{p-b}$$

【例8】某玩具公司租入一个铺面销售商品，租期3个月，共付租金6 000元，商品每个进货成本3元，售价5元。该公司如要保持不盈不亏，在3个月内应售出多少商品？

盈亏点销售量（x）$=\frac{6\,000}{5-3}=3\,000$（个）

盈亏点销售额 =3 000×5 元 =15 000（元）

因此，该公司如要保证不盈不亏，在其他条件不变的情况下，必须销售3 000个商品，销售额要达到15 000元才能保本。

（2）预测利润。企业从事生产经营活动，首先关心的是否能保本，然后在此基础上合理安排生产，扩大销售，降低成本，以获取利润。利用本量利分析法，不仅可以预测盈亏点，还可以预测不同销售水平、成本、售价等情况下的利润水平，规划最优的目标利润。

在本量利分析法下，利润的预测公式为：

预计利润 = 销售收入 − 变动成本 − 固定成本 = 贡献毛利 − 固定成本

接例8，如果该公司通过市场调查，预计在3个月之内可以销售5 000个商品，问预计利润将是多少。根据上述公式计算得：

预计利润 =5 000×5 −5 000×3 −6 000 =4 000（元）

或　预计利润 =5 000×（5 −3）−6 000 =4 000（元）

2．比率法

它是根据基期的利润与基期某一相关指标的比例，考虑未来期有关因素变动对利润的影响，来预测未来期可能实现的利润的方法。这种方法最为简单，所需资料便于收集。

如某企业2005年实现销售收入5 000万元，销售利润率为10%，计划期准备扩大销售，预计销售收入在上期的基础上增加20%，则计划期预计利润的计算如下：

预计计划期的利润＝5 000×（1＋20%）×10%＝600（万元）

二、利润分配的管理

利润分配的对象是企业实现的净利润。企业的净利润可以留存，也可以分配给投资者。利润分配是企业一项重要的财务活动，关系到企业的发展以及各利益相关者利益实现及利益均衡的问题。

（一）企业缴纳所得税后的利润，一般按照下列顺序分配

（1）弥补以前年度亏损。这里的亏损，是指超过用所得税前利润弥补亏损的期限后仍未弥补的亏损。

（2）提取法定盈余公积金。法定盈余公积金按照当年税后利润（减弥补亏损额）的10%提取，法定盈余公积金已达到注册资本50%时可不再提取。法定盈余公积金用于弥补亏损、扩大公司经营或转增资本。转增资本后，法定盈余公积金不得低于注册资本的25%。对于股份制企业来说，盈余公积金还有一项用途就是分配股利。股份有限公司当年无利润时，原则上不得分配股利，但在盈余公积金弥补亏损后，经股东会议特别决议，可以用盈余公积金分配股利，在分配股利后，企业法定盈余公积金不得低于注册资本的25%。其目的是维护企业股票的信誉，避免股票价格大幅度波动。

（3）提取法定公益金。法定公益金按照当年税后利润的5%～10%的比例提取。法定公益金主要用于职工集体福利设施建设。

（4）向投资者分配利润。净利润扣除上述各项后，加上以前年度的未分配利润，即为可供投资者分配的利润。

上述利润分配的逻辑关系是：企业以前年度亏损未弥补完，不得提取盈余公积金、公益金；在提取盈余公积金、公益金以前，不得向投资者分配利润；企业必须按照当年税后利润（减弥补亏损额）的10%提取法定盈余公积金，当法定盈余公积金已达到注册资本50%时可不再提取；企业以前年度未分配利润，可以并入本年度利润分配；企业在向投资者分配利润前，经董事会同意，可以提取任意盈余公积金，但股份有限公司应先分配优先股股利。

在上述利润分配程序中，是否向投资者分配利润、分配多少利润、以何种形式分配利润等是利润分配管理的重点。企业应在遵守国家有关的法律、法规的前提下，合理制定利润（股利）分配政策，正确处理好国家、企业和投资者三者的关系，维护各经济利益者的经济利益。

（二）股利政策

股利政策是关于股份有限公司是否发放股利、发放多少股利、以什么形式发放股利以及何时发放股利等方面的方针和政策。股利是公司发放给股东的投资报酬。公司发行的股票一般有优先股与普通股。优先股股利是固定的，已在公司章程中做了明确规定，

因此，股利政策仅指普通股股利的各项决策。股利政策关系到公司的再投资、融资以及股票价格、公司形象等多方面，因此，合理制定股利政策是财务管理的重要内容。

1. 影响股利政策的主要因素

影响股利政策的因素主要有法律因素、股东因素、公司因素和其他因素。

(1) 法律因素。很多国家都在《公司法》、《证券法》和《税法》等法律法规中制定了关于公司股利分配方面的规定。这些规定概括起来主要有：

①资本保全限制。公司不能以资本（包括股本和资本公积金）发放股利。

②公司积累限制。为了增强公司抵御风险的能力，避免企业出现利润的大幅波动对企业经营造成过大冲击，保障投资者的利益，公司在分配股利以前，必须先提取各种公积金，如我国规定的法定盈余公积金、法定公益金等。

③净利润限制。公司年度累积净利润必须是正数时才可以发放股利。

④超额累积利润限制。有些国家的法规规定禁止公司过度保留盈余。这主要是为了避免公司为帮助股东逃税而长期实行低股利政策，保留大量的留存收益。原因是股票交易的资本利得与股利收入的税率不一致，如果公司通过保留盈余使股票的价格上升，则可使股东避税。我国法律对公司累积利润没有限制规定。

(2) 股东因素。股东投资往往基于特定的目的。大股东持有较多股份，其投资目的是对公司保持一定的控制能力，如果公司支付较高的股利，留存收益将相对减少，将来依靠发行新股筹集资金的可能性增大，而发行新股意味着企业控制权稀释，因此，以保留控制权为投资目的的大股东会反对较高的股利支付率；而有些股东出于避税的目的也会反对较高的股利支付率，他们希望公司多保留净利润使股票升值，得到较高的资本利得收入，从而少交纳个人所得税；另外那些以获取稳定的股利收入为投资目的的股东，则希望有较高的股利支付率。

(3) 公司因素。影响股利政策的公司因素主要有公司经营情况、财务状况及未来发展的需要等。

利润的稳定性。公司若能在一定时期内获得稳定的利润或稳步增长的利润，则可以灵活地制定股利政策，使利润分配结果尽可能兼顾各利益相关者的利益。

举债能力。举债能力强的公司，能够及时地筹集到所需资金，可以采用较为宽松的股利政策，确定较高的股利支付率。

投资机会。公司有良好的投资机会时，会考虑降低股利支付率，增加留存收益，将其再投资于理想的投资项目，为公司增加未来收益。

偿付债务的需要。当公司有债务需要偿还时，应权衡举借新债还旧债、发行新股还债或以留存收益还债等方式对公司目前经营及长远发展的利弊，若以留存收益偿债更有利，则可能降低股利支付率，增大留存收益比例以还债。

(4) 其他因素。其他因素包括通货膨胀、股利支付次数等。

2. 股利政策的类型

常见的股利政策主要有：剩余股利政策、固定股利或稳定增长股利政策、固定股利支付率政策、低正常股利加额外股利政策。

(1) 剩余股利政策。剩余股利政策是指公司在有良好的投资机会时，根据一定的目标资本结构（最佳资本结构），计算出投资所需的权益资本，先从净利中留用，然后把剩余的净利作为股利分配，若没有剩余，就不发放股利。

【例9】某公司2005年实现税后利润920万元，提取公积金后的可供分配的利润为800万元。现有的资产与负债的比0.5∶0.5为该公司的最佳资本结构。2006年公司准备扩大生产经营规模，预计需增加资金700万元，如果公司不准备吸收新的外来投资，问要保持现有的资本结构，企业如何作出筹资决策？

由题意知，要保持现有的资本结构，新增的700万元资金中，50%部分即350万元需通过负债筹集，另50%中的350万元需选择权益筹资方式。如果公司不准备吸收新的投资，则2005年实现的800万元利润中，应留350万元用于再投资，而只有800万元－350万元＝450万元可用于分配投资者。

剩余股利政策的优点是可以保持理想的资本结构，使加权平均资本成本最低。这一政策的缺点是股利发放额会因企业投资机会的情况及盈余高低而波动，不利于稳定股价，也难以吸引以获取稳定股利收入为投资目的的股东。

（2）固定股利或稳定增长股利政策。固定股利或稳定增长股利政策是指公司在较长时期内，都支付固定的股利额，而不管公司盈利情况如何，只有在公司利润有大幅增长，且这种增长被认为是不可逆转时，才提高股利发放额。

这一政策的优点是固定的股利有利于稳定股票价格，树立企业良好的形象，增强投资者对企业的信心。然而，这种政策的弊端也很明显，股利支付与企业盈利水平相脱节，当企业盈余下降时，为保证股利的正常发放，会使企业承担较大的财务风险。

（3）固定股利支付率政策。固定股利支付率政策，是公司确定一个股利占净利的比率，每年按此固定比率从税后利润中支付股利，使公司的股利支付与盈利状况保持稳定的比例。这种股利政策下，每年的股利额会随着公司经营情况的起伏而上下波动。

这种股利政策的优点是，股利支付与公司的盈余水平密切相关，盈利水平高，支付的股利额就多，盈利水平低，支付的股利额就少，这种政策不会给公司造成太大的财务压力。然而，这种政策却很容易造成公司不稳定的感觉，不利于股票价格的稳定。

（4）低正常股利加额外股利政策。低正常股利加额外股利政策是指公司在一般情况下，每年支付数额较低的固定股利，当公司盈余有较大增长时，再向股东增发一定金额的股利。

这种股利政策的优点是，在保持股利支付稳定性的同时，又使公司具有较大的弹性。这样既不会使公司受到较大的财务压力的冲击，也不会使股东产生失落感。

以上各股利政策各有所长，适合于不同情况或处于不同发展阶段的公司。

3．股份公司股利支付形式

股利是股份制企业从公司的利润中以现金等形式支付给投资的投资报酬，是利润分配的一种形式。按其支付的形式分，股利常见的有以下几种形式：

（1）现金股利。现金股利是股份公司以货币资金形式分配给投资者利润的一种方式。这种利润分配方式最为简单，也最容易被投资者所接受。实际上，大多数投资者都希望获得的是现金形式的投资报酬。但这种分配方式会增大公司的现金流出量，增加公司的财务风险。因此，当公司资金比较充足时，可考虑这种分配方式；但当公司财务状

况比较紧张，筹资较困难时，应选择其他股利支付方式。

（2）股票股利。股票股利是股份公司以配股或送股的形式来付给股东股利的一种股利分配方式。公司通常是按现有股东持有股份的比例来分配每个股东应得新股的数量，其实质是增发新股。具体处理有两种形式：一种是在增发新股时，预先扣除应分配给股东的股利，再减价配售给老股东；另一种是无偿增资配股，即在股东不用支付现金和实物的情况下就能得到公司新发行的股票。

以股票股利的形式分配利润，一般不会引起资产的变化，只是所有者权益内部结构的调整。这种股利分配形式可将公司的留存收益用于企业再生产对资金的需要；如果公司股票的市场信誉高，公司效益好，股东也乐于接受股票股利分配形式。但这种分配形式增加了公司的股本。

（3）财产股利。它是指股份公司以现金以外的其他资产（固定资产、材料等）来支付股利的一种股利分配形式。这种股利分配形式不会增加公司的现金流出，所以适用于公司支付能力较弱的时期。但这种分配形式也有不足：一是不太被股东接受，因为股东都希望分得的是现金，而不是实物；二是会影响公司的形象，即给人的印象是公司的财务状况差，现金支付能力不强，没有发展前途。这样会使投资者对公司失去信心，结果是严重影响公司的发展，因此这种分配方式一般不能轻易采用。

（4）负债股利。它指公司以负债的形式来发放股利的一种股利分配形式，如公司用应付票据或债券来抵付股利等。这种分配形式实际上是债务之间的转换。由于票据和债券都是带息的，会增大公司未来期还本付息的压力，但它能缓解企业临时资金支付不足的矛盾。因此，公司不能经常使用这种分配形式，股东也不乐于接受。

本章小结

1. 收入

收入是企业在销售商品、提供劳务及让渡资产使用权等日常活动中所形成的经济利益的总流入，包括主营业务收入和其他业务收入。收入的管理一是要做好销售预测工作，便于安排生产和其他活动；二是要合理制定产品的价格，增强产品的市场竞争力；三是要加强促销工作，适当采用各种促销手段，以此扩大销售，增加收入。

2. 利润

利润是企业生产经营的最终成果，追求利润最大化是企业奋斗目标。利润管理的主要工作就是进行利润预测，为企业未来的生产经营确定出奋斗目标，也为考核企业及内部各部门的经营业绩考核提供依据。利润预测的基本方法有本量利分析法和各种比率分析法。

3. 利润分配

利润分配是企业一项重要的财务活动，关系到企业的发展以及各利益相关者利益实现及利益均衡的问题。利润分配的程序是：弥补以前年度亏损、提取公积金、公益金、向投资者分配利润；在股份制企业，利润分配的形式是支付股东的股利。现行的股利政策主要有：剩余股利政策、固定股利或稳定增长股利政策、固定股利支付率政策、低正常股利加额外股利政策。股利支付的形式主要有现金股利、股票股利、财产股利、负债股利等。

第八章

财务预算与控制

CAI WU YU SUAN YU KONG ZHI

- 财务预算概述
- 全面预算的编制方法
- 财务预算编制实例
- 财务控制

目的要求：

通过本章学习，要求了解财务预算、财务控制的概念及分类，了解固定预算、弹性预算和零基预算的基本编制方法，掌握现金预算的编制过程及方法，掌握财务控制的方式、各责任中心的含义及考核指标的计算。

第一节 财务预算概述

一、全面预算的意义

（一）全面预算的含义

为更加合理而有效地使用资源，统一协调各种经营活动，提高企业管理水平，实现企业财富的最大化，实施预算管理是一重要手段。所谓预算，就是用货币计量将决策的目标具体地、系统地反映出来。简单地讲，预算就是决策目标的具体化。为了对企业的所有方面进行协调和控制，适应现代企业管理发展要求，企业应当实施全面预算管理。

全面预算指所有以货币及其他数量形式反映的、有关企业未来一段期间的全部经营活动的各项目标的行动计划及相应措施的具体化和数量化。内容上包括经营预算（也称业务预算）、财务预算、资本预算3类。

1. 经营预算

经营预算是指与企业日常业务直接相关，具有实质性的基本活动的预算，主要包括销售预算、应收账款预算、毛利率预算、成本预算、生产预算、人力资源预算、研发预算等。

2. 财务预算

财务预算是指一系列专门反映企业未来一定预算期间的财务状况和经营成果，以及现金收支等价值指标的各种预算的总称，也称总预算，属全面预算体系中的最后环节。它主要依据国家会计准则，在经营预算基础上编制而成，具体包括现金预算、预计损益表、预计资产负债表和预计现金流量表等内容。

3. 资本预算（专门预算、资本支出预算）

资本预算是指企业重大的资本支出与资本筹集的预算。如固定资产的购置等。

全面预算是一个数字相互衔接、完整的整体。不同的企业，同一企业不同阶段，其全面预算的模式可能会有所不同，但其起点都建立在企业的发展战略之上。经营预算是核心，其一般在销售预算的基础上编制生产预算等其他业务预算，以销售预算为中心进行各种指标之间的平衡；财务预算则是在经营预算的基础上，进行归类汇总，综合预计财务状况和财务成果；资本预算属企业长期预算。经营预算、财务预算和资本预算构成了完整的全面预算体系。

（二）全面预算的作用

预算是企业各级各部门工作的目标、协调的工具、控制的标准、考核的依据。全面预算的作用主要表现为以下几点。

1. 明确目标

企业目标具有层次性和多元性，为此，必须通过预算将其分解成各级、各部门的具体目标。通过编制全面预算，使企业内部各个部门和环节都参与进来，达到经营目标的及时层层下达，经营责任的层层分解，使各级、各部门的工作目标与企业总目标协调一致。

2. 保证企业内部的协调与配合

预算运用货币度量来表达，具有高度的综合性。通过综合平衡，促进了企业内部各级各部门间的合作与交流，减少了相互间冲突与矛盾。由于目标及责任的明确，避免了责任不清造成相互推诿事件的发生，保证了内部各级各部门之间的协调与配合。

3. 控制日常经济活动

预算的基础是计划。计划一经确定，就进入了实施阶段，管理的重心也随之转入控制过程。全面预算能促使企业的各级各部门经理提前编制计划，当实际状况与预算指标有较大差异时，可让管理者及时查明原因并采取措施。

4. 实现资源的有效配置

以战略目标为导向，通过预算编制过程中的综合平衡，使各级各部门间相互协调，从而实现企业资源的最优配置。

5. 有利于绩效评估

由于全面预算是企业多方面计划的数量化和货币化的表现，因此，预算为业绩评估提供了标准，便于各部门实施量化的业绩考核和奖惩制度，也方便了对员工的激励与控制。由于经营活动有目标可循，有制度可依，从而消除了指令朝令夕改，活动随意变化的现象。

二、全面预算编制原则

1. 过程控制原则

要求从全面系统的观点出发，全员共同参与，强调全过程控制。

2. 效率优先原则

全面预算管理应注重效率，讲求实效。

3. 量入为出原则

以收入为起点，以收定支，平衡不同需求。

4. 权责明晰原则

要层层分解，分级负责，落实责任，严格考核。

三、全面预算编制程序

全面预算的编制工作是一个环环相扣的系统过程，实行上下结合、横向协调、分级编制、逐级汇总的程序，体现分权与集权的统一。

1. 下达目标

由最高领导机构提出企业一定时期的预算思想与总目标，并下达规划指标。一般于每年9月至10月提出下一年度企业财务预算目标。

2. 编制上报

最基层单位结合自身情况自行草编预算，一般在每年10月底完成。

3. 初步协调

由各部门汇总部门预算并初步协调。

4. 审查平衡

由预算委员会对各预算执行单位上报的预算方案进行审查、汇总，提出平衡意见并汇总生成单位的总预算。

5. 审议批准

经过行政首长批准，审议机构通过或者驳回，进行再平衡，并上报再协调，直到各方目标协调一致为止。

6. 下达执行

通过的预算方案，一般在12月底以前，逐级下达至各预算执行单位并执行。

第二节 全面预算的编制方法

企业编制预算的方法主要有固定预算、弹性预算、零基预算和滚动预算等，实践中，几种方法不是孤立存在或相互排斥的，它们往往是相互交叉和综合应用的。

一、固定预算

固定预算又称静态预算，是指企业依据未来可实现的某一固定业务量（如生产量、销售量）水平来编制的预算。它是一种最基本的、也是在企业中应用最广泛的一种预算编制方法。

由于预算编制后具有相对的稳定性，无特殊情况一般都无需对预算进行修订，所以该法只适用于业务量较为稳定的企业或非营利组织。

固定预算的优点是编制较为简单。缺点表现为：一是过于机械呆板，即无论预算期内业务量水平是否发生变动，都只按事先预定的某一业务量水平作为编制预算的基础；二是可比性差，当实际业务量与编制预算所依据的预计业务量发生较大差异时，实际数与预算数之间就会因业务量基础不同而失去可比性，不利于正确的控制、考核和评价企业预算的执行情况。

二、弹性预算

（一）弹性预算的含义

弹性预算又称变动预算或滑动预算，是在成本性态分析的基础上，根据业务量、成本和利润之间的依存关系，以预算期可预见的各种业务量水平为基础，编制能够适应多种情况的一种预算方法。由于该方法的数据不止适应一个业务量水平，而是能随业务量的变动作相应调整的一种预算，具有伸缩性，故又称为“变动预算”。与固定预算方法相比，弹性预算有以下显著优点：

1. 预算范围宽

它能反映预算期内与多种业务量水平相对应的不同预算额，预算的适用范围增大，便于预算指标的调整。

2. 可比性强

在此方法下，如果预算期实际业务量与计划业务量不一致，可将实际指标与实际业务量相应的预算额进行对比，使得预算执行情况的评价与考核更加现实和可比，以便更好地发挥预算的控制作用。

（二）弹性预算的编制步骤

1. 确定业务量

选择和确定与预算内容相关的业务量计量单位。例如，生产单一产品的部门，可选用商品实物量；生产多品种产品的部门，可以用人工工时、机器工时等；修理部门可以选用修理工时等；以手工操作为主的企业宜选用人工工时；机器化程度较高的企业以选用机器工时为佳。

2. 确定业务量范围

业务量变动范围是指弹性预算所适用的业务量区间。选择时应根据企业具体情况而定。一般来讲，可定在正常生产能力的 70% ~110% 之间，或以历史最高业务量或最低业务量为其上下限。业务量的间隔可定为 5% ~10% 。

3. 计算和确定各经济变量

弹性预算的预计内容可以是相关范围内可能达到的各种经营活动业务量。例如，企业的成本可分为固定成本和变动成本两大类，业务量变动后，只有变动成本而随之变动，固定成本始终不变。这样，在编制弹性预算时，只要将全部成本中的变动成本部分按业务量的变动加以调整即可。

4. 编制弹性预算

计算各种业务量的财务预算数额。

（三）弹性预算的编制

弹性预算的编制方法通常采用列表法和公式法。列表法是指在确定的业务量范围内，划分出若干个不同的水平，分别计算各项预算数额，然后汇总到一个预算表格中的方法。以下是列表法编制弹性预算的应用。

【例 1】嘉陵公司 2006 年制造费用弹性预算如表 8－1 所示。

表 8－1　嘉陵公司 2006 年制造费用弹性预算　　单位：元

业务量（直接人工工时）	56 000	64 000	72 000	80 000	88 000
占正常生产能力百分比	70%	80%	90%	100%	110%
1. 变动成本项目					
辅助工人工资	35 000	40 000	45 000	50 000	55 000
运输费	7 000	8 000	9 000	10 000	11 000
合计	42 000	48 000	54 000	60 000	66 000
2. 混合成本					
水电费	18 000	18 500	19 000	20 000	21 500
辅助材料	26 500	28 000	31 000	35 000	38 000
维修费	7 500	8 500	9 500	10 000	10 500
合计	52 000	55 000	59 500	65 000	70 000
3. 固定成本项目					
管理人员工资	5 000	5 000	5 000	5 000	5 000
设备租金	6 000	6 000	6 000	6 000	6 000
保险费	4 000	4 000	4 000	4 000	4 000
合计	15 000	15 000	15 000	15 000	15 000
制造费用预算	109 000	118 000	128 500	140 000	151 000

三、零基预算

传统的费用预算方法一般都是以现有的费用水平为基础，根据预算期内有关业务活动的增减变化，确定相应的增减数额，这被称为增量预算。

增量预算的优点是工作量小，简便易行。不足之处在于：一是不加分析地保留或接受原有成本项目，可能使原来不合理的费用开支继续存在下去，造成预算上的浪费；二是容易鼓励预算编制人员凭主观臆断按成本项目平均削弱，或只增不减，造成浪费；同时也不利于企业未来的发展，照此预算，那些对企业未来发展有利，且确实需要开支的费用项目却未考虑到，势必阻碍企业的长远发展。

零基预算就是为克服增量预算的缺点而设计的一种预算编制方法。

（一）零基预算的含义

零基预算方法是“以零为基础编制计划和预算的方法”的简称，又称零底预算，是指在编制成本费用预算时，不考虑以往会计期间所发生的费用项目或费用数额，而是将所有的预算支出均以零作为出发点，一切从实际需要与可能出发，逐项审议预算期内各项费用的内容及开支标准是否合理，在综合平衡的基础上编制费用预算的一种方法。此法目前在西方被广泛采用。

（二）零基预算的优点

（1）不受现有费用项目和开支水平限制，促使企业对资源的分配更加合理、有效。

（2）提高企业各预算部门降低费用的积极性，促使各预算部门精打细算，量力而行，每一位经理都必须负责说明花费每一分钱的理由。

（3）有助于企业未来发展。以零为出发点，对一切费用一视同仁，有利于企业依据未来的发展来考虑预算问题。

正是由于零基预算一切费用均以零为起点进行分析研究，使得编制预算的工作量较大，势必耗费大量的人力、物力和财力。实践中，可每隔几年按此方法编制一次预算。

（三）零基预算的编制步骤

（1）深入调查论证，提出预算方案。各部门在充分酝酿的基础上，提出本部门在预算期内应当发生的项目及预算数额。

（2）划分不可避免项目和可避免项目。将全部费用划分为不可避免项目与可避免项目，前者是指在预算期内必须发生的费用项目，后者指在预算期通过采取措施可以不发生的费用项目。编制时，对不可避免项目必须保证资金供应；对可避免项目则需要逐级进行成本—效益分析，按照各项目开支必要性的大小确定各项费用预算的优先顺序。

（3）合理分配可动用的预算资金。按重要性原则，进一步划分哪些属可以延缓的项目，哪些是不可延缓的项目，依据各项目的轻重缓急次序，分配资金，落实预算。

（四）零基预算的编制案例

【例2】嘉陵公司拟采用零基预算编制2006年度管理费用调节预算，具体过程为：

①管理部门的全体员工根据2006年总公司及本部门的目标进行多次讨论，由预算编制人员确定可能发生的管理费用项目及金额。如表8-2所示。

表8-2　嘉陵公司2006年预计管理费用项目及开支金额　　单位：元

费用项目	开支金额	费用项目	开支金额
1. 业务招待费	30 000	办公费	25 000
2. 差旅费	38 000	培训费	8 000
3. 劳动保护费	5 000	保险费	7 000

②经充分论证，得出如下结论：上述费用中除业务招待费、差旅费及办公费外，其他费用都不能再压缩了，须全额保证。根据以往的资料分析，对业务招待费、差旅费及办公费进行成本—效益分析，得出以下数据，见表8-3所示。

表8-3　嘉陵公司成本—效益分析表

成本项目	成本金额	收益金额
1. 业务招待费	1	6
2. 差旅费	1	5
3. 办公费	1	4

假定该公司计划年度可用于管理费用的支出总额为85 000元，劳动保护费、培训费及保险费在预算期必不可少，需全额得以保证，属于不可避免的约束性固定成本。

不可避免项目的预算金额：5 000 + 8 000 + 7 000 = 20 000（元）

确定可分配的资金数额：85 000 - 20 000 = 65 000（元）

按成本—效益比重将可分配的资金数额在业务招待费、办公费及差旅费之间进行分配:

$$业务招待费可分配资金 = 65\ 000 \times \frac{6}{6+5+4} = 26\ 000\text{（元）}$$

$$差旅费可分配资金 = 65\ 000 \times \frac{5}{6+5+4} = 21\ 667\text{（元）}$$

$$办公费可分配资金 = 65\ 000 \times \frac{4}{6+5+4} = 17\ 333\text{（元）}$$

四、滚动预算

滚动预算又称连续预算或永续预算，是指在编制预算时，将预算期与会计年度脱离开，随着预算的执行不断延伸，补充预算，逐期向后滚动，每过去1个月（季度）后，立即在期末补充1个月（季度），使预算期永远保持为一定期限（如1年）的预算。

滚动预算在实践中有着突出的优点：一是及时性强，具有较强的适应性。由于一般预算期长达一年，在编制预算时很难预计市场的变化，因此形成的是一个比较笼统的预算，往往造成原有预算与实际情况差异较大，显得不相适应，而滚动预算能结合市场的变化及其他因素的变动影响，及时调整和修订近期预算。二是连续性、完整性和稳定性突出。由于滚动预算在时间上不再受日历年度的限制，能够连续不断地规划未来的经营活动，不会造成预算的人为间断，同时可使管理者了解未来预算内企业的总体规划与近期目标，确保企业管理工作的完整性与稳定性。三是能适应各个时期计划的需要。由于滚动预算的长期性和多样性，促使管理人员不仅作短期的周详安排，而且进行长远的整体规划，更利于有关部门对企业经营状况的了解、分析和评价。

因滚动预算自动延伸的工作量较大，实践中，较少被企业采用。

第三节　财务预算编制实例

财务预算包括现金预算和预计财务报表。

一、现金预算的编制

现金预算是按照现金流量表主要项目内容编制，反映企业预算期内一切现金收支及其结果的预算。它以业务预算和资本预算为基础，是其他预算有关现金收支的汇总，是收支差额平衡措施的具体计划。

现金预算的内容包括现金收入、现金支出、现金多余或不足的计算，以及不足部分的补充方案和多余部分的利用方案。

（一）现金收入预算的编制

现金收入包括营业现金收入和其他现金收入。营业现金收入是现金收入的主要来源，所以，销售预算是整个预算的编制起点。

【例3】假定嘉陵公司生产并销售A产品，2006年度预计销售量、销售价格、销售收入以及分季度预算数如表8－4所示。据估计，A产品每季的销售中有70%能于当季收到现金，其余30%到下季度收讫。2005年末，应收账款余额为25 000元。

表 8-4 销售预算 单位：元

季度	一	二	三	四	全年
预计销售量（件）	100	120	150	180	550
预计单价	600	600	600	600	600
预计销售收入	60 000	72 000	90 000	108 000	330 000
预计现金收入					
期初应收账款	25 000				25 000
第一季度	42 000	18 000			60 000
第二季度		50 400	21 600		72 000
第三季度			63 000	27 000	90 000
第四季度				75 600	75 600
现金收入合计	67 000	68 400	84 600	102 600	322 600

销售预算的编制依据是销售量、单价及销售收入。编制时通常要分品种、期间、销售区域以及分推销员来编制。为了简化，本例只编制了分季度销售预算。同时，通常还包括预计现金收入的计算，以便为编制现金预算提供必要的资料。本例中，第一季度的现金收入包括了上年末应收账款在本年度应收到的货款以及本季度销售中可能收到的货款部分。

（二）现金支出预算的编制

现金支出主要包括材料采购支出、人工工资支付、制造费用、管理费用、财务费用和营业费用等支出。这些项目的现金支出预算主要来源于业务预算。

1. 生产预算

生产预算在销售预算的基础上编制，其主要内容有销售量、期初和期末存货、生产量。表 8-5 是嘉陵公司 2006 年的生产预算。

表 8-5 生产预算 单位：件

季度	一	二	三	四	全年
预计销售量	100	120	150	180	550
加：预计期末存货	12	15	18	20	20
合计	112	135	168	200	570
减：预计期初存货	10	12	15	18	10
预计生产量	102	123	153	182	560

由于企业的生产和销售一般不能做到“同步同量”，所以需要储备一定的存货，以保证能在发生意外需求时按时供货，并做到均衡生产，节省赶工的额外支出。存货数量通常按下期销售量的一定百分比确定，本例按 10% 安排期末存货。年初存货是编制预算时预计的。年末存货根据长期销售趋势而定，本例假定年初有存货 10 件，年末留存 20 件。

生产预算的“预计销售量”来自销售预算，其他数据在本表中计算得出：

预计期末存货 = 下季度销售量×10%

预计起初存货 = 上季度末存货

预计生产量 =（预计销售量+预计期末存货）- 预计期初存货

生产预算在实际编制时是比较复杂的，如产量受到生产能力的限制，存货数量受仓库容量的限制。此外，有的季度可能销量大，需要赶工增产，但为此需要付加班费。如提前在淡季生产，也会因存货增加而多付资金利息。因此，企业应权衡得失，选择成本最低的方案。

2. 直接材料预算

直接材料预算主要用于确定预算期材料采购数量和采购成本。它以生产预算为基础编制，并同时考虑期初和期末材料结存水平。预计材料采购量可按下列公式计算：

预计材料采购量 = 预计材料耗用量 + 预计期末存货量 - 预计期初存货量

其中：

预计材料耗用量 = 单位产品材料耗用量×预计生产量

公式中单位产品材料耗用量可根据标准单位耗用量或定额耗用量来确定。

为了便于以后编制现金预算，通常要预计各季度材料采购的现金支出。每季度的现金支出包括偿还上期应付账款和本期支付的采购货款。

【例4】嘉陵公司生产A产品耗用甲材料，年初材料结存量为280公斤，年末为350公斤。各季度期末材料存量根据下季度生产需要量的20%计算。每个季度材料采购货款50%在本季度内支付，另外50%在下季度付清。2005年年末，应付账款余额为12 000元。直接材料预算的编制见表8-6。

表8-6 直接材料预算

季 度	一	二	三	四	全 年
年预计生产量（件）	102	123	153	182	560
单位产品材料耗用量（公斤）	10	10	10	10	10
生产需要量（公斤）	1 020	1 230	1 530	1 820	5 600
加：预计期末存量（公斤）	246	306	364	350	350
合 计	1 266	1 536	1 894	2 170	5 950
减：预计期初存量（公斤）	280	246	306	364	280
预计材料采购量	986	1 290	1 588	1 806	5 670
单 价（元）	20	20	20	20	20
预计采购金额（元）	19 720	25 800	31 760	36 120	113 400
预 计 现 金 支 出					
期初应付账款	12 000				12 000
第一季度	9 860	9 860			19 720
第二季度		12 900	12 900		25 800
第三季度			15 880	15 880	31 760
第四季度				18 060	18 060
现金支出合计	21 860	22 760	28 780	33 940	107 340

3. 直接人工预算

直接人工预算用以确定预算期内人工工时消耗水平和人工成本水平。它以生产预算为编制基础，包括：预计生产量、单位产品工时、人工总工时、每小时人工成本、人工总成本。基本公式为：

$$人工总工时 = 预计生产量 \times 单位产品工时$$

$$人工总成本 = 人工总工时 \times 每小时人工成本$$

由于人工成本一般均由现金开支，故不必单列预计现金支出，可直接参加现金预算的汇总。

【例5】嘉陵公司生产A产品所需人工成本预算见表8－7所示。

表8－7　直接人工预算

季　度	一	二	三	四	全　年
预计生产量（件）	102	123	153	182	560
单位产品工时（小时）	16	16	16	16	16
人工总工时（小时）	1 632	1 968	2 448	2 912	8 960
每小时人工成本（元）	5	5	5	5	5
人工总成本（元）	8 160	9 840	12 240	14 560	44 800

4. 制造费用预算

制造费用预算是指除直接材料和直接人工预算以外的其他一切生产费用的预算。制造费用通常分为变动制造费用和固定制造费用两部分。

变动制造费用以生产预算为基础来编制。如果有完善的标准成本资料，用单位产品的标准成本与产量相乘，即得相应的预算金额。如无标准成本资料，需要逐项预计计划产量需要的各项制造费用。为便于成本预算，需要计算变动制造费用预算分配率，其公式为：

$$变动性制造费用预算分配率 = \frac{变动性制造费用总额}{相关分配标准预算数总额}$$

固定制造费用，需要逐项进行预计，通常与本期产量无关，按每季实际需要的支付额预计，然后求出全年数。

为便于以后编制现金预算，制造费用预算也需要预计现金支出。由于固定资产折旧不计入现金支出，计算时应扣除。

【例6】假定嘉陵公司在预算编制中采用变动成本法，变动性制造费用按直接人工工时比例分配（例5所示8 960小时），折旧以外的各项制造费用均于当季付现。其预算见表8－8所示。

$$变动制造费用分配率 = \frac{31\ 360}{8\ 960} = 3.5（元/小时）$$

$$固定制造费用分配率 = \frac{26\ 880}{8\ 960} = 3.0（元/小时）$$

表 8-8 制造费用预算 单位：元

季　度	一	二	三	四	全　年
变动制造费用					
间接材料	2 448	2 952	3 672	4 368	1 3440
间接人工费用	1 020	1 230	1 530	1 820	5 600
修理费	1 224	1 476	1 836	2 184	6 720
水电费	510	615	765	910	2 800
其他	510	615	765	910	2 800
小计	5 712	6 888	8 568	10 192	31 360
固定费用					
修理费	900	950	920	950	3 720
折旧费	3 000	3 000	3 000	3 000	12 000
管理人员工资	2 000	2 000	2 000	2 000	8 000
保险费	520	520	520	520	2 080
其他	270	270	270	270	1 080
小计	6 690	6 740	6 710	6 740	26 880
合　计	12 402	13 628	15 278	16 932	58 240
减：折旧	3 000	3 000	3 000	3 000	12 000
现金支出的费用	9 402	10 628	12 278	13 932	46 240

5. 产品成本预算

产品成本预算是生产预算、直接材料预算、直接人工预算、制造费用预算的汇总。主要内容是产品的单位成本与总成本。单位产品成本的有关数据，来自上述已有的直接材料预算、直接人工预算、制造费用预算以及销售预算和生产预算等。

【例7】嘉陵公司2006年产品成本预算见表8-9所示。

表 8-9 产品成本预算

项　目	元/千克或每小时	单位产品耗用量	单位成本	总成本 560 件	期末存货 20 件	销货成本 550 件
直接材料	20	10 千克	200	112 000	4 000	110 000
直接人工	5	16 小时	80	44 800	1 600	44 000
变动制造费用	3.5	16 小时	56	31 360	1 120	30 800
固定制造费用	3	16 小时	48	26 880	960	26 400
合　计			384	215 040	7 680	211 200

6. 营业费用及管理费用预算

营业费用预算是指为了实现销售预算所需支付的费用预算。它以销售预算为基础，分析销售收入、销售利润和销售费用的关系，力求实现营业费用的最有效使用。在草拟营业费用预算时，需对过去的营业费用进行分析，考察其支出的必要性和效果。同时与销售预算相结合，编制按品种、按地区、按用途的具体预算数额。

管理费用是搞好一般管理业务所必需的费用，多属于固定成本。编制预算时，一般以过去的实际开支为基础，根据企业的业务成绩和一般经济状况，按预算期的可预见变化来调整，同时，务必做到费用合理化。

【例8】嘉陵公司2006年营业费用和管理费用预算见表8－10所示。

表8－10　营业费用及管理费用预算　　单位：元

营业费用：	
销售人员工资	12 000
广告费	6 000
包装费	4 000
运输费	3 500
保管费	1 900
小　计	27 400
管理费用：	
管理人员工资	18 000
保险费	2 900
办公费	10 000
小　计	30 900
合　计	58 300
每季度支付现金（58300÷4）	14 575

7. 现金预算

现金预算由现金收入、现金支出、现金多余或不足、不足部分的筹集和运用等四个部分组成。

【例9】嘉陵公司2006年现金预算见表8－11所示。

表中“可供使用现金”包括期初现金余额和销货现金收入。“期初现金余额”是在编制预算时预计的。销货现金收入的数据来自表8－4的销售预算。

“各项支出”包括预算期的各项现金支出。直接材料、直接人工、制造费用、营业及管理费用的数据分别来自表8－6、表8－7、表8－10。此外，还包括所得税、购买设备、股利分配等现金支出，有关的数据分别来自另行编制的专门预算。

“现金多余或不足”是现金收入与现金支出的差额，差额为正，说明收大于支，现金有多余，可用于偿还借款或者用于短期投资；差额为负，则是支大于收，现金不足，需向银行借款。本例中，假设该企业需要保留的现金余额为27 000元，不足此数时，需向银行借款。假定银行借款的金额要求是1 000元的倍数，则第二季度借款额为：

借款额＝最低现金余额＋现金不足额

＝27 000＋2 840＝29 840≈30 000（元）

第三、四季度现金多余，可用于偿还借款。一般按“每期期初借入，每期期末归还”来预计利息。本例借款期为9个月，假设利率为8%，则第三季度归还本金10 000元及利息400元（10 000×8%×6÷12）；第四季度归还本金20 000元及利息1 200元（20 000×8%×9÷12）。

还款后，仍应保持最低现金金额（27 000 元），否则，只能部分归还借款。

表 8－11　现金预算　　单位：元

季　度	一	二	三	四	全　年
期初现金余额	31 560	32 563	327 160	29 487	12 0770
加：销货现金收入（表 8－4）	67 000	68 400	84 600	102 600	322 600
可供使用现金	98 560	100 96	111 760	132 087	443 370
减：各项支出					
直接材料（表 8－6）	21 860	22 760	28 780	33 940	107 340
直接人工（表 8－7）	8 160	9 840	12 240	14 560	44 800
制造费用（表 8－8）	9 402	10 628	12 278	13 932	46 240
营业及管理费用（表 8－10）	14 575	14 575	14 575	14 575	58 300
所得税	4 000	4 000	4 000	4 000	16 000
购买设备		42 000			42 000
股利	8 000				8 000
支出合计	65 997	103 803	71 873	81 007	322 680
现金多余或不足	32 563	（2 840）	39 887	51 080	120 690
向银行借款		30 000			30 000
还银行借款			10 000	20 000	30 000
借款利息（年利率 8%）			400	1 200	1 600
合　　计			10 400	21 200	31 600
期末现金余额	32 563	27 160	29 487	29 880	119 090

二、预计财务报表的编制

预计财务报表包括预计损益表和预计资产负债表。

预计财务报表与实际财务报表的作用不同，实际财务报表的编制目的主要是向外部报表使用人提供财务信息，而预计财务报表主要为企业财务管理服务，是控制企业资金、成本和利润总量的重要手段。它从总体上反映预算期间企业经营的全局情况，属于总预算。

（一）预计损益表的编制

预计损益表与实际报表在内容与格式上均一致，不同的是数字是预计的。它是在预计的收入、成本费用、营业外收支的基础上加以编制的。通过该表的编制，可以了解企业预期的盈利水平。如果预算利润与企业目标利润有较大差异，则需调整部门预算，设法达到目标，或者经企业决策者同意后修改目标利润。

【例 10】嘉陵公司 2006 年预计损益表见表 8－12 所示。

表 8－12　预计损益表　　　单位：元

项目	金额
销售收入（表 8－4）	330 000
销货成本（表 8－9）	211 200
毛利	118 800
营业及管理费用（表 8－10）	58 300
利息（表 8－11）	1 600
利润总额	58 900
所得税（估计）	16 000
税后净利润	42 900

表中“所得税”项目是在利润规划时估计的，并列入“现金预算”。因有许多不可预见的纳税调整因素存在，所以它不是根据“利润”和所得税税率计算而来的。此外，从预算编制程序上看，如果根据“本年利润”和税率重新计算所得税，则需修改“现金预算”，引起信贷计划修订，进而改变“利息”，最后又要修改“本年利润”，就会陷入数据的循环修改之中。

（二）预计资产负债表的编制

预计资产负债表与实际报表的内容、格式相同，不同的是数据反映的是预测期末的财务状况。编制时依据本期期初资产负债表，以及销售、生产、资本等预算的有关数据加以调整而成。

【例 11】嘉陵公司 2006 年预计资产负债表见表 8－13 所示。

表 8－13　预计资产负债表　　　单位：元

资产			负债及所有者权益		
项目	年初额	年末数	项目	年初额	年末数
现金（表 8－11）	31 560	29 880	应付账款（表 8－6）	12 000	18 060
应收账款（表 8－4）	25 000	32 400	长期借款	10 000	10 000
材料（表 8－6）	5 600	7 000	股本	135 000	135 000
产成品（表 8－9）	3 840	7 680	未分配利润		
固定资产（表 8－11）	150 000	192 000	（表 8－11、表 8－12）	9 000	43 900
减：累计折旧（表 8－8）	60 000	72 000			
无形资产	10 000	10 000			
资产总额	166 000	206 960	负债及所有者权益总额	166 000	206 960

表中大部分项目的数据来源已在表中注明。

其中“应收账款”年末数是根据表 8－4 中的第四季度销售额和本期收现率计算而得：

期末应收账款＝本期销售额×（1－本期收现率）

＝108 000×（1－70%）＝32 400（元）

"应付账款"年末数是根据表 8-6 中的第四季度采购金额和本期付现率计算而得：

期末应付账款＝本期采购额×（1－本期付现率）

＝36 120×（1－50%）＝18 060（元）

"未分配利润"年末数是根据表 8-11 及表 8-12 中的股利分配额和净利润计算而得：

期末未分配利润＝9 000＋42 900－8 000＝43 900

第四节 财务控制

一、财务控制的概述

（一）财务控制的含义

财务控制指按照一定的程序和方法，以财务预算指标为依据，对企业各项财务收支进行日常的计算、审核和调节，确保企业财务目标实现的过程。

财务控制必须借助价值手段来进行，如责任预算、责任报告及业绩考核、内部转移价格等都是以价值形式予以反映的。财务控制是一种综合控制，可以将不同岗位、不同部门、不同层次的业务活动综合起来进行控制。同时，财务控制的重点以日常现金流量状况的控制为主要内容。

（二）财务控制的作用

经济越发展，财务控制越重要。在整个财务管理各环节中，财务预测、财务决策、财务预算为财务控制指明了方向，提供了依据。而财务控制则是保证实现财务管理目标的关键，没有财务控制，其他财务管理环节都失去了意义。财务控制是一种价值控制，有很强的连续性和全面性，为企业生产经营活动的顺利进行起到了保证、促进、监督、调节等重要作用。实证调查发现，企业在采购、生产、销售、财务等管理环节出现问题，几乎都与财务控制失败有关。

（三）财务控制的程序

1. 制定标准

将计划落实到各单位或个人。

2. 按标准执行

偏离了标准的应及时调整。

3. 确定及分析差异

深入分析差异形成的原因，找出责任单位或个人，提出改进措施。

4. 考核奖惩

建立严格完善的考评机制，保证奖惩分明。

（四）财务控制的分类

1. 按财务控制的时间分类

财务控制可分为事先控制、事中控制和事后控制 3 类。事先控制指在财务活动发生之前所实施的事先规划；事中控制是指在财务活动发生过程中所进行的控制；事后控制指对财务收支活动结果所进行的考核及奖惩。

2．按财务控制的内容分类

财务控制可分为一般控制和应用控制两类。一般控制亦称基础控制或环境控制，是指对企业财务活动的内部环境所实施的总体控制；应用控制亦称业务控制，指直接作用于企业财务活动的具体控制。一般控制通过应用控制对企业财务活动产生影响，应用控制具有防止和纠正错弊的作用。

3．按财务控制的对象分类

财务控制分为收支控制和现金控制。前者是对企业和各责任中心的财务收入活动和财务支出活动进行的控制。通过收支控制，使企业收入达到既定目标，而成本支出尽量减少，以实现企业利润最大化。后者是对企业和各责任中心的现金流入和现金流出活动所进行的控制。通过现金流入流出的基本平衡控制，既防止了因现金短缺可能出现的支付危机，又防止了因现金沉淀而可能出现的机会成本增加。

4．按财务控制的依据分类

财务控制可分为预算控制和制度控制。预算控制指以财务预算为依据，对预算执行主体的财务收支活动进行监督、调整的一种控制形式。制度控制是指通过制定企业内部规章制度，并以此为依据约束企业和各责任中心财务收支活动的一种控制形式。两者相比，预算控制主要具有激励性的特征，制度控制则具有防护性的特征。

二、财务控制的方式

（一）授权批准控制

授权批准是指单位在办理各项经济业务时，必须经过规定程序的授权的批准。通常分为一般授权和特别授权。一般授权通常以管理部门文件的形式，对办理常规性的经济业务的权利、条件、范围和有关责任者作出的规定。特别授权适用于管理当局认为个别授权交易必须经批准的情况，如重大投资、筹资、担保、财务承诺等非常规性交易事件，以及超过一般授权限制的常规交易。为此，要求企业必须做到：

（1）企业所有人员不经合法授权，不能行使相应权利。这是最基本的要求。不经合法授权，任何人不能审批；有权授权的人，应在规定的权限内行事，不能越权授权。

（2）企业的所有业务未经授权不能执行。

（二）职务分离控制

职务分离控制（又称职责分工控制）是指将处理某种经济业务所涉及的职责分派给不同的人员，使每个人的工作形式相互制衡。其主要目的是预防和及时发现职工在履行职责过程中产生的错误和舞弊行为。

按财务分离控制要求，需要做到以下几点：

（1）任何业务（尤其是货币资金收支）的全过程，不能由某一个岗位或某一人包办。

（2）经济业务的责任转移环节不能由某一个岗位单独办理。

（3）某一岗位职责的履行不能由自己说了算。

（4）财务权力的履行情况必须接受定期（不定期）的稽核检查。

不相容职务分离常见的有：授权与执行分离、执行与记录分离、财产保管与记录分离、总账与明细账记录分离、财产保管与核对分离、一项经济业务处理的全过程的各个步骤分派给不同的部门和人员来负责。

（三）全面预算控制

全面预算控制是以全面预算为手段，对企业财务收支和现金流量所进行的控制。它要求企业加强预算编制、执行、分析、考核等环节的管理，明确预算项目，制定预算标准，规范预算的编制、审定、下达和执行程序，及时分析和控制预算差异，采取必要措施，确保预算的执行，严格控制无预算的资金支出。

（四）财产保全控制

财产保全控制要求限制未经授权的人员对财产的直接接触，这是传统的控制方法。具体有以下几点：

1. 限制财产的接触

它是指严格限制非授权人对资产的接触，采取必要的防护措施，确保资产的安全完整。被纳入严格限制接触的资产有：现金、易变现资产、重要的票据、个人的印章等。

2. 定期盘点清查

定期盘点清查由担任保管或担任记录事务以外的人员单独进行。可全面清查，也可局部清查；可定期清查，特殊时也可突击清查（如盘点现金）。企业应有处理盘点差异的权限和相应人员的责任。

3. 记录保护

它是指严格限制接近会计记录与业务记录的人员，并对重要的数据资料备份。

4. 财产记录控制

它是指建立资产个体档案，及时全面地记录增减变动情况。

5. 财产保险

它是指通过对资产投保（如火灾保险、盗窃险等），增加财产受损获补偿的机会。

（五）内部稽核控制

它指由业务执行者以外的人员对已执行的业务的正确性所进行的验证。包括凭证与凭证、凭证与账簿、账簿与账簿、账簿与报表、书面记录与实物之间的核对，也包括对一些计算表、汇总表、调节表、分析表的复核。

（六）业绩评价控制

它指将实际业绩与其评价标准（如前期业绩、预算等）进行比较，对营运业绩等所进行的评价。财务控制的最终好坏取决于是否有结合各责任中心的预算目标，是否形成了严格的考评机制，是否将过程考核与结果考核结合起来，即时奖罚与期间奖罚结合起来，使财务控制更加公平、合理、有效。

（七）财务报告控制

它要求单位建立和完善内部财务报告制度，以简明易懂的格式和内容，及时“下情上传”业务活动中的重要信息，使各级管理当局“耳聪目明”，增强管理的时效性和针对性。

三、责任控制

为了实现有效的内部协调与控制，企业通常按统一领导、分级管理的原则，在其内部合理划分责任单位，也称责任中心，明确各责任单位的目标、应承担的经济责任及享有的权利，以便各责任单位各尽其职、各负其责。按责任和控制范围的大小及业务活动的特点，责任中心通常可分为成本中心、利润中心、投资中心3大类。

（一）成本中心

1. 成本中心的含义及设置

一个责任中心如果不着重考核其收入，而着重考核其所发生的成本和费用，这类中心称为成本中心。成本中心一般包括产品生产的生产部门、劳务提供部门和给予一定费用指标的管理部门。

成本中心的范围甚广，一般来讲，凡有成本发生的责任领域，都可以确定为成本中心。例如，工业企业上至工厂，下至车间、班组，甚至个人都可以成为成本中心。成本中心由于层次、规模不同，其控制和考核的内容也不尽相同。

2. 成本中心的类型

成本中心的类型有两种：标准成本中心和费用中心。

标准成本中心是指所生产的产品稳定而明确，并且已经知道单位产品所需投入量的成本中心。其典型代表是制造业工厂、车间、班组等。这类成本中心每种产品有明确的原材料、人工费及各种间接费用的数量标准与价格标准。可以说，任何一种重复性的活动都可以建立标准成本中心。如银行业、施工企业、医院、快餐业等行业。

费用中心是指产出物不能用财务指标来衡量，或者收入与产出间没有密切关系的成本中心。主要包括从事会计、人事、计划等工作的行政管理部门，从事设备改造、新产品研制等工作的研究开发部门，以及从事广告、宣传等工作的销售部门等。由于无法通过投入和产出的比较来评价费用中心的效果和效率，唯一可以准确计量的是实际费用，因而通常采用预算总额审批的控制方法来限制无效费用的支出。

3. 成本中心的特点

（1）成本中心只考核成本费用，不考核收益，并以货币形式衡量投入。

（2）成本中心只对可控成本负责。凡责任中心能够控制其发生的成本称为可控成本；相反的，不能控制其发生及数量的称为不可控成本。只有属于该成本中心的各项可控成本才是该中心的责任成本，才是该中心的责任范围。

（3）成本中心只对责任成本进行考核和控制。责任成本是各成本中心当期确定或发生的各项可控成本之和。责任成本以具体的责任单位为对象，以其承担的责任为范围归集成本。对成本中心工作业绩的考核，主要是将实际责任成本与预算责任成本进行比较，以正确评价该中心的工作业绩。

4. 成本中心的考核指标

成本中心的考核指标主要采用相对指标和比较指标的形式，包括成本（费用）变动额和变动率两个指标，计算公式为：

$$成本(费用)降低额 = 实际责任成本(费用) - 预算责任成本(费用)$$

$$成本(费用)降低率 = \frac{成本(费用)降低额}{预算责任成本(费用)} \times 100\%$$

需要指出的是，如果实际产量与预算产量不一致，应先按弹性预算的编制方法调整责任成本（费用）。其公式为：

$$预算责任成本(费用) = 实际产量 \times 单位预算责任成本$$

【例12】某成本中心生产甲产品，预算产量为1 200件，单位成本为90元，实际产量为1 100件，单位成本为88元，计算该成本中心成本降低额与降低率。

$$成本降低额 = 1\,100 \times 88 - 1\,100 \times 90 = -2\,200（元）$$

$$成本降低率 = \frac{-2\,200}{1\,100 \times 90} \times 100\% = -2.22\%$$

（二）利润中心

1. 利润中心的含义

利润中心指既能控制成本，又能控制收入的责任中心，即对利润负责的责任中心。这类责任中心一般具有独立或相对独立的收入和生产经营决策权。由于其权力和责任都相对较大，所以利润中心往往处于企业内部的较高层次，如分厂、分店、分公司等。

2. 利润中心的类型

利润中心可分为自然利润中心和人为利润中心。自然利润中心是指可以直接对外销售产品并取得收入的利润中心。这种利润中心本身直接面对市场，有产品的销售及价格制定权、材料采购权和生产决策权。它虽是企业内部的一个部门，但功能与独立企业类似，能独立地控制成本，取得收入。人为利润中心是以半成品、产成品在企业内部流转，按内部转移价格取得“内部销售收入”为特征的利润中心。人为利润中心一般也有独立经营权。

3. 利润中心的考核标准

利润中心的考核指标主要是利润。考核时，通常根据不同成本的可控性，将收益或利润分解成若干层次，设计相应的考核指标即边际贡献、部门可控边际贡献、部门边际贡献及部门税前利润。

$$边际贡献 = 部门销售收入 - 部门变动成本$$

$$部门可控边际贡献 = 边际贡献 - 部门可控固定成本$$

$$部门边际贡献 = 部门可控边际贡献 - 部门不可控固定成本$$

$$部门税前利润 = 部门边际贡献 - 公司管理费用$$

【例13】嘉陵公司某部门实现销售收入25 000元，已销商品变动成本和变动销售费18 000元，部门可控固定间接费用1 000元，部门不可控固定间接费用1 300元，公司分配的管理费用1 500元。计算用于评价利润中心的各项指标：

$$边际贡献 = 25\,000 - 18\,000 = 7\,000（元）$$

$$部门可控边际贡献 = 7\,000 - 1\,000 = 6\,000（元）$$

$$部门边际贡献 = 6\,000 - 1\,300 = 4\,700（元）$$

$$部门税前利润 = 4\,700 - 1\,500 = 3\,200（元）$$

以边际贡献 7 000 元作为业绩评价依据不够全面，因为部门经理至少可以控制某些固定成本，且在固定成本和变动成本的划分上有一定选择余地。以可控边际贡献 6 000 元作为业绩评价的依据可能是最好的，它反映了部门经理在其权限和控制范围内有效使用资源的能力。以部门边际贡献 4 700 元作为业绩评价依据，可能更适合评价该部门对企业利润和管理费用的贡献，而不适合于部门经理的评价。以部门税前利润 3 200 元作为业绩评价的依据通常是不合理的。公司总部的管理费用是部门经理无法控制的成本，由于分配公司管理费用的计算方法通常是任意的，因此而引起的部门利润的不利变化，不能由部门经理负责。

（三）投资中心

1．投资中心的含义

投资中心指既对成本、收入和利润负责，又对投资效果负责的责任中心。由于投资的目的是获取利润，所以，投资中心同时也是利润中心，但投资中心与利润中心又有所不同，区别在于：首先，投资中心有决策权，处在责任中心的最高层次，具有最大决策权，承担最大的责任；其次，考核利润中心业绩时，不考虑投入该中心的资源或资产，但在考核投资中心时，应将所获利润与所占用的资产进行比较。

一般来说，大型集团所属的子公司、分公司、事业部往往都是投资中心。在组织形式上，成本中心一般不是独立法人，利润中心可以是也可不是独立法人，而投资中心一般是独立法人。投资中心独立性较高，享有投资权和较为充分的经营权。

2．投资中心的考核指标

投资中心除考核利润指标外，主要考核能集中反映利润与投资额之间关系的指标，一是投资利润率，二是剩余收益。

（1）投资利润率，又称投资收益率。它是指投资中心所获得的利润与投资额之间的比率。计算公式为：

$$\text{投资利润率} = \frac{\text{利润}}{\text{投资额}} \times 100\%$$

从投资中心的角度看，该指标也可以称为净资产利润率，它主要说明投资中心的每一份资源所贡献的利润大小，或称为投资中心对所有者权益的贡献程度。

【例 14】嘉陵公司某部门资产额为 55 000 元，部门边际贡献为 11 000 元，计算该投资中心的投资利润率。

$$\text{投资利润率} = \frac{11\,000}{55\,000} \times 100\% = 20\%$$

用投资利润率来评价投资中心的业绩有许多优点：一是它根据现有会计资料计算得到，能比较客观地反映投资中心的综合盈利能力；二是可用于部门之间，以及不同行业之间的业绩比较；三是可以作为选择投资机会的依据；四是可以正确引导投资中心的经营管理行为，使其行为长期化。

投资利润率指标的不足也十分明显：部门经理会放弃高于资本成本而低于目前部门投资利润率的机会，或者减少现有的投资利润率较低但高于资本成本的某些资产，使部门的业绩获得好评，但因此却损伤了企业整体利益。

【例 15】根据例 14，假设嘉陵公司资金成本为 15%，部门经理现面临一个投资利润率为 16% 的投资机会，投资额为 15 000 元，计算增资后的投资利润率。

$$投资利润率 = \frac{11\,000 + 15\,000 \times 16\%}{55\,000 + 15\,000} \times 100\% = 19.14\%$$

可以看出，虽然部门经理面临着一个投资利润率为 16% 的投资机会，但部门经理却不愿意投资，因为如果进行了该项投资，就会使本部门投资利润率由 20% 下降至 19.14%，从而影响他的业绩。

同样，假设该部门现有一项资产价值 8 000 元，每年获利 1 360 元，投资利润率为 17%，超过了资金成本，如果部门经理放弃该项资产，投资报酬率将上升至 20.51% $(\frac{11\,000 - 1\,360}{55\,000 - 8\,000} \times 100\%)$。

由此可见，从引导部门经理维护企业总体利益的决策来看，投资利润率并不是最佳的指标。

(2) 剩余利益。剩余利益是指投资中心获得的利润扣减其最低投资收益后的余额。为了克服由于使用比率来衡量部门业绩带来的次优化问题，许多企业采用了剩余收益指标，公式为：

剩余收益 = 部门边际贡献 − 部门资产应计报酬

= 利润 − 投资额 × 预期最低投资收益率

【例 16】根据例 15，计算该部门的剩余收益。

目前部门剩余收益 = 11 000 − 55 000 × 15% = 2 750（元）

采纳增资方案后剩余收益 = (11 000 + 15 000 × 16%) − (55 000 + 15 000) × 15%

= 2 900（元）

采纳减资方案后剩余收益 = (11 000 − 1 360) − (55 000 − 8 000) × 15%

= 2 590（元）

部门经理会采纳增资的方案而放弃减资的方案，这正与企业总目标相一致。

综上所述，成本中心、利润中心和投资中心，它们彼此不是孤立存在的，每个责任中心在企业形成“连锁责任”网络，为保证经营目标一致而协调运转。

本章小结

1. 预算就是用货币计量，将决策的目标具体地、系统地反映出来。全面预算指所有以货币及其他数量形式反映的、有关企业未来一段期间的全部经营活动各项目标的行动计划及相应措施的具体化和数量化。从内容上，具体包括经营预算、财务预算、资本预算 3 类。

全面预算编制原则：过程控制原则、效率优先原则、量入为出原则、权责明确原则。

全面预算编制程序：下达目标、编制上报、初步协调、审查平衡、审议批准、下达执行。

全面预算编制方法主要有：固定预算、弹性预算、零基预算、滚动预算等。

财务预算包括：现金预算、预计损益表、预计资产负债表。现金预算的内容包括现金收入、现金支出、现金多余或不足的计算，以及不足部分的补充方案和多余部分的利用方案。现金收入包括营业现金收入和其他现金收入。现金支出主要包括材料采购支出、人工工资支出、制造费用、管理费用、财务费用及营业费用等支出。

预计财务报表主要为企业财务管理服务，是控制企业资金、成本和利润总量的重要手段。

2. 财务控制是按照一定的程序和方法，以财务预算指标为依据，对企业各项财务收支情况进行日常的计算、审核和调节，确保企业财务目标实现的过程。它借助价值手段来进行，以日常现金流量状况的控制为主要内容，是一种综合控制。

财务控制的方式：授权批准控制、职务分离控制、全面预算控制、财产保全控制、内部稽核控制、业绩评价控制及财务报告控制。

为实现有效的内部协调与控制，企业通常按统一领导，分级管理的原则，在其内部合理划分责任单位，称为责任中心。按其责任和控制范围的大小，分为成本中心、利润中心和投资中心 3 大类。成本中心通常分为标准成本中心和费用中心，其考核指标包括成本（费用）降低额和降低率。利润中心可分为自然利润中心和人为利润中心，其考核指标主要是利润、可控边际贡献、部门边际贡献、部门税前利润。投资中心具有最大决策权，承担最大的责任，独立性较高，除考核其利润外，主要考核投资利润率和剩余收益。

第九章

财务分析

CAI WU FEN XI

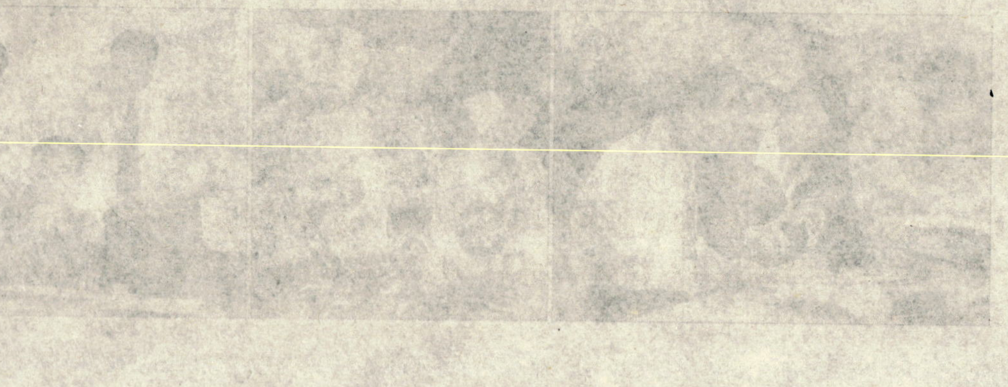

目的要求：

通过本章的学习，要求了解财务分析的概念与目的；熟悉财务分析的方法；掌握偿债能力、营运能力、盈利能力分析的内容；掌握杜邦财务分析体系；了解沃尔比重分析方法。

第一节　财务分析概述

一、财务分析的概念及作用

财务报表是企业财务状况和经营成果的信息载体，但对于财务报表所列示的各类项目的金额，如果孤立地看，并没有多大意义，必须与其他数据相比较，才能成为有用的信息。财务分析就是以财务报表和其他资料为依据和起点，运用一定的分析方法，对企业的财务状况和经营成果进行分析和评价的过程。

财务分析是企业财务管理的重要环节，做好财务分析工作对企业具有以下重要作用：

（一）评价企业的财务状况

通过财务分析，可以评价企业的偿债能力、营运能力和盈利能力，揭示经营活动中存在的矛盾和问题，为企业管理者改善经营管理提供决策参考。

（二）为投资人、债权人和政府等利益相关者提供决策帮助

通过财务分析，可以为投资人、债权人及政府等相关方面提供参考资料，为其提供决策依据。

（三）检查企业各部门的任务完成情况，考核业绩，揭示问题

通过财务分析，可以检查企业内部各部门和单位的各项财务指标的完成情况，考核其工作绩效，完善激励机制，加强企业内部责任控制。

二、财务分析的基本方法

财务分析的方法有很多，常用的有以下几种：

（一）比较分析法

比较分析法是将所要分析的财务资料与本企业其他年（季、月）度，或其他企业同年（季、月）度的相应资料进行比较，来揭示经济指标的数量关系和数量差异的一种方法。通过这种方法，能揭示财务活动中的数量关系和数量差异，从而发现问题，为进一步分析原因、挖掘潜力指明方向。比较分析法是最基本的分析方法，其他分析方法是建立在比较分析法的基础上的。

根据分析的目的和要求不同，比较分析法可划分为以下 3 种形式：

1. 实际指标同计划（定额）指标对比

通过这种对比，可以揭示实际与计划之间的差异，了解该指标的计划或定额的完成情况。

2. 本期指标同上期指标或历史最高水平相比

通过这种比较，可以确定前后不同时期有关指标的变动情况，了解企业生产经营活动的发展趋势和管理工作的改进情况。

3. 本单位指标同国内外先进单位指标比较

通过这种比较，可以找出与先进单位之间的差距，推动本单位改善经营管理，赶超先进水平。

运用比较分析法对同一财务指标进行比较时，要注意指标的可比性，即所用指标在内容、时间、计算方法、计价标准上的口径应当一致。必要时，应对所用指标按同一口径进行调整或换算。

（二）比率分析法

比率分析法是指通过计算财务报表中相关指标间的比率，借以评价企业财务状况和经营成果的分析方法。

比率指标主要有以下3类：

1. 效率比率

它是反映经济活动中投入与产出、所费与所得的比率，用以考察经营成果，评价经济效益的指标，如成本利润率、销售利润率及总资产报酬率等指标。

2. 结构比率

又称构成比率，它是某项经济指标部分占总体的比重，反映部分与总体的关系，如应收账款占流动资产的比重、流动资产占总资产的比重等。利用结构比率，可以考察总体中某部分的形成和安排是否合理，从而协调各项财务活动。

3. 相关比率

它是将两个不同但又有一定关联的指标加以对比得出的比率，用以反映经济活动之间的联系，如流动负债与流动资产的比率、负债与权益的比率等。利用相关比率，可以说明有联系的相关财务活动的安排是否合理，以保障生产经营活动能够顺利运行。

比率分析法是用相关项目的比率作为指标，揭示了数据之间的内在联系，同时也克服了绝对值给人们带来的误导，可以使某些指标在不同规模企业间进行比较。但在运用比率分析法时，应注意以下几个问题：

第一，比率指标中的对比指标要有相关性。没有关联的指标对比是没有意义的。在效率比率中，投入与产出必须有因果关系，费用就是为取得某项收入而发生的费用，收入必须是耗费相应的费用而实现的收入。在结构比率中，部分指标必须是总体指标的一部分。在相关指标中，两个对比指标也必须要有内在联系。

第二，比率指标中对比指标的计算口径要一致。同比较法一样，同一比率的两个指标在计算时间、计算方法、计算标准上都应当保持口径一致。

第三，采用的比率指标要有对比的标准，以便对企业的财务状况作出合理的评价。通常选作对比的标准有预计水平、历史水平、行业水平和公认标准等。

（三）趋势分析法

趋势分析法是将企业两期或连续数期财务报告中相同项目指标进行对比，确定其增减变动的方向、数额和幅度。采用这种方法能够揭示企业财务状况及经营成果变动趋势，并

找出其变化的原因，判断这种变化趋势对企业发展的影响，以预测企业未来的发展前景。

趋势分析法主要有以下3种方式：

1．重要财务指标的比较

它指对不同时期的重要财务指标进行比较，直接观察其绝对额或比率的增减变动情况及变动幅度，考察有关业务的发展变化趋势。如计算利润的定基动态比率或环比动态比率。

2．会计报表金额的比较

它是将连续数期的会计报表的金额数字并列起来，比较其相同指标的增减变动金额和增减变动幅度，来说明企业财务状况和经营成果发展变化的一种方法。

会计报表金额的比较，有资产负债表比较、利润表比较、现金流量表比较等。比较时，既要计算出表中有关项目增减变动的绝对额，又要计算出其增减变动的百分比。

3．会计报表构成的比较

它是以会计报表中的某个总体指标作为100%，再计算出各组成指标占该总体指标的百分比，比较各个项目百分比的增减变动，以此来判断有关财务活动的变化趋势。这种方法能消除不同时期、不同企业之间业务规模差异的影响，有利于分析企业的耗费水平和盈利水平等。

采用趋势分析法时要注意：用以进行对比的各个时期的指标在计算口径上必须保持一致；对于非常年度（如由于天灾人祸等偶然因素而对财务活动产生特殊影响）的资料，在分析研究时应加以消除，必要时对价格变动因素也要加以调整；分析中如发现某项指标在一定时期内有显著变动，则应将其作为分析的重点，研究其产生的原因，以便采取有效措施。

（四）因素分析法

一个经济指标往往是由多种因素造成的，它们各自对该经济指标都有不同程度的影响。因素分析法是依据分析指标与其影响因素之间的关系，按照一定程序和要求，从数值上测定各因素对有关经济指标差异影响程度的方法。通过因素分析法，可以衡量各项因素的影响程度大小，有利于分清原因和责任，使评价企业的工作更有说服力，并可作为制订措施、挖掘潜力的参考依据。

因素分析法的步骤是：

（1）根据分析指标的形成过程，确定影响该指标变动的因素。

（2）根据分析指标与各影响因素之间的内在联系，建立计算公式。

（3）根据各个因素对分析指标影响的内在联系，确定替代的顺序，依次替代计算，从而确定各个因素的影响程度。

因素分析法的具体应用有不同的形式，差额计算法是其中常用的一种。它利用各个因素实际数同标准数的差额，来计算该因素脱离标准时对分析指标的影响。例如，若某项财务指标P是由A、B、C三大因素的乘积构成，其实际指标与标准指标以及有关因素关系由下式构成：

实际指标：$P_n = A_n \times B_n \times C_n$

计划指标：$P_0 = A_0 \times B_0 \times C_0$

实际与计划的总差异为$P_n - P_0$，这一总差异同时受到A、B、C三大因素的影响。

它们各自的变动对指标总差异程度的影响可分别由下式计算求得：

A 因素变动影响：$(A_n - A_0) \times B_0 \times C_0$

B 因素变动影响：$A_n \times (B_n - B_0) \times C_0$

C 因素变动影响：$A_n \times B_n \times (C_n - C_0)$

将以上三大因素的影响数相加应该等于总差异 $P_n - P_0$。

例如，某企业甲产品的材料成本见表 9－1，运用因素分析法分析各因素变动对材料成本的影响程度。

表 9－1　材料成本资料表

项目	计量单位	计划数	实际数
产品产量	件	100	110
单位产品材料消耗量	千克/件	8	7
材料单价	元/千克	5	6
材料总成本	元	4 000	4 620

根据表 9－1 资料分析如下：

材料成本＝产量×单位产品材料消耗量×材料单价

材料成本总差异：4 620－4 000＝620（元）

产量变动对材料成本的影响值：（110－100）×8×5＝400（元）

单位产品材料消耗量变动对材料成本的影响值：110×（7－8）×5＝－550（元）

材料单价变动对材料成本的影响值：110×7×（6－5）＝770（元）

将以上三因素的影响值相加：400＋（－550）＋770＝620（元）

因素分析法既可以全面分析各因素对某一经济指标的影响，又可以单独分析某个因素对某一经济指标的影响，在财务分析中应用颇为广泛，但应用因素分析法须注意以下几个问题：

1. 因素分解的关联性

它指构成经济指标的各因素确实是形成该项指标差异的内在原因，它们之间存在着客观的因果关系。

2. 因素替代的顺序性

替代因素时，必须按照各因素的依存关系，排列成一定顺序依次替代，不可随意加以颠倒，否则计算各个因素的影响值就会得出不同的结果。在实际工作中，往往是先替代数量因素，后替代质量因素；先替代实物量、劳动量因素，后替代价值量因素；先替代原始的、主要的因素，后替代派生的、次要的因素；在有除号的关系式中，先替代分子后替代分母。

3. 顺序替代的连环性

计算每个因素变动的影响数值时，都是在前一次计算的基础上进行的，并采用连环比较的方法确定因素变化影响结果。只有保持这种连环性，才能使各因素影响之和等于分析指标变动的总差异。

4. 计算结果的假定性

由于计算各个因素变动的影响值会因替代计算顺序的不同而有差别，因而，计算结果具有一定顺序上的假定性和近似性。

（五）综合分析法

为了全面了解企业的财务状况，经常把企业各项财务指标放在一起进行综合分析。综合分析法最常用的方法是杜邦分析法（本章第五节将详细介绍）。这种分析法有利于了解企业财务状况的全貌，以及各项指标之间的相互关系。

三、财务分析的基本步骤

财务分析的具体步骤和程序，需要根据分析的目的，由分析人员自己设计。财务分析的基本步骤如下：

（1）明确分析的目的，制定分析工作计划。

（2）收集有关的信息。

（3）根据分析目的，运用科学的分析方法，深入比较、研究所收集的资料。

（4）做出分析结论，提出分析报告。

四、财务分析的基础

财务分析是以企业的会计核算资料为基础，包括企业日常核算资料和财务报表。由于分析使用的数据大部分来自于财务报表，所以，财务分析的前提是正确理解财务报表。

（一）资产负债表

资产负债表是反映企业一定日期财务状况的报表，其特点是：

（1）反映的内容为各类、各项资产、负债和所有者权益的增减变动情况。

（2）反映的时间为期末（包括月末、年末）特定日期的财务状况，属于时点或静态报表。

（3）以“资产 = 负债 + 所有者权益”会计等式为平衡依据，见表 9 – 2。

编制单位：ABC 公司

表 9 – 2　资产负债表

单位：万元

资　产	年初数	年末数	负债及所有者权益	年初数	年末数
流动资产：			流动负债：		
货币资金	800	900	短期借款	2 000	2 300
短期投资	1 000	500	应付账款	1 000	1 200
应收账款	1 200	1 300	预付账款	300	400
预付账款	40	70	其他应付款	100	100
存货	4 000	5 200	流动负债合计	3 400	4 000
待摊费用	60	80	长期负债	2 000	2 500
			负债总计		
流动资产合计	7 100	8 050	所有者权益：		
长期投资	400	400	实收资本	12 000	12 000
固定资产净值	12 000	14 000	盈余公积	1 600	1 600
无形资产	500	550	未分配利润	1 000	2 900
			所有者权益合计	14 600	16 500
资产总计	20 000	23 000	负债及所有者权益总计	20 000	23 000

注：2005 年 12 月 31 日

（二）利润表

利润表是反映企业在一定期间的生产经营成果的财务报表。其特点是：

（1）反映的内容为收入、成本费用及利润（或亏损）的发生情况。

（2）反映的时间为一定期间（包括1个月、1年）的状况，属于时期或动态报表。

（3）以“收入－费用＝利润”会计等式为平衡依据。见表9－3。

编制单位：ABC公司　　　　**表9－3　利润表**　　　　单位：万元

项　目	上年实际	本年累计
一、主营业务收入	18 000	20 000
减：主营业务成本	10 700	12 200
主营业务税金及附加	1 080	1 200
二、主营业务利润	6 220	6 600
加：其他业务利润	600	1 000
减：营业费用	1 620	1 900
管理费用	800	1 000
财务费用	200	300
三、营业利润	4 200	4 400
加：投资收益	300	300
营业外收入	100	150
减：营业外支出	600	650
四、利润总额	4 000	4 200
减：所得税	1 600	1 680
五、净利润	2 400	2 520

注：编制时间为2005年12月

第二节　偿债能力分析

总结和评价企业财务状况与经营成果的分析包括偿债能力分析、营运能力分析、盈利能力分析等。本节先介绍偿债能力分析。

企业的偿债能力是指企业偿还到期债务的能力，是反映企业财务状况的重要标志。企业偿债能力低，不仅说明企业资金紧张，难以支付日常经营支出，而且说明企业资金周转不灵，难以偿还到期债务，甚至面临破产危险。企业偿债能力分析包括短期偿债能力分析和长期偿债能力分析。

一、短期偿债能力分析

短期偿债能力是指企业以流动资产偿还流动负债的能力。它反映企业当前的财务实力。企业能否及时偿还到期流动负债，是反映企业财务状况好坏的重要标志，是企业本身和有关各方面都很关心的重要问题。企业短期偿债能力的衡量指标主要有流动比率、速动比率和现金比率。

（一）流动比率

流动比率是企业流动资产与流动负债之比。它表明企业每1元流动负债有多少流动资产作为其偿还的保证，反映企业用可在短期内转变为现金的流动资产偿还到期流动负债的能力。其计算公式为：

流动比率 = 流动资产 ÷ 流动负债

一般认为，生产企业流动比率为2比较适宜。通常情况下，流动比率越高，反映企业的短期偿债能力越强，债权人的权益越有保证，同时表明企业的财务状况稳定可靠，除了满足日常生产经营的流动资金需要外，还有足够的财力偿还到期短期债务。如果比例过低，则表示企业可能难以如期偿还债务。

运用流动比率进行分析时，要注意以下几个问题：

（1）流动比率高，一般认为偿债保证程度较强，但并不等于企业一定有足够的现金或存款用来偿债。因为流动资产除了货币资金以外，还有存货、应收账款、待摊费用等项目，有可能虽然流动比率高，但真正用来偿债的现金和存款却严重短缺，所以，分析流动比率时，还需进一步分析流动资产的构成项目。

（2）计算出来的流动比率，只有与同行业平均流动比率、本企业历史流动比率进行比较才能知道这个比率是高还是低。这种比较通常并不能说明流动比率为什么高或低，要找出过高或过低的原因还必须分析流动资产和流动负债的结构以及经营上的因素。一般情况下营业周期、流动资产中的应收账款和存货的周转速度是影响流动比率的主要因素。

（3）从债权人的角度看，希望流动比率越高越好。但从企业经营的角度看，过高的流动比率通常意味着企业闲置现金的持有量过多，将会增加企业的机会成本和降低获利能力。

根据表9－2资料，ABC公司2005年年初与年末的流动资产分别为7 100万元、8 050万元，流动负债分别为3 400万元、4 000万元，则该公司流动比率为：

年初流动比率 = 7 100 ÷ 3 400 = 2.088

年末流动比率 = 8 050 ÷ 4 000 = 2.013

ABC公司年初与年末流动比率均大于2，说明该企业具有较强的短期偿债能力。

流动比率虽然可以用来评价流动资产总体的变现能力，但流动资产中包含诸如存货这类变现能力较差的资产，如果能将其剔除，则其所反映的短期偿债能力更加令人可信，这个指标就是速动比率。

（二）速动比率

速动比率是企业速动资产与流动负债之比，它表明1元流动负债有多少速动资产作为偿还的保证。其计算公式为：

速动比率 =（速动资产 ÷ 流动负债）

速动资产是指流动资产减去变现能力较差且不稳定的存货、待摊费用等之后的余额。由于剔除了存货等变现能力较差的资产，速动比率比流动比率能够更准确、可靠地评价企业资产的流动性及偿还短期债务的能力。

一般认为速动比率为1比较合适，速动比率过低，企业会面临偿债风险，但速动比率过高会因占用现金及应收账款过多而增加企业的机会成本。

根据表9－2资料，ABC公司2005年年初的速动资产为3 040（800＋1 000＋1 200＋40）万元，年末速动资产为2 770（900＋500＋1 300＋70）万元。ABC公司的速动比率为：

年初速动比率＝3 040÷3 400＝0.894

年末速动比率＝2 770÷4 000＝0.693

分析表明该公司2005年年末的速动比率比年初有所降低，虽然该公司的流动比率超过一般公认标准，但由于流动资产中存货所占比重过大，导致企业速动比率低于一般公认标准，企业的实际短期偿债能力并不理想，应采取措施加以改善。

尽管速动比率较之流动比率更能反映出流动负债偿还的安全性和稳定性，但在具体分析时还需注意：

（1）不能认为速动比率较低的企业的流动负债到期绝对不能偿还。因为，如果企业的存货流转顺畅，变现能力较强，即使速动比率较低，企业仍有可能偿还到期债务。

（2）也不能认为速动比率较高的企业，其流动负债到期就一定能偿还。因为，速动资产中应收账款比重一般很高，而应收账款存在着发生坏账的可能，不一定能按时收回，所以，还必须计算分析第三个重要比率——现金比率。

（三）现金比率

现金比率是企业现金类资产与流动负债的比率。现金比率计算公式为：

现金比率＝（现金＋短期有价证券）÷流动负债

现金类资产是指库存现金及具有与现金几乎相同的变现能力的各种活期存款、短期有价证券等，它们或者可以随时提现，或者可以随时转让变现。总之，持有它们就相当于持有现金。一般用速动资产扣除应收账款后的余额表示。一般认为，现金比率在20%以上较好。但也不能认为该指标越高越好，因为，如果该比率过高，可能意味着企业的现金资产存量过大，而现金类资产获利能力低，因此，这类资产金额太高会导致企业机会成本增加。

根据表9－2资料，ABC公司2005年的现金比率为：

年初现金比率＝（800＋1000）÷3 400＝0.529

年末现金比率＝（900＋500）÷4 000＝0.350

2005年年末的现金比率比年初有所降低，但此比率还是高于一般标准，说明该公司现金类资产储备较多。由于ABC公司流动比率尚可而速动比率较低，短期仍应努力促销，加快存货和应收账款资金周转，切实增强公司的短期偿债能力。

二、长期偿债能力分析

对于企业的长期债权人和所有者来说，不仅关心企业的短期偿债能力，更关心企业的长期偿债能力。

长期偿债能力是指企业偿还长期负债的能力。企业的长期负债包括长期借款、应付债券、长期应付款等。分析企业长期偿债能力，主要是确定企业偿还债务本金与支付债务利息的能力。衡量企业长期偿债能力的指标主要有资产负债率、产权比率、利息保障

倍数等。

(一) 资产负债率

资产负债率是企业负债总额与资产总额之比。其计算公式为:

资产负债率 = (负债总额 ÷ 资产总额) ×100%

资产负债率反映债权人所提供的资金占全部资金的比重，以及企业资产对债权人权益的保障程度。这一比率越低（50%以下），表明企业的偿债能力越强。

事实上，对这一比率的分析，还要看站在谁的立场上。从债权人的立场看，债务比率越低越好，这说明企业偿债有保证，他不会有太大风险；从股东的立场看，在全部资产收益率高于负债利息率时，负债比率越大越好，因为股东可利用财务杠杆的原理，获得更多的投资利润；从财务管理的角度看，负债经营应适度，否则有较大财务风险。

根据表9－2资料，ABC公司2005年的资产负债率为:

年初资产负债率 =5 400 ÷20 000 ×100% =27.00%

年末资产负债率 =6 500 ÷23 000 ×100% =28.26%

ABC公司年末资产负债率较年初略有增大，但仍大大低于50%，说明公司有较强的长期偿债能力和负债经营能力。

但是，并非企业所有的资产都可作为偿债的物质保证。无形资产能否用于偿债，存在极大的不确定性，因此有形资产负债率相对于资产负债率而言更稳健。其计算公式为:

有形资产负债率 = 负债总额 ÷ 有形资产总额 ×100%

式中,

有形资产总额 = 资产总额 − 无形资产总额

根据表9－2资料，ABC公司2005年的有形资产负债率为:

年初有形资产负债率 =5 400 ÷ (20 000 −500) ×100% =27.69%

年末有形资产负债率 =6 500 ÷ (23 000 −550) ×100% =28.95%

相对于资产负债率来说，有形资产负债率指标将企业偿债安全性的分析建立在更加切实可靠的物质保障基础之上。

(二) 产权比率

产权比率，又称资本负债率，是负债总额与所有者权益之比。其计算公式为:

产权比率 = 负债总额 ÷ 所有者权益 ×100%

产权比率不仅反映了由债务人提供的资本与所有者提供的资本的相对关系，而且反映了企业自有资金偿还全部债务的能力。一般来说，这一比率越低，表明企业长期偿债能力越强，债权人权益保障程度越高，承担的风险越小。通常认为这一比率为1∶1，即100%以下时，企业应该是有偿债能力的。

产权比率还是企业财务结构稳健与否的重要标志。产权比率高是高风险、高报酬的财务结构；产权比率低是低风险、低报酬的财务结构。因此，应该结合企业的具体情况加以分析：当企业的资产收益率大于负债成本率时，负债经营有利于提高自有资金的收益率，获得额外的利润，这时的产权比率可适当高些。

根据表9－2资料，ABC公司2005年的产权比率为:

年初产权比率 = 5 400 ÷ 14 600 × 100% = 36.99%

年末产权比率 = 6 500 ÷ 16 500 × 100% = 39.39%

由计算可知，ABC 公司 2005 年年末产权比率较年初有所提高，但仍不算高，这与前面资产负债率的计算结果相互印证，表明该公司的长期偿债能力较强，对债权人的保障程度较高，财务结构比较稳定。

产权比率与资产负债率对评价偿债能力的作用基本一致，只是资产负债率侧重于分析债务偿付安全性的物质保障程度，产权比率侧重于揭示财务结构的稳健程度以及自有资金对偿债风险的承受能力。

与设置有形资产负债率指标的原因相同，对产权比率也可适当调整成为有形净值负债率。其计算公式为：

有形净值负债率 = 负债总额 ÷ 有形净值总额 × 100%

式中，

有形净值总额 = 有形资产总额 − 负债总额

根据表 9－2 资料，ABC 公司 2005 年的有形净值负债率为：

年初有形净值负债率 = 5400 ÷ （19500 − 5400） × 100% = 38.30%

年末有形净值负债率 = 6500 ÷ （22450 − 6500） × 100% = 40.75%

有形净值负债率指标实际上是产权比率指标的延伸，能更为谨慎、保守地反映在企业清算时所有者权益对债权人投入的资本的保障程度。

（三）利息保障倍数

利息保障倍数是指企业息税前利润与利息费用之比，又称已获利息倍数，用以衡量企业偿付借款利息的能力。其计算公式为：

利息保障倍数 = 息税前利润 ÷ 利息费用

公式中的“息税前利润”是指利润表中未扣除利息费用和所得税前的利润。公式中的“利息费用”是指本期发生的全部应付利息，不仅包括财务费用中的利息费用，还应包括计入固定资产成本的资本化利息。资本化利息虽然不在利润表中扣除，但仍然是要按期偿还的。

企业生产经营所获得的息税前利润相对于利息费用的倍数越多，说明企业支付利息费用的能力越强。因此，利息保障倍数同时反映了企业获利能力的大小和获利能力对偿还到期债务的保证程度，它既是企业举债经营的前提依据，也是衡量企业长期偿债能力大小的重要标志。要维持正常偿债能力，利息保障倍数至少应大于 1，且比值越高，说明企业长期偿债能力越强。如果利息保障倍数过低，则意味着企业可能面临亏损、偿债的安全性与稳定性下降的风险。因此，债权人要分析利息保障倍数指标，以衡量债权的安全程度。

根据表 9－3 资料，假定表中财务费用全部为利息费用，资本化利息为 0 元，则 ABC 公司的利息保障倍数为：

2004年利息保障倍数 = (2 400 + 1 600 + 200) ÷ 200 = 21(倍)

2005年利息保障倍数 = (2 520 + 1 680 + 300) ÷ 300 = 15(倍)

从以上计算结果看，ABC 公司这两年的利息保障倍数都较高，有较强的偿付负债利

息的能力。对于具体情况，还需要与其他企业特别是本行业平均水平进行比较来分析评价。从稳健角度看，还要与本企业连续几年的该项指标比较才能进行分析评价。

第三节　营运能力分析

企业的经营活动离不开各项资产的运用，对企业营运能力的分析，实质上就是对各项资产的周转使用情况进行分析。一般而言，资产周转速度越快，说明企业的资产管理水平越高，资产利用效率越高。

营运能力分析主要包括：流动资产周转情况分析、固定资产周转情况分析和总资产周转情况分析。

一、流动资产周转情况分析

反映流动资产周转情况的指标主要有应收账款周转率、存货周转率和流动资产周转率。

（一）应收账款周转率

应收账款周转率是指一定时期内销售收入净额（一般指主营业务收入净额，下同）与应收账款平均余额的比率。该比率有两种表示方法：

（1）应收账款周转次数，表明一定时期内（通常以年为单位）应收账款变现的次数。其计算公式为：

应收账款周转次数＝年销售收入净额÷应收账款年平均余额

式中，　销售收入净额＝销售收入－销售折扣与折让

应收账款年平均余额＝（年初应收账款＋年末应收账款）÷2

计算时应注意公式中的应收账款包括会计报表中“应收账款”和“应收票据”等全部赊销账款在内。

在一定时期内应收账款周转次数越多，表明应收账款回收速度越快，企业对应收账款的管理效率越高。这不仅有利于企业及时回收货款，减少或避免发生坏账损失的可能性，相对增加企业流动资产的投资收益，而且有利于提高企业资产的流动性，增强企业短期偿债能力。

（2）应收账款周转天数，表明应收账款变现的时间，也称为平均收现期或应收账款账龄。其计算公式为：

应收账款周转天数＝360÷应收账款周转次数

应收账款周转天数，表示企业自产品销售出去开始，至应收账款收回为止所需经历的时间。周转天数越少，说明应收账款变现的速度越快，企业资金被外单位占用的时间越短，应收账款的管理效率越高。

企业还可以通过比较应收账款周转天数及企业信用期限，以评价客户的信用程度，制定或调整企业信用政策。

根据表9－2、表9－3资料，ABC公司2005年度销售收入净额20 000万元，应收账款平均余额为（1 200＋1 300）÷2万元，即1 250万元，则2005年该公司应收账款周

转率指标计算如下：

应收账款周转次数 = 20 000 ÷ 1250 = 16（次）

应收账款周转天数 = 360 ÷ 16 = 22.5（天）

在评价应收账款周转率指标时，应注意：

（1）将计算出的指标与该企业历史、企业平均水平或其他类似企业平均水平相比较来判断该指标的高低及合理性。

（2）如果应收账款余额的波动较大，应尽可能使用更详尽的计算资料，如按月的应收账款余额来计算其平均占用额。

（3）分子、分母的数据应在时间上对应。

（二）存货周转率

在流动资产中，存货所占比重较大，存货的流动性对企业的整个流动资产的流动性有着直接的影响，因此，必须特别重视对存货的分析。存货流动性的分析一般通过存货周转率来进行。

存货周转率是指一定时期内企业销售成本与存货平均资金占用额的比率，是衡量企业在存货运营管理效率方面的一个综合性指标。与应收账款周转率的计算类似，存货周转率的计算公式有两种：

存货周转次数 = 年销售成本 ÷ 年平均存货余额

存货周转天数 = 360 ÷ 存货周转次数

式中，

存货平均余额 =（年初存货 + 年末存货）÷ 2

根据表 9－2、表 9－3 资料，ABC 公司 2005 年度销售成本为 12 200 万元，存货平均余额为（4 000 + 5 200）÷ 2 万元，即 4 600 万元，该公司存货周转率指标为：

存货周转次数 = 12 200 ÷ 4 600 = 2.652（次）

存货周转天数 = 360 ÷ 2.652 = 135.7（天）

企业存货周转速度的快慢，不仅可反映企业在采购、储存、生产、销售各环节管理工作状况的好坏，而且对企业的偿债能力及获利能力产生决定性的影响。一般来讲，存货周转速度越快，存货占用水平越低，流动性越强，存货转化为现金或应收账款的速度就越快，这样会增强企业的短期偿债能力及获利能力。通过存货周转速度分析，有利于找出存货管理中存在的问题，尽可能降低资金占用水平。

企业的存货不能储存太少，否则可能造成生产中断或供货紧张；也不能储存太多，否则可能造成呆滞、积压。因此，要注意保持企业存货结构合理且质量可靠。

在计算和分析存货周转率时应注意以下几个问题：

（1）存货计价方法对存货周转率影响较大，因此，在分析企业不同时期或不同企业的存货周转率时，应注意存货的计价方法的口径是否一致。

（2）分子、分母的数据应注意时间上的对应性。

（3）为了分析影响存货周转速度的具体原因，还应进一步分别按原材料、在产品或产成品计算周转率，考察在供、产、销不同阶段存货的运营情况，评价各环节的工作业绩。

（三）流动资产周转率

流动资产周转率是反映企业流动资产周转速度的指标。流动资产周转率是一定时期销售收入净额与企业流动资产平均占用额之间的比率。其计算公式为：

流动资产周转次数＝销售收入净额÷流动资产年平均余额

流动资产周转天数＝360÷流动资产周转次数

式中，

流动资产平均余额＝(期初流动资产＋期末流动资产)÷2

在一定时期内，流动资产周转次数越多，表明以相同的流动资产完成的周转额越多，流动资产利用效果越好。流动资产周转天数越少，表明流动资产周转一次所需的天数越少，在经历生产销售各阶段时所占用的时间越短，可相对节约流动资产，增强企业盈利能力。生产经营任何一个环节上的工作改善，都会反映到周转天数的缩短上来。

根据表9－2、表9－3资料，ABC公司2005年销售收入20 000万元，流动资产平均余额为（8 050＋7 100）÷2万元，即7 575万元，则该公司流动资产周转率指标计算如下：

流动资产周转次数＝20 000÷7 575＝2.640（次）

流动资产周转天数＝360÷2.640＝136.4（天）

应收账款周转率、存货周转率和流动资产周转率的分析可作为流动比率分析的补充，反映企业的短期偿债能力。

二、固定资产周转情况分析

固定资产周转情况可通过计算固定资产周转率来进行。固定资产周转率是指企业年销售收入净额与平均固定资产净额的比率。它是衡量固定资产利用效率的一项重要指标。其计算公式为：

固定资产周转次数＝销售收入净额÷平均固定资产净值

式中，

固定资产平均净值＝(期初固定资产净值＋期末固定资产净值)÷2

固定资产周转率高，说明企业固定资产利用充分，同时也表明企业固定资产投资得当，结构合理，能够充分发挥效率；反之，如果固定资产周转率低，则表明固定资产数量过多或有设备闲置，总体利用效率不高。

根据表9－2、表9－3资料，ABC公司2005年的销售收入净额为20 000万元，平均固定资产净值为（12 000＋14 000）÷2万元，即13 000万元，则该公司固定资产周转率计算如下：

2005年固定资产周转率＝20 000÷13 000＝1.538（次）

运用固定资产周转率进行分析时，应注意考虑固定资产净值因计提折旧而逐年减少，或者更新重置而突然增加的影响。在不同企业间进行分析比较时，还要考虑采用不同折旧方法对净值的影响等。

三、总资产周转情况分析

总资产周转情况可通过研究总资产周转率来进行。总资产周转率是企业销售收入净额与企业平均资产总额的比率。其计算公式为：

总资产周转率＝销售收入净额÷平均资产总额

如果企业各期资产总额比较稳定，波动不大，则：

平均资产总额＝（期初资产总额＋期末资产总额）÷2

这一比率用于衡量企业全部资产的使用效率。如果该比率较低，说明企业全部资产营运效率较低，最终会影响企业的盈利能力，这时可采用薄利多销或处理多余资产等方法，加速资金周转，提高运营效率；如果该比率较高，说明资金周转快，销售能力强，资产运营效率高。

根据表9－2、表9－3资料，ABC公司2005年销售收入净额为20 000万元，资产平均总额为（20 000＋23 000）÷2万元，即21 500万元，则该公司2005年总资产周转率计算如下：

2005年总资产周转率＝20 000÷21 500＝0.93（次）

对该比率的计算分析应注意：如果资金占用的波动性较大，企业应采用更详细的资料进行计算，如按照各月份的资金占用额来计算平均资产总额。

第四节　盈利能力分析

盈利能力是指企业进行生产经营活动获取利润的能力。利润是企业赖以生存和发展的基本条件，是投资者取得投资利润、债权人收取本息的资金来源，是经营者经营业绩和管理效能的集中体现，因此，不论是投资人、债权人还是经理人员，都非常重视和关心企业的盈利能力。

企业盈利能力分析可从企业盈利能力一般分析和股份公司税后利润分析两方面来研究。

一、企业盈利能力一般分析

反映企业盈利能力的指标主要有销售毛利率、销售净利率、成本利润率、净资产收益率和资本保值增值率等。

（一）销售毛利率

销售毛利率是销售毛利与销售收入之比。其计算公式为：

销售毛利率＝销售毛利÷销售收入

式中，

销售毛利＝销售收入（主营业务收入）－销售成本（主营业务成本）

销售毛利率表示每一元销售收入扣除销售成本后，有多少剩余可用于各项期间费用和形成盈利。它是企业销售净利率的最初基础和保障。没有足够大的毛利率，企业费用支出受到限制，盈利也要受到影响。

根据表9－3资料，ABC公司的年销售毛利率如下：

2004年销售毛利率＝（18 000－10 700）÷18 000＝40.56%

2005年销售毛利率＝（20 000－12 200）÷20 000＝39.00%

（二）销售净利率

销售净利率是净利润与销售收入之比。其计算公式为：

销售净利率 = 净利润 ÷ 销售收入

根据表 9 – 3 资料，ABC 公司的年销售净利率如下：

2004 年销售净利率 = 2 400 ÷ 18 000 = 13.33%

2005 年销售净利率 = 2 520 ÷ 20 000 = 12.60%

从上述计算分析可以看出，2005 年，以上两项利润率指标均比上年有所下降，说明企业盈利能力有所降低。企业应查明原因，采取相应措施，提高盈利水平。

（三）成本利润率

成本利润率是反映盈利能力的另一个重要指标，是利润与成本之比。成本有多种形式，但这里，成本主要指经营成本。其计算公式为：

经营成本利润率 = 主营业务利润 ÷ 经营成本

式中，

经营成本 = 主营业务成本 + 主营业务税金及附加

根据表 9 – 3 资料，ABC 公司的年经营成本利润率如下：

2004 年经营成本利润率 = 6 220 ÷ (10 700 + 1 080) = 52.80%

2005年经营成本利润率 = 6 600 ÷ (12 200 + 1 200) = 49.25%

从以上计算可知，ABC 公司 2005 年成本利润率指标比 2004 年也有所下降，这就进一步验证了前面销售利润率指标分析所得出的结论，说明其盈利能力的下降与成本上升有关。公司应深入分析导致成本上升的因素，采取有效措施，降低成本，扭转利润指标下降的状况。

（四）总资产报酬率

总资产报酬率是企业一定时期内获得的息税前利润与企业资产平均总额的比率。该比率反映企业资产综合使用的效果，又可以衡量企业使用债权人及所有者提供的资本的盈利能力和增值能力。其计算公式为：

总资产报酬率 = 息税前利润 ÷ 资产平均总额

式中，

息税前利润 = 净利润 + 所得税 + 利息费用

该指标越高，表明资产利用效率越高，说明企业在增加收入、节约资金使用等方面取得了良好的效果；该指标越低，说明企业资产利用效率低，应分析差异原因，提高销售利润率，加速资金周转，提高企业经营管理水平。

据表 9 – 2、表 9 – 3 资料，ABC 公司 2004 年的息税前利润为 4 200 万元，年末资产总额 20 000 万元；2005 年息税前利润 4 500 万元，年末资产总额 23 000 万元。假设 2004 年初资产总额 19 000 万元，则 ABC 公司总资产报酬率计算如下：

2004年资产平均总额 = (19 000 + 20 000) ÷ 2 = 19 500(万元)

2005年资产平均总额 = (20 000 + 23 000) ÷ 2 = 21 500(万元)

2004 年总资产报酬率 = 4 200 ÷ 19 500 × 100% = 21.54%

2005 年总资产报酬率 = 4 500 ÷ 21 500 × 100% = 20.93%

计算结果表明，ABC 公司 2005 年总资产报酬率不如上年，即资产的综合利用效率不如上年，需要对公司资产的使用情况、增产节约工作等情况作进一步分析考察，以改进管理，提高资产利用效率。

（五）净资产收益率

净资产收益率，又称自有资金利润率或权益报酬率，是净利润与平均所有者权益的比值，它反映企业自有资金的投资收益水平。其计算公式为：

净资产收益率 = 净利润 ÷ 平均所有者权益 × 100%

理解该指标时应注意：

（1）净利润是指企业的税后利润，是未作任何分配的数额，受各种政策等其他人为因素的影响较少，能够比较客观、综合地反映企业的经济效益，准确体现投资者投入资本的获利能力。

（2）平均所有者权益是企业年初所有者权益同年末所有者权益的平均数。

（3）该指标是企业盈利能力指标的核心，也是杜邦财务综合分析的核心指标，更是投资者关注的重点。

（4）该指标通用性强，适应性广，不受行业局限。通过对该指标的综合对比，可以看出企业获利能力在同行业中所处的地位，以及与同类企业的差异水平。

据表 9－2、表 9－3 资料，ABC 公司 2004 年净利润为 2 400 万元，年末所有者权益为 14 600 万元；2005 年净利润为 2 520 万元，年末所有者权益为 16 500 万元。假设 2004 年初所有者权益为 13 000 万元，则 ABC 公司净资产收益率计算如下：

2004 年平均所有者权益 = (13 000 + 14 600) ÷ 2 = 13 800(万元)

2005年平均所有者权益 = (14 600 + 16 500) ÷ 2 = 15 550(万元)

2004年净资产收益率 = 2 400 ÷ 13 800 × 100% = 17.39%

2005年净资产收益率 = 2 520 ÷ 15 550 × 100% = 16.21%

事实上,该公司的所有者权益增长率为:(15 550 − 13 800) ÷ 13 800 = 12.68%，而其净利润的增长率为：(2 520 − 2 400) ÷ 2 400 = 5%。由于该公司所有者权益的增长快于净利润增长，2005 年净资产收益率要比上年略低，盈利能力也略有降低。

（六）资本保值增值率

资本保值增值率是指所有者权益的期末总额与期初总额之比。其计算公式为：

资本保值增值率 = 期末所有者权益 ÷ 期初所有者权益 × 100%

资本保值增值率充分体现了对所有者权益的保护，能够及时地发现侵蚀所有者权益的现象。该指标反映了投资者投入企业资本的保全性和增长性，该指标越高（大于 100%），表明企业的资本保全状况越好，所有者的权益增长越快，债权人的债务越有保障，企业发展后劲越强。该指标越小（小于 100%），表明企业资本受到侵蚀，没有实现资本保全，损害了所有者的权益，也妨碍了企业进一步发展壮大，应予以足够重视。

如果企业盈利能力提高，利润增加，就会使期末所有者权益大于期初所有者权益，所以该指标也是衡量企业盈利能力的重要指标。当然，这一指标的高低，除了受企业经

营成果的影响外，还受企业利润分配政策的影响。

根据前面计算净资产收益率的有关资料，ABC 公司资本保值增值率计算如下：

2004 年资本保值增值率 = 14 600 ÷ 13 000 × 100% = 112.3%

2005 年资本保值增值率 = 16 500 ÷ 14 600 × 100% = 113.0%

可见，该公司 2005 年资本保值增值率比上年略有所提高，资本保全较好。

二、股份公司税后利润分析

股份公司税后利润分析所用的指标很多，主要有每股利润、每股股利和市盈率等。

（一）每股利润

股份公司的每股利润是指普通股每股所取得的净利润，又称为每股收益。该指标中的利润是指利润总额扣除应缴所得税后的利润，如果发行了优先股还要扣除优先股应分的股利，然后除以流通股数，即发行在外的普通股平均股数。其计算公式为：

每股利润 = （净利润 − 优先股股利）÷ 发行在外的普通股股数

每股利润是反映普通股的获利水平，指标值越高，每股可得的利润越多，股东的投资效益越好。但在使用每股利润分析公司的盈利能力时，要注意以下问题：

（1）每股利润未反映股票所含有的风险，故对经营风险不同的公司，不能直接或简单地以每股利润进行比较。

（2）不同股票的每一股在经济上不等量，它们所含有的净资产和市价不同，这也限制了用每股利润在公司间的比较。

（二）每股股利

每股股利是企业股利总额与流通股股数的比率。股利总额是用于对普通股分配现金股利的总额，流通股股数是企业期末发行在外的普通股股数。其计算公式为：

每股股利 = 普通股股利 ÷ 期末发行在外的普通股股数

每股股利是反映股份公司每一普通股获得多少股利的一个指标。每股股利的高低取决于企业获利能力的强弱，同时，还受企业股利发放政策与利润分配需要的影响。如果企业为扩大再生产，增强企业的后劲而多留利润，则每股股利就少；反之，则多。

（三）市盈率

市盈率是普通股每股市场价格与每股利润之比。它是反映股票盈利状况的重要指标，也是投资者对于公司所报告的每元净利润愿意支付的价格。其计算公式为：

市盈率 = 每股市价 ÷ 每股利润

市盈率越高，表明市场对公司的未来前景越看好，获利潜力越大，公司的社会评价越好。但是，从投资者的角度看，市盈率越高，投资风险越大。

第五节　财务综合分析

一、财务综合分析的含义和特点

（一）财务综合分析的含义

企业的经营状况和财务成果受多种因素影响，而单独分析企业的偿债能力、营运能力和盈利能力等任何一项财务指标，都只能揭示企业财务状况和经营成果的某一侧面，而不能全方位地了解企业经营理财的状况。要想对企业的财务状况和经营成果作一个总的分析和评价，必须采取适当的方法和标准。所谓财务综合分析，就是利用财务指标间的内在联系，将企业营运能力、偿债能力和盈利能力等各方面的分析纳入到一个有机的分析系统之中，全面地对企业经营状况和财务状况进行解剖和分析，综合评价企业的经济效益和运营状况。

（二）财务综合分析的特点

一个健全而有效的综合财务指标体系应该具有以下特点：

（1）价指标要全面，即设置的评价指标要尽可能涵盖偿债能力、营运能力和盈利能力等各方面的考核要求。

（2）主辅指标功能要匹配。在分析中要做到：要明确企业分析指标的主辅地位，要能从不同侧面、不同层次反映企业财务状况，评价企业经营业绩。

（3）满足各方面信息需要，即设置的指标评价体系应能够提供多层次、多角度的信息资料，既能满足企业内部管理者决策的需要，又要能满足外部投资者和政府管理机构决策及实施宏观调控的需要。

二、财务综合分析的方法

财务综合分析的方法有很多，但其中应用最广泛的主要有两种：杜邦分析法和沃尔分析法。

（一）杜邦分析法

杜邦分析法是以净资产收益率为中心，利用各个主要财务指标之间的内在联系，建立财务指标分析的综合模型，对企业经营理财能力及经济效益进行综合分析的方法。采用这种方法，可使财务指标分析的层次更加清晰，更具条理，有利于报表使用者全面地、系统地了解企业的经营成果和财务状况。这种分析方法最初由美国杜邦公司创立并首先在杜邦公司成功运用，故称杜邦分析法。

根据表9－2、表9－3资料，可做出ABC公司2005年杜邦财务分析体系的基本结构图，如图9－1所示。

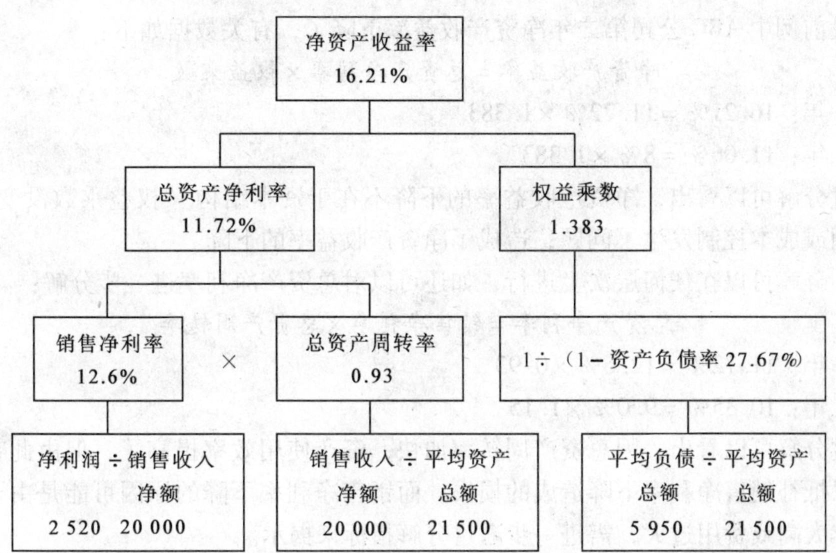

图 9－1 ABC 公司 2005 年度杜邦分析图

杜邦财务指标体系的作用在于解释指标变动的原因和说明变动趋势。在杜邦分析图中，揭示了以下几种主要财务指标关系：

(1) 净资产收益率＝总资产净利率×权益乘数

净资产收益率反映所有者投入的资本的获利能力，以及企业筹资、投资、资产运营等活动的效率，它是一个综合性最强、最具代表性的指标，是杜邦系统的核心。

(2) 总资产净利率＝销售净利率×总资产周转率

总资产净利率也是一个重要的财务指标，是净利润与总资产平均余额之比，它等于销售净利率与总资产周转率之积，因此，要进一步从销售成果和资产运营两方面来分析。

(3) 权益乘数＝1÷(1－资产负债率)

式中：资产负债率是指全年平均资产负债率，它是企业全年平均负债总额与全年平均资产总额之比。

权益乘数主要受资产负债率的影响，资产负债率越大，权益乘数越大，财务杠杆越大。如何利用财务杠杆利益，控制财务风险，寻求较低的负债成本，是判断权益乘数是否正常的重要依据。因此，企业既要充分有效地利用全部资产，提高资产利用效率，又要妥善安排资金结构。

(4) 销售净利率＝净利润÷销售收入

它是反映企业盈利能力的重要指标。提高这一比率的途径有扩大销售收入和降低成本费用等。

(5) 总资产周转率＝销售收入÷资产平均总额

它是反映企业运用资产以产生销售收入能力的指标。对资产周转率的分析，除了对资产构成部分从总占有量上是否合理进行分析外，还可通过流动资产周转率、存货周转率、应收账款周转率等有关资产使用效率的分析，找出影响资产周转速度的主要问题。

假设前例中 ABC 公司第二年净资产收益率下降了，有关数据如下：

净资产收益率 = 总资产净利率 × 权益乘数

第一年：16.21% =11.72% ×1.383

第二年：11.06% =8% ×1.383

通过分解可以看出，净资产收益率的下降不在于资本结构（权益乘数没变），而是资产利用或成本控制发生了问题，造成了净资产收益率的下降。

这种分解可以在任何层次上进行，如还可以对总资产净利率进一步分解：

总资产净利率 = 销售净利率 × 总资产周转率

第一年：11.72% =12.6% ×0.93

第二年：10.35% =9.0% ×1.15

通过分解可以看出，因总资产周转率加快，资产使用效率提高了，但由此带来的收益不足以抵补销售净利率下降造成的损失。而销售净利率下降的原因可能是由于售价太低、成本太高或费用过大，需进一步通过分解指标来揭示。

从杜邦分析图可以看出，净资产收益率与企业的销售规模、成本控制、资产运营、资本结构有着密切的关系，这些因素构成一个相互依存的系统。只有把这个系统内部各个因素的关系安排好、协调好，才能使净资产利润率达到最大，才能实现理想的财务管理目标。

（二）沃尔分析法

财务综合分析的先驱者之一，美国财务学家亚历山大·沃尔，在 20 世纪初出版的《信用晴雨表研究》和《财务报表比率分析》中提出了信用能力指数的概念，他选择了 7 个财务比率即流动比率、产权比率、固定资产比率、存货周转率、应收账款周转率、固定资产周转率和自有资金周转率，分别给定各指标的比重，然后确定标准比率（以行业平均为基础），将实际比率与标准比率相比，得出相对比率，将此相对比率与各指标比重相乘，得出每项指标的得分，最后求出总评分，从而对企业业绩进行评价。

如下例所示，用沃尔分析法对 ABC 公司财务状况进行评分，见表 9－4。

表 9－4　ABC 公司财务状况评分

财务比率	比重①	标准比率②	实际比率③	相对比率④=③÷②	评分⑤=①×④
流动比率	25	1.5	2.013	1.342	33.55
净资产÷负债	25	2	2.539	1.270	31.75
资产÷固定资产	15	3	1.643	0.548	8.22
销售成本÷存货	10	3	2.652	0.884	8.84
销售额÷应收账款	10	12	16.00	1.33	13.3
销售额÷固定资产	2.5	1.538	0.62	6.2	
销售额÷净资产	1.8	1.212	0.67	3.35	
合计	100				105.21

采用沃尔分析法评价企业的财务状况，关键在于正确确定各项财务比率的重要性和标准值，这两项指标的确定带有很大的主观性，应根据历史经验和现实情况合理判断，

才能得出正确的结果。

沃尔分析法最主要的贡献是将各互不关联的财务指标按照权重予以综合运用，使得综合评分成为可能。但沃尔比重评分法有两个缺陷：一是选择这 7 个比率及给定的比重缺乏说服力；二是如果某一个指标严重异常时，会对总评分产生不合逻辑的重大影响。

本章小结

(1) 财务分析是通过收集、整理会计报表中的数据，并结合其他有关的补充信息，运用一定的分析方法和技术，对企业的财务状况和经营成果进行分析和评价。财务分析是评价财务状况和经营业绩的重要依据，是实现理财目标的重要手段，也是实现正确投资决策的重要步骤。

(2) 财务分析的方法很多，常用的有以下几种方法：比较分析法、比率分析法、趋势分析法、因素分析法和综合分析法。

(3) 总结和评价企业财务状况与经营成果的分析包括偿债能力分析、营运能力分析、盈利能力分析等。企业偿债能力分析包括短期偿债能力分析和长期偿债能力分析。企业短期偿债能力分析的衡量指标主要有流动比率、速动比率和现金比率。长期偿债能力分析指标主要有资产负债率、产权比率和利息保障倍数。企业营运能力分析主要包括流动资产周转情况分析、固定资产周转分析和总资产周转分析。企业盈利能力分析可从企业盈利能力一般分析和股份公司税后利润分析两方面来研究。反映企业盈利能力的指标主要有销售毛利率、销售净利率、成本利润率、净资产收益率和资本保值增值率等。股份公司税后利润分析所用的指标很多，主要有每股利润、每股股利和市盈率等。

(4) 财务综合分析就是利用财务指标间的内在联系，将企业营运能力、偿债能力和盈利能力等各方面的分析纳入到一个有机的分析系统之中，全面地对企业经营状况和财务状况进行解剖和分析，综合评价企业的经济效益和运营状况。财务综合分析的方法主要有两种：杜邦分析法和沃尔分析法。

附 表

附表一 复利终值系数表（FVIF 表）

期数	1%	2%	3%	4%	5%	6%	7%	8%	9%	10%
1	1.0100	1.0200	1.0300	1.0400	1.0500	1.0600	1.0700	1.0800	1.0900	1.1000
2	1.0201	1.0404	1.0609	1.0816	1.1025	1.1236	1.1449	1.1664	1.1881	1.2100
3	1.0303	1.0612	1.0927	1.1249	1.1576	1.1910	1.2250	1.2597	1.2950	1.3310
4	1.0406	1.0824	1.1255	1.1699	1.2155	1.2625	1.3108	1.3605	1.4116	1.4641
5	1.0510	1.1041	1.1593	1.2167	1.2763	1.3382	1.4026	1.4693	1.5386	1.6105
6	1.0615	1.1262	1.1941	1.2653	1.3401	1.4185	1.5007	1.5869	1.6771	1.7716
7	1.0721	1.1487	1.2299	1.3159	1.4071	1.5036	1.6058	1.7138	1.8280	1.9487
8	1.0829	1.1717	1.2668	1.3686	1.4775	1.5938	1.7182	1.8509	1.9926	2.1436
9	1.0937	1.1951	1.3048	1.4233	1.5513	1.6895	1.8385	1.9990	2.1719	2.3579
10	1.1046	1.2190	1.3439	1.4802	1.6289	1.7908	1.9672	2.1589	2.3674	2.5937
11	1.1157	1.2434	1.3842	1.5395	1.7103	1.8983	2.1049	2.3316	2.5804	2.8531
12	1.1268	1.2682	1.4258	1.6010	1.7959	2.0122	2.2522	2.5182	2.8127	3.1384
13	1.1381	1.2936	1.4685	1.6651	1.8856	2.1329	2.4098	2.7196	3.0658	3.4523
14	1.1495	1.3195	1.5126	1.7317	1.9799	2.2609	2.5785	2.9372	3.3417	3.7975
15	1.1610	1.3459	1.5580	1.8009	2.0789	2.3966	2.7590	3.1722	3.6425	4.1772
16	1.1726	1.3728	1.6047	1.8730	2.1829	2.5404	2.9522	3.4259	3.9703	4.5950
17	1.1843	1.4002	1.6528	1.9479	2.2920	2.6928	3.1588	3.7000	4.3276	5.0545
18	1.1961	1.4282	1.7024	2.0258	2.4066	2.8543	3.3799	3.9960	4.7171	5.5599
19	1.2081	1.4568	1.7535	2.1068	2.5270	3.0256	3.6165	4.3157	5.1417	6.1159
20	1.2202	1.4859	1.8061	2.1911	2.6533	3.2071	3.8697	4.6610	5.6044	6.7275
21	1.2324	1.5157	1.8603	2.2788	2.7860	3.3996	4.1406	5.0338	6.1088	7.4002
22	1.2447	1.5460	1.9161	2.3699	2.9253	3.6035	4.4304	5.4365	6.6586	8.1403
23	1.2572	1.5769	1.9736	2.4647	3.0715	3.8197	4.7405	5.8715	7.2579	8.9543
24	1.2697	1.6084	2.0328	2.5633	3.2251	4.0489	5.0724	6.3412	7.9111	9.8497

25	1.2824	1.6406	2.0938	2.6658	3.3864	4.2919	5.4274	6.8485	8.6231	10.8347
26	1.2953	1.6734	2.1566	2.7725	3.5557	4.5494	5.8074	7.3964	9.3992	11.9182
27	1.3082	1.7069	2.2213	2.8834	3.7335	4.8223	6.2139	7.9881	10.2451	13.1100
28	1.3213	1.7410	2.2879	2.9987	3.9201	5.1117	6.6488	8.6271	11.1671	14.4210
29	1.3345	1.7758	2.3566	3.1187	4.1161	5.4184	7.1143	9.3173	12.1722	15.8631
30	1.3478	1.8114	2.4273	3.2434	4.3219	5.7435	7.6123	10.0627	13.2677	17.4494
40	1.4889	2.2080	3.2620	4.8010	7.0400	10.2857	14.9745	21.7245	31.4094	45.2593
50	1.6446	2.6916	4.3839	7.1067	11.4674	18.4202	29.4570	46.9016	74.3575	117.3909
60	1.8167	3.2810	5.8916	10.5196	18.6792	32.9877	57.9464	101.2571	176.0313	304.4816

复利终值系数表（续）

期数	12%	14%	15%	16%	18%	20%	24%	28%	32%	36%
1	1.1200	1.1400	1.1500	1.1600	1.1800	1.2000	1.2400	1.2800	1.3200	1.3600
2	1.2544	1.2996	1.3225	1.3456	1.3924	1.4400	1.5376	1.6384	1.7424	1.8496
3	1.4049	1.4815	1.5209	1.5609	1.6430	1.7280	1.9066	2.0972	2.3000	2.5155
4	1.5735	1.6890	1.7490	1.8106	1.9388	2.0736	2.3642	2.6844	3.0360	3.4210
5	1.7623	1.9254	2.0114	2.1003	2.2878	2.4883	2.9316	3.4360	4.0075	4.6526
6	1.9738	2.1950	2.3131	2.4364	2.6996	2.9860	3.6352	4.3980	5.2899	6.3275
7	2.2107	2.5023	2.6600	2.8262	3.1855	3.5832	4.5077	5.6295	6.9826	8.6054
8	2.4760	2.8526	3.0590	3.2784	3.7589	4.2998	5.5895	7.2058	9.2170	11.7034
9	2.7731	3.2519	3.5179	3.8030	4.4355	5.1598	6.9310	9.2234	12.1665	15.9166
10	3.1058	3.7072	4.0456	4.4114	5.2338	6.1917	8.5944	11.8059	16.0598	21.6466
11	3.4785	4.2262	4.6524	5.1173	6.1759	7.4301	10.6571	15.1116	21.1989	29.4393
12	3.8960	4.8179	5.3503	5.9360	7.2876	8.9161	13.2148	19.3428	27.9825	40.0375
13	4.3635	5.4924	6.1528	6.8858	8.5994	10.6993	16.3863	24.7588	36.9370	54.4510
14	4.8871	6.2613	7.0757	7.9875	10.1472	12.8392	20.3191	31.6913	48.7568	74.0534
15	5.4736	7.1379	8.1371	9.2655	11.9737	15.4070	25.1956	40.5648	64.3590	100.7126
16	6.1304	8.1372	9.3576	10.7480	14.1290	18.4884	31.2426	51.9230	84.9538	136.9691
17	6.8660	9.2765	10.7613	12.4677	16.6722	22.1861	38.7408	66.4614	112.1390	186.2779

18	7.6900	10.5752	12.3755	14.4625	19.6733	26.6233	48.0386	85.0706	148.0235	253.3380
19	8.6128	12.0557	14.2318	16.7765	23.2144	31.9480	59.5679	108.8904	195.3911	344.5397
20	9.6463	13.7435	16.3665	19.4608	27.3930	38.3376	73.8641	139.3797	257.9162	468.5740
21	10.8038	15.6676	18.8215	22.5745	32.3238	46.0051	91.5915	178.4060	340.4494	637.2606
22	12.1003	17.8610	21.6447	26.1864	38.1421	55.2061	113.5735	228.3596	449.3932	866.6744
23	13.5523	20.3616	24.8915	30.3762	45.0076	66.2474	140.8312	292.3003	593.1990	1178.6772
24	15.1786	23.2122	28.6252	35.2364	53.1090	79.4968	174.6306	374.1444	783.0227	1603.0010
25	17.0001	26.4619	32.9190	40.8742	62.6686	95.3962	216.5420	478.9049	1033.5900	2180.0814
26	19.0401	30.1666	37.8568	47.4141	73.9490	114.4755	268.5121	612.9982	1364.3387	2964.9107
27	21.3249	34.3899	43.5353	55.0004	87.2598	137.3706	332.9550	784.6377	1800.9271	4032.2786
28	23.8839	39.2045	50.0656	63.8004	102.9666	164.8447	412.8642	1004.3363	2377.2238	5483.8988
29	26.7499	44.6931	57.5755	74.0085	121.5005	197.8136	511.9516	1285.5504	3137.9354	7458.1024
30	29.9599	50.9502	66.2118	85.8499	143.3706	237.3763	634.8199	1645.5046	4142.0748	10143.0193
40	93.0510	188.8835	267.8635	378.7212	750.3783	1469.772	5455.913	19426.689	66520.767	219561.5736
50	289.0022	700.2330	1083.657	1670.704	3927.357	9100.438	46890.43	229349.86	1068308.2	4752754.903
60	897.5969	2595.919	4383.999	7370.201	20555.14	56347.51	402996.3	2707685.2	17156784	102880840.2

附表二　复利现值系数表（PVIF 表）

期数	1%	2%	3%	4%	5%	6%	7%	8%	9%	10%
1	0.9901	0.9804	0.9709	0.9615	0.9524	0.9434	0.9346	0.9259	0.9174	0.9091
2	0.9803	0.9612	0.9426	0.9246	0.9070	0.8900	0.8734	0.8573	0.8417	0.8264
3	0.9706	0.9423	0.9151	0.8890	0.8638	0.8396	0.8163	0.7938	0.7722	0.7513
4	0.9610	0.9238	0.8885	0.8548	0.8227	0.7921	0.7629	0.7350	0.7084	0.6830
5	0.9515	0.9057	0.8626	0.8219	0.7835	0.7473	0.7130	0.6806	0.6499	0.6209
6	0.9420	0.8880	0.8375	0.7903	0.7462	0.7050	0.6663	0.6302	0.5963	0.5645
7	0.9327	0.8706	0.8131	0.7599	0.7107	0.6651	0.6227	0.5835	0.5470	0.5132
8	0.9235	0.8535	0.7894	0.7307	0.6768	0.6274	0.5820	0.5403	0.5019	0.4665
9	0.9143	0.8368	0.7664	0.7026	0.6446	0.5919	0.5439	0.5002	0.4604	0.4241
10	0.9053	0.8203	0.7441	0.6756	0.6139	0.5584	0.5083	0.4632	0.4224	0.3855
11	0.8963	0.8043	0.7224	0.6496	0.5847	0.5268	0.4751	0.4289	0.3875	0.3505
12	0.8874	0.7885	0.7014	0.6246	0.5568	0.4970	0.4440	0.3971	0.3555	0.3186
13	0.8787	0.7730	0.6810	0.6006	0.5303	0.4688	0.4150	0.3677	0.3262	0.2897
14	0.8700	0.7579	0.6611	0.5775	0.5051	0.4423	0.3878	0.3405	0.2992	0.2633
15	0.8613	0.7430	0.6419	0.5553	0.4810	0.4173	0.3624	0.3152	0.2745	0.2394
16	0.8528	0.7284	0.6232	0.5339	0.4581	0.3936	0.3387	0.2919	0.2519	0.2176
17	0.8444	0.7142	0.6050	0.5134	0.4363	0.3714	0.3166	0.2703	0.2311	0.1978
18	0.8360	0.7002	0.5874	0.4936	0.4155	0.3503	0.2959	0.2502	0.2120	0.1799
19	0.8277	0.6864	0.5703	0.4746	0.3957	0.3305	0.2765	0.2317	0.1945	0.1635
20	0.8195	0.6730	0.5537	0.4564	0.3769	0.3118	0.2584	0.2145	0.1784	0.1486
21	0.8114	0.6598	0.5375	0.4388	0.3589	0.2942	0.2415	0.1987	0.1637	0.1351
22	0.8034	0.6468	0.5219	0.4220	0.3418	0.2775	0.2257	0.1839	0.1502	0.1228
23	0.7954	0.6342	0.5067	0.4057	0.3256	0.2618	0.2109	0.1703	0.1378	0.1117
24	0.7876	0.6217	0.4919	0.3901	0.3101	0.2470	0.1971	0.1577	0.1264	0.1015
25	0.7798	0.6095	0.4776	0.3751	0.2953	0.2330	0.1842	0.1460	0.1160	0.0923
26	0.7720	0.5976	0.4637	0.3607	0.2812	0.2198	0.1722	0.1352	0.1064	0.0839
27	0.7644	0.5859	0.4502	0.3468	0.2678	0.2074	0.1609	0.1252	0.0976	0.0763

28	0.7568	0.5744	0.4371	0.3335	0.2551	0.1956	0.1504	0.1159	0.0895	0.0693
29	0.7493	0.5631	0.4243	0.3207	0.2429	0.1846	0.1406	0.1073	0.0822	0.0630
30	0.7419	0.5521	0.4120	0.3083	0.2314	0.1741	0.1314	0.0994	0.0754	0.0573
35	0.7059	0.5000	0.3554	0.2534	0.1813	0.1301	0.0937	0.0676	0.0490	0.0356
40	0.6717	0.4529	0.3066	0.2083	0.1420	0.0972	0.0668	0.0460	0.0318	0.0221
45	0.6391	0.4102	0.2644	0.1712	0.1113	0.0727	0.0476	0.0313	0.0207	0.0137
50	0.6080	0.3715	0.2281	0.1407	0.0872	0.0543	0.0339	0.0213	0.0134	0.0085
55	0.5785	0.3365	0.1968	0.1157	0.0683	0.0406	0.0242	0.0145	0.0087	0.0053

复利现值系数表（续）

期数	12%	14%	15%	16%	18%	20%	24%	28%	32%	36%
1	0.8929	0.8772	0.8696	0.8621	0.8475	0.8333	0.8065	0.7813	0.7576	0.7353
2	0.7972	0.7695	0.7561	0.7432	0.7182	0.6944	0.6504	0.6104	0.5739	0.5407
3	0.7118	0.6750	0.6575	0.6407	0.6086	0.5787	0.5245	0.4768	0.4348	0.3975
4	0.6355	0.5921	0.5718	0.5523	0.5158	0.4823	0.4230	0.3725	0.3294	0.2923
5	0.5674	0.5194	0.4972	0.4761	0.4371	0.4019	0.3411	0.2910	0.2495	0.2149
6	0.5066	0.4556	0.4323	0.4104	0.3704	0.3349	0.2751	0.2274	0.1890	0.1580
7	0.4523	0.3996	0.3759	0.3538	0.3139	0.2791	0.2218	0.1776	0.1432	0.1162
8	0.4039	0.3506	0.3269	0.3050	0.2660	0.2326	0.1789	0.1388	0.1085	0.0854
9	0.3606	0.3075	0.2843	0.2630	0.2255	0.1938	0.1443	0.1084	0.0822	0.0628
10	0.3220	0.2697	0.2472	0.2267	0.1911	0.1615	0.1164	0.0847	0.0623	0.0462
11	0.2875	0.2366	0.2149	0.1954	0.1619	0.1346	0.0938	0.0662	0.0472	0.0340
12	0.2567	0.2076	0.1869	0.1685	0.1372	0.1122	0.0757	0.0517	0.0357	0.0250
13	0.2292	0.1821	0.1625	0.1452	0.1163	0.0935	0.0610	0.0404	0.0271	0.0184
14	0.2046	0.1597	0.1413	0.1252	0.0985	0.0779	0.0492	0.0316	0.0205	0.0135
15	0.1827	0.1401	0.1229	0.1079	0.0835	0.0649	0.0397	0.0247	0.0155	0.0099
16	0.1631	0.1229	0.1069	0.0930	0.0708	0.0541	0.0320	0.0193	0.0118	0.0073
17	0.1456	0.1078	0.0929	0.0802	0.0600	0.0451	0.0258	0.0150	0.0089	0.0054

18	0.1300	0.0946	0.0808	0.0691	0.0508	0.0376	0.0208	0.0118	0.0068	0.0039
19	0.1161	0.0829	0.0703	0.0596	0.0431	0.0313	0.0168	0.0092	0.0051	0.0029
20	0.1037	0.0728	0.0611	0.0514	0.0365	0.0261	0.0135	0.0072	0.0039	0.0021
21	0.0926	0.0638	0.0531	0.0443	0.0309	0.0217	0.0109	0.0056	0.0029	0.0016
22	0.0826	0.0560	0.0462	0.0382	0.0262	0.0181	0.0088	0.0044	0.0022	0.0012
23	0.0738	0.0491	0.0402	0.0329	0.0222	0.0151	0.0071	0.0034	0.0017	0.0008
24	0.0659	0.0431	0.0349	0.0284	0.0188	0.0126	0.0057	0.0027	0.0013	0.0006
25	0.0588	0.0378	0.0304	0.0245	0.0160	0.0105	0.0046	0.0021	0.0010	0.0005
26	0.0525	0.0331	0.0264	0.0211	0.0135	0.0087	0.0037	0.0016	0.0007	0.0003
27	0.0469	0.0291	0.0230	0.0182	0.0115	0.0073	0.0030	0.0013	0.0006	0.0002
28	0.0419	0.0255	0.0200	0.0157	0.0097	0.0061	0.0024	0.0010	0.0004	0.0002
29	0.0374	0.0224	0.0174	0.0135	0.0082	0.0051	0.0020	0.0008	0.0003	0.0001
30	0.0334	0.0196	0.0151	0.0116	0.0070	0.0042	0.0016	0.0006	0.0002	0.0001
35	0.0189	0.0102	0.0075	0.0055	0.0030	0.0017	0.0005	0.0002	0.0001	0.0000
40	0.0107	0.0053	0.0037	0.0026	0.0013	0.0007	0.0002	0.0001	0.0000	0.0000
45	0.0061	0.0027	0.0019	0.0013	0.0006	0.0003	0.0001	0.0000	0.0000	0.0000
50	0.0035	0.0014	0.0009	0.0006	0.0003	0.0001	0.0000	0.0000	0.0000	0.0000
55	0.0020	0.0007	0.0005	0.0003	0.0001	0.0000	0.0000	0.0000	0.0000	0.0000

附表三　年金终值系数表（FVIFA 表）

期数	1%	2%	3%	4%	5%	6%	7%	8%	9%	10%
1	1.0000	1.0000	1.0000	1.0000	1.0000	1.0000	1.0000	1.0000	1.0000	1.0000
2	2.0100	2.0200	2.0300	2.0400	2.0500	2.0600	2.0700	2.0800	2.0900	2.1000
3	3.0301	3.0604	3.0909	3.1216	3.1525	3.1836	3.2149	3.2464	3.2781	3.3100
4	4.0604	4.1216	4.1836	4.2465	4.3101	4.3746	4.4399	4.5061	4.5731	4.6410
5	5.1010	5.2040	5.3091	5.4163	5.5256	5.6371	5.7507	5.8666	5.9847	6.1051
6	6.1520	6.3081	6.4684	6.6330	6.8019	6.9753	7.1533	7.3359	7.5233	7.7156
7	7.2135	7.4343	7.6625	7.8983	8.1420	8.3938	8.6540	8.9228	9.2004	9.4872
8	8.2857	8.5830	8.8923	9.2142	9.5491	9.8975	10.2598	10.6366	11.0285	11.4359
9	9.3685	9.7546	10.1591	10.5828	11.0266	11.4913	11.9780	12.4876	13.0210	13.5795
10	10.4622	10.9497	11.4639	12.0061	12.5779	13.1808	13.8164	14.4866	15.1929	15.9374
11	11.5668	12.1687	12.8078	13.4864	14.2068	14.9716	15.7836	16.6455	17.5603	18.5312
12	12.6825	13.4121	14.1920	15.0258	15.9171	16.8699	17.8885	18.9771	20.1407	21.3843
13	13.8093	14.6803	15.6178	16.6268	17.7130	18.8821	20.1406	21.4953	22.9534	24.5227
14	14.9474	15.9739	17.0863	18.2919	19.5986	21.0151	22.5505	24.2149	26.0192	27.9750
15	16.0969	17.2934	18.5989	20.0236	21.5786	23.2760	25.1290	27.1521	29.3609	31.7725
16	17.2579	18.6393	20.1569	21.8245	23.6575	25.6725	27.8881	30.3243	33.0034	35.9497
17	18.4304	20.0121	21.7616	23.6975	25.8404	28.2129	30.8402	33.7502	36.9737	40.5447
18	19.6147	21.4123	23.4144	25.6454	28.1324	30.9057	33.9990	37.4502	41.3013	45.5992
19	20.8109	22.8406	25.1169	27.6712	30.5390	33.7600	37.3790	41.4463	46.0185	51.1591
20	22.0190	24.2974	26.8704	29.7781	33.0660	36.7856	40.9955	45.7620	51.1601	57.2750
21	23.2392	25.7833	28.6765	31.9692	35.7193	39.9927	44.8652	50.4229	56.7645	64.0025
22	24.4716	27.2990	30.5368	34.2480	38.5052	43.3923	49.0057	55.4568	62.8733	71.4027
23	25.7163	28.8450	32.4529	36.6179	41.4305	46.9958	53.4361	60.8933	69.5319	79.5430
24	26.9735	30.4219	34.4265	39.0826	44.5020	50.8156	58.1767	66.7648	76.7898	88.4973
25	28.2432	32.0303	36.4593	41.6459	47.7271	54.8645	63.2490	73.1059	84.7009	98.3471
26	29.5256	33.6709	38.5530	44.3117	51.1135	59.1564	68.6765	79.9544	93.3240	109.1818
27	30.8209	35.3443	40,7096	47.0842	54.6691	63.7058	74.4838	87.3508	102.7231	121.0999

28	32.1291	37.0512	42.9309	49.9676	58.4026	68.5281	80.6977	95.3388	112.9682	134.2099
29	33.4504	38.7922	45.2189	52.9663	62.3227	73.6398	87.3465	103.9659	124.1354	148.6309
30	34.7849	40.5681	47.5754	56.0849	66.4388	79.0582	94.4608	113.2832	136.3075	164.4940
40	48.8864	60.4020	75.4013	95.0255	120.7998	154.7620	199.6351	259.0565	337.8824	442.5926
50	64.4632	84.5794	112.7969	152.6671	209.3480	290.3359	406.5289	573.7702	815.0836	1163.909
60	81.6697	114.0515	163.0534	237.9907	353.5837	533.1282	813.5204	1253.213	1944.792	3034.816

年金终值系数表（续）

期数	12%	14%	15%	16%	18%	20%	24%	28%	32%	36%
1	1.0000	1.0000	1.0000	1.0000	1.0000	1.0000	1.0000	1.0000	1.0000	1.0000
2	2.1200	2.1400	2.1500	2.1600	2.1800	2.2000	2.2400	2.2800	2.3200	2.3600
3	3.3744	3.4396	3.4725	3.5056	3.5724	3.6400	3.7776	3.9184	4.0624	4.2096
4	4.7793	4.9211	4.9934	5.0665	5.2154	5.3680	5.6842	6.0156	6.3624	6.7251
5	6.3528	6.6101	6.7424	6.8771	7.1542	7.4416	8.0484	8.6999	9.3983	10.1461
6	8.1152	8.5355	8.7537	8.9775	9.4420	9.9299	10.9801	12.1359	13.4058	14.7987
7	10.0890	10.7305	11.0668	11.4139	12.1415	12.9159	14.6153	16.5339	18.6956	21.1262
8	12.2997	13.2328	13.7268	14.2401	15.3270	16.4991	19.1229	22.1634	25.6782	29.7316
9	14.7757	16.0853	16.7858	17.5185	19.0859	20.7989	24.7125	29.3692	34.8953	41.4350
10	17.5487	19.3373	20.3037	21.3215	23.5213	25.9587	31.6434	38.5926	47.0618	57.3516
11	20.6546	23.0445	24.3493	25.7329	28.7551	32.1504	40.2379	50.3985	63.1215	78.9982
12	24.1331	27.2707	29.0017	30.8502	34.9311	39.5805	50.8950	65.5100	84.3204	108.4375
13	28.0291	32.0887	34.3519	36.7862	42.2187	48.4966	64.1097	84.8529	112.3030	148.4750
14	32.3926	37.5811	40.5047	43.6720	50.8180	59.1959	80.4961	109.6117	149.2399	202.9260
15	37.2797	43.8424	47.5804	51.6595	60.9653	72.0351	100.8151	141.3029	197.9967	276.9793
16	42.7533	50.9804	55.7175	60.9250	72.9390	87.4421	126.0108	181.8677	262.3557	377.6919
17	48.8837	59.1176	65.0751	71.6730	87.0680	105.9306	157.2534	233.7907	347.3095	514.6610
18	55.7497	68.3941	75.8364	84.1407	103.7403	128.1167	195.9942	300.2521	459.4485	700.9389
19	63.4397	78.9692	88.2118	98.6032	123.4135	154.7400	244.0328	385.3227	607.4721	954.2769
20	72.0524	91.0249	102.4436	115.3797	146.6280	186.6880	303.6006	494.2131	802.8631	1298.817

21	81. 6987	104. 7684	118. 8101	134. 8405	174. 0210	225. 0256	377. 4648	633. 5927	1060. 779	1767. 391
22	92. 5026	120. 4360	137. 6316	157. 4150	206. 3448	271. 0307	469. 0563	811. 9987	1401. 229	2404. 651
23	104. 6029	138. 2970	159. 2764	183. 6014	244. 4868	326. 2369	582. 6298	1040. 358	1850. 622	3271. 326
24	118. 1552	158. 6586	184. 1678	213. 9776	289. 4945	392. 4842	723. 4610	1332. 659	2443. 821	4450. 003
25	133. 3339	181. 8708	212. 7930	249. 2140	342. 6035	471. 9811	898. 0916	1706. 803	3226. 844	6053. 004
26	150. 3339	208. 3327	245. 7120	290. 0883	405. 2721	567. 3773	1114. 634	2185. 708	4260. 434	8233. 085
27	169. 3740	238. 4993	283. 5688	337. 5024	479. 2211	681. 8528	1383. 146	2798. 706	5624. 772	11198. 00
28	190. 6989	272. 8892	327. 1041	392. 5028	566. 4809	819. 2233	1716. 101	3583. 344	7425. 699	15230. 27
29	214. 5828	312. 0937	377. 1697	456. 3032	669. 4475	984. 0680	2128. 965	4587. 680	9802. 923	20714. 17
30	241. 3327	356. 7868	434. 7451	530. 3117	790. 9480	1181. 882	2640. 916	5873. 231	12940. 86	28172. 28
40	767. 0914	1342. 025	1779. 090	2360. 757	4163. 213	7343. 858	22728. 80	69377. 46	207874. 3	609890. 5
50	2400. 018	4994. 521	7217. 716	10435. 65	21813. 09	45497. 19	195372. 6	819103. 1	3338460	13202094
60	7471. 641	18535. 13	29219. 99	46057. 51	114189. 7	281732. 6	1679147	9670301	53614945	285780109

附表四 年金现值系数表

期数	1%	2%	3%	4%	5%	6%	7%	8%	9%	10%
1	0.9901	0.9804	0.9709	0.9615	0.9524	0.9434	0.9346	0.9259	0.9174	0.9091
2	1.9704	1.9416	1.9135	1.8861	1.8594	1.8334	1.8080	1.7833	1.7591	1.7355
3	2.9410	2.8839	2.8286	2.7751	2.7232	2.6730	2.6243	2.5771	2.5313	2.4869
4	3.9020	3.8077	3.7171	3.6299	3.5460	3.4651	3.3872	3.3121	3.2397	3.1699
5	4.8534	4.7135	4.5797	4.4518	4.3295	4.2124	4.1002	3.9927	3.8897	3.7908
6	5.7955	5.6014	5.4172	5.2421	5.0757	4.9173	4.7665	4.6229	4.4859	4.3553
7	6.7282	6.4720	6.2303	6.0021	5.7864	5.5824	5.3893	5.2064	5.0330	4.8684
8	7.6517	7.3255	7.0197	6.7327	6.4632	6.2098	5.9713	5.7466	5.5348	5.3349
9	8.5660	8.1622	7.7861	7.4353	7.1078	6.8017	6.5152	6.2469	5.9952	5.7590
10	9.4713	8.9826	8.5302	8.1109	7.7217	7.3601	7.0236	6.7101	6.4177	6.1446
11	10.3676	9.7868	9.2526	8.7605	8.3064	7.8869	7.4987	7.1390	6.8052	6.4951
12	11.2551	10.5753	9.9540	9.3851	8.8633	8.3838	7.9427	7.5361	7.1607	6.8137
13	12.1337	11.3484	10.6350	9.9856	9.3936	8.8527	8.3577	7.9038	7.4869	7.1034
14	13.0037	12.1062	11.2961	10.5631	9.8986	9.2950	8.7455	8.2442	7.7862	7.3667
15	13.8651	12.8493	11.9379	11.1184	10.3797	9.7122	9.1079	8.5595	8.0607	7.6061
16	14.7179	13.5777	12.5611	11.6523	10.8378	10.1059	9.4466	8.8514	8.3126	7.8237
17	15.5623	14.2919	13.1661	12.1657	11.2741	10.4773	9.7632	9.1216	8.5436	8.0216
18	16.3983	14.9920	13.7535	12.6593	11.6896	10.8276	10.0591	9.3719	8.7556	8.2014
19	17.2260	15.6785	14.3238	13.1339	12.0853	11.1581	10.3356	9.6036	8.9501	8.3649
20	18.0456	16.3514	14.8775	13.5903	12.4622	11.4699	10.5940	9.8181	9.1285	8.5136
21	18.8570	17.0112	15.4150	14.0292	12.8212	11.7641	10.8355	10.0168	9.2922	8.6487
22	19.6604	17.6580	15.9369	14.4511	13.1630	12.0416	11.0612	10.2007	9.4424	8.7715
23	20.4558	18.2922	16.4436	14.8568	13.4886	12.3034	11.2722	10.3711	9.5802	8.8832
24	21.2434	18.9139	16.9355	15.2470	13.7986	12.5504	11.4693	10.5288	9.7066	8.9847
25	22.0232	19.5235	17.4131	15.6221	14.0939	12.7834	11.6536	10.6748	9.8226	9.0770
26	22.7952	20.1210	17.8768	15.9828	14.3752	13.0032	11.8258	10.8100	9.9290	9.1609
27	23.5596	20.7069	18.3270	16.3296	14.6430	13.2105	11.9867	10.9352	10.0266	9.2372

28	24.3164	21.2813	18.7641	16.6631	14.8981	13.4062	12.1371	11.0511	10.1161	9.3066
29	25.0658	21.8444	19.1885	16.9837	15.1411	13.5907	12.2777	11.1584	10.1983	9.3696
30	25.8077	22.3965	19.6004	17.2920	15.3725	13.7648	12.4090	11.2578	10.2737	9.4269
35	29.4086	24.9986	21.4872	18.6646	16.3742	14.4982	12.9477	11.6546	10.5668	9.6442
40	32.8347	27.3555	23.1148	19.7928	17.1591	15.0463	13.3317	11.9246	10.7574	9.7791
45	36.0945	29.4902	24.5187	20.7200	17.7741	15.4558	13.6055	12.1084	10.8812	9.8628
50	39.1961	31.4236	25.7298	21.4822	18.2559	15.7619	13.8007	12.2335	10.9617	9.9148
55	42.1472	33.1748	26.7744	22.1086	18.6335	15.9905	13.9399	12.3186	11.0140	9.9471

复利现值系数表（续）

期数	12%	14%	15%	16%	18%	20%	24%	28%	32%	36%
1	0.8929	0.8772	0.8696	0.8621	0.8475	0.8333	0.8065	0.7813	0.7576	0.7353
2	1.6901	1.6467	1.6257	1.6052	1.5656	1.5278	1.4568	1.3916	1.3315	1.2760
3	2.4018	2.3216	2.2832	2.2459	2.1743	2.1065	1.9813	1.8684	1.7663	1.6735
4	3.0373	2.9137	2.8550	2.7982	2.6901	2.5887	2.4043	2.2410	2.0957	1.9658
5	3.6048	3.4331	3.3522	3.2743	3.1272	2.9906	2.7454	2.5320	2.3452	2.1807
6	4.1114	3.8887	3.7845	3.6847	3.4976	3.3255	3.0205	2.7594	2.5342	2.3388
7	4.5638	4.2883	4.1604	4.0386	3.8115	3.6046	3.2423	2.9370	2.6775	2.4550
8	4.9676	4.6389	4.4873	4.3436	4.0776	3.8372	3.4212	3.0758	2.7860	2.5404
9	5.3282	4.9464	4.7716	4.6065	4.3030	4.0310	3.5655	3.1842	2.8681	2.6033
10	5.6502	5.2161	5.0188	4.8332	4.4941	4.1925	3.6819	3.2689	2.9304	2.6495
11	5.9377	5.4527	5.2337	5.0286	4.6560	4.3271	3.7757	3.3351	2.9776	2.6834
12	6.1944	5.6603	5.4206	5.1971	4.7932	4.4392	3.8514	3.3868	3.0133	2.7084
13	6.4235	5.8424	5.5831	5.3423	4.9095	4.5327	3.9124	3.4272	3.0404	2.7268
14	6.6282	6.0021	5.7245	5.4675	5.0081	4.6106	3.9616	3.4587	3.0609	2.7403
15	6.8109	6.1422	5.8474	5.5755	5.0916	4.6755	4.0013	3.4834	3.0764	2.7502
16	6.9740	6.2651	5.9542	5.6685	5.1624	4.7296	4.0333	3.5026	3.0882	2.7575
17	7.1196	6.3729	6.0472	5.7487	5.2223	4.7746	4.0591	3.5177	3.0971	2.7629
18	7.2497	6.4674	6.1280	5.8178	5.2732	4.8122	4.0799	3.5294	3.1039	2.7668

19	7.3658	6.5504	6.1982	5.8775	5.3162	4.8435	4.0967	3.5386	3.1090	2.7697
20	7.4694	6.6231	6.2593	5.9288	5.3527	4.8696	4.1103	3.5458	3.1129	2.7718
21	7.5620	6.6870	6.3125	5.9731	5.3837	4.8913	4.1212	3.5514	3.1158	2.7734
22	7.6446	6.7429	6.3587	6.0113	5.4099	4.9094	4.1300	3.5558	3.1180	2.7746
23	7.7184	6.7921	6.3988	6.0442	5.4321	4.9245	4.1371	3.5592	3.1197	2.7754
24	7.7843	6.8351	6.4338	6.0726	5.4509	4.9371	4.1428	3.5619	3.1210	2.7760
25	7.8431	6.8729	6.4641	6.0971	5.4669	4.9476	4.1474	3.5640	3.1220	2.7765
26	7.8957	6.9061	6.4906	6.1182	5.4804	4.9563	4.1511	3.5656	3.1227	2.7768
27	7.9426	6.9352	6.5135	6.1364	5.4919	4.9636	4.1542	3.5669	3.1233	2.7771
28	7.9844	6.9607	6.5335	6.1520	5.5016	4.9697	4.1566	3.5679	3.1237	2.7773
29	8.0218	6.9830	6.5509	6.1656	5.5098	4.9747	4.1585	3.5687	3.1240	2.7774
30	8.0552	7.0027	6.5660	6.1772	5.5168	4.9789	4.1601	3.5693	3.1242	2.7775
35	8.1755	7.0700	6.6166	6.2153	5.5386	4.9915	4.1644	3.5708	3.1248	2.7777
40	8.2438	7.1050	6.6418	6.2335	5.5482	4.9966	4.1659	3.5712	3.1250	2.7778
45	8.2825	7.1232	6.6543	6.2421	5.5523	4.9986	4.1664	3.5714	3.1250	2.7778
50	8.3045	7.1327	6.6605	6.2463	5.5541	4.9995	4.1666	3.5714	3.1250	2.7778
55	8.3170	7.1376	6.6636	6.2482	5.5549	4.9998	4.1666	3.5714	3.1250	2.7778

主要参考文献：

[1] 荆新，王化成．财务管理学．北京：中国人民大学出版社，1993

[2] 中国注册会计师协会．财务管理．2005

[3] 刘华海，祝伯红．M 新编财务管理．大连：大连理工大学出版社，2004

[4] 闫叶琛等．企业财务管理．北京：人民交通出版社，2005

[5] 严成根，王稼才．财务管理．合肥：合肥工业大学出版社，2005

[6] 陈玉菁．小企业财务管理实务．上海：立信会计出版社，2005

[7] 财政部会计资格评价中心编．财务管理．北京：中国财政经济出版社，2005

[8] 王莉．现代公司财务管理实务．大连：东北财经大学出版社，2005

[9] 中国注册会计师协会编．财务成本管理．北京：经济科学出版社，2005

[10] 康晓波，智晓春．财务管理教程．上海：立信会计出版社，2006

[11] 夏维朝，何少娟．财务管理．广州：华南理工大学出版社，2005

[12] 刘建民主编．财务管理．北京：科学出版社，2006

[13] 李忠宝主编．财务管理概论．大连：东北财经大学出版社，2005

[14] 杨义群主编．财务管理．北京：清华大学出版社，2004

[15] 上海立信会计学院组编．财务管理（第二版）．北京：高等教育出版社，2004

[16] 孙班军．财务管理（第二版）．北京：中国财政经济出版社，2004

[17] 袁建国．财务管理（第二版）．大连：东北财经大学出版社，2004